明治 大正 昭和

化け込み
婦人記者奮闘記

平山亜佐子

左右社

明治
大正
昭和

化け込み婦人記者奮闘記

はじめに

号外に関係のない婦人記者〈松郎〉

これは一九二八（昭和三）年の『川柳雑誌』（川柳雑誌社）に掲載された一句である。

わずか一七文字に婦人記者の置かれた立場が見事に表現されているが、真っ先に感じるのはユーモアよりも悲哀ではないだろうか。

二〇二二年度の新聞・通信社記者数における女性の割合は男性の四分の一弱（「一般社団法人 日本新聞協会」調べ）、今でもマスコミは圧倒的男性社会なのだが、戦前の婦人記者は各社片手で数えられるほど少なかった。

それまで女性の職業といえば女中奉公、子守、農業従事、産婆、髪結いなどが一般的で、明治期に入って工業化が進むと工場労働などの仕事はあったが、教養ある女性は教師か医師くらいしか選択肢がなかった。

ところが明治二〇年代ごろ、婦人記者という新たな職業が登場した。

日露戦争前後からは東京や大阪などの大都市圏の有力新聞に続々採用され

ていった。

これは女性読者の増加に伴い、女性向け記事が必要となったためだ。

といっても、非常に狭き門ではある。

初期は縁故採用が多く、その場合でも文才や能力によほどの自負が必要で、運よく入れたとしても男性中心の社内で常に好奇の目に晒される。なのに回ってくる仕事といえばアイロンのかけ方、シミの抜き方といった家政記事か、ファッションに関する読み物、著名人のお宅訪問ばかり。

社会部や政治部の男性たちが、世間を揺るがすスクープや他社と競争しながら一刻を争う情報合戦を行う横で、いつ掲載されてもいいようなものを書く日々……。まさに「号外に関係のない」仕事に追いやられているのが婦人記者だった。

ところが、そんな婦人記者の仕事に、邪道ながら風穴を開ける企画が誕生した。

それこそが本書のテーマである「化け込み」である。

『日本国語大辞典』によると、化け込むとは「本来の素性を隠して、すっかり別人のさまを装う。別人になりすます」こと。つまり変装してさまざまな場所に入り込み、内実を記事に書いてすっぱ抜くという手法である。
女性で最初に化け込みを行った「大阪時事新報」の下山京子はこの企画で大当たりし、新聞の売り上げを倍増させ、他紙も揃って追随する事態になる。空前の化け込みブームがやってきたのだ。

とはいえ、変装ルポ自体は男性記者も行っている。早いところでは明治二〇年代に「日本」桜田文吾、「国民新聞」松原岩五郎、「毎日新聞」横山源之助らが日雇い労働者や香具師、屑屋などに扮して都市下層を探訪している。彼らの関心は下層社会を通して社会の不平等さを問う、いわゆるスラムルポに向けられた。

一方、婦人記者の場合は、女給や奉公人に化けてカフェーや個人の家に入り込むところに特徴があった。

これは婦人記者に問題意識がないというよりも、当時の女性の社会活動が暗黙裏に制限されていたことの証左である。

だがそのおかげで、社会の周縁にいた当時の女性たちの生活や仕事が見えてくる。また、書き手である婦人記者が置かれていた立場や考え方を知ることができる貴重な資料となっている。

何より、端っこに追いやられていた婦人記者が自らの企画で新聞の売り上げを倍増させて他紙にも及ぶブームを作り出すことができたという事実はまったく痛快なことではないか。

本書では、化け込みブームが起きた明治末期から昭和初期にかけて活躍した婦人記者とそれぞれの企画を見ていきながら、彼女たちの本音と葛藤、化け込み企画とは何だったのかを考えていければと考える。また、番外編では化け込みから見えてくる女性の職業を取り上げたい。

なお、「婦人」という表現は現在では死語となっており、女性の記者を「婦人記者」とするのはジェンダー差別と捉える向きもあるかもしれないが、本書では「婦人記者」と称された時代の女性記者を取り上げるという意図からあえて使用する。また、かつては雑誌の編集者も記者と呼ばれていたが、ここではとくに断らない限り新聞記者を指すことも付記しておく。

目次

第一章
最初の化け込み婦人記者

番外編
化け込み記事から見る職業図鑑

・引用部の旧字体は新字体に改めた。ただし人名は原文ママとした。
・振り仮名、送り仮名は原文通りとし、当て字読みのみルビを残した。また、明らかな誤字は(ママ)とルビを付した。
・句読点は可読性を重視し、適宜補った。
・記事中に今日では不適切と思われる表現が見られるが、資料の歴史性を尊重して原文ママとした。

図版出典

カバー

オモテ右上・右下／北澤楽天『楽天全集　世態人情風俗漫画集〈1〉』、東京アトリエ社
オモテ中央／『文学時代』4〈1〉、新潮社
オモテ左上／『事業の日本』5〈3〉、事業之日本社
オモテ左下／電話消毒婦のチラシより（「電通セントラル株式会社」所蔵）
オモテ下／『家庭パック』1〈1〉、楽天社
ウラ右上／『東京パック』9〈19〉、東京パック社
ウラ右下／『週刊朝日』79〈47〉、朝日新聞社
ウラ左／『新公論』27〈11〉、新公論社
ソデ／1932年1月24日付「読売新聞」夕刊
電話消毒婦のチラシより（「電通セントラル株式会社」所蔵）
『家庭パック』1〈1〉、楽天社

表紙

北澤楽天『楽天全集　世態人情風俗漫画集〈1〉』、東京アトリエ社

帯

電話消毒婦のチラシより（「電通セントラル株式会社」所蔵）

本扉

『家庭パック』1〈1〉、楽天社

目次

1932年2月1日付「読売新聞」夕刊
1932年2月2日付「読売新聞」夕刊
1932年2月5日付「読売新聞」夕刊

第一章

最初の化け込み婦人記者

化け込み記事の先駆者、下山京子。
（下山京子『一葉草紙』、玄黄社）

化け込みを生んだ女

一九〇七（明治四〇）年一〇月一八日、「大阪時事新報」[*1]朝刊に〈家庭視察の命《めい》――変装の苦心――花売りも駄目――上流向の小間物屋――眠られぬ夜の旅情《たびごころ》〉の文字が踊った。婦人記者が雑貨を扱う行商人に化け、上流階級の家庭に潜入するというのだ。読者の覗き趣味を満たす「化け込み」シリーズ「婦人行商日記　中京《なごや》の家庭」の記念すべき幕開けである。始めたのは「大阪時事新報」の下山京子、最初の化け込み婦人記者である。

京子はこの企画で鮮烈な社会的デビューを飾った。この企画の画期性を知ってもらうには当時の新聞記者の地位および婦人記者をとりまく環境についても触れる必要がある。だが、まずは京子の生い立ちを見てみよう。

京子には自らの半生を綴った著書『一葉草紙《ひとはぞうし》』（玄黄社、一九一四年）がある。執筆時、なんと二五歳。自伝を書くには若すぎるがそれだけ話題の女性だったのである。話題の半分以上は記者を辞めてからのお騒がせ的生き方によるものだがそれについては後述する。

自伝によると京子は一八八九（明治二二）年[*2]に生まれた七人兄弟の末っ子。

*1　**大阪時事新報**　一八八八（明治二一）年に福澤諭吉が東京で立ち上げた「時事新報」（四二ページ参照）が、一九〇五（明治三八）年大阪に進出して創刊。

*2　生年は一八八八（明治二一）年、生まれは四谷箪笥町説あり。

*3　**母が強烈な人**　「子供の時分は、本所の割下水（江戸時代に開発された排水路）で育った」「夏のお祭り時分には、下屋敷から駕籠で遊びに行った」「三千石の暮らし」という本人の語りと、長女を徳川慶喜の妾にさせた点から松平家の下屋敷（墨田区横網一丁目）に育ったのではないか。

*4　**徳川慶喜**　江戸幕府最後の

生まれは牛込、育ちは左門町、いずれも現在の新宿区という都会っ子である。官省勤めだった父は日清戦争から帰るとすぐ静岡に隠居したため、ほぼ母子家庭。どうもこの母が強烈な人[*3]だったらしい。

長女にあらゆる芸事を仕込み、徳川慶喜[*4]の妾にさせる。末っ子の京子にも踊りや清元[*5]や日本画を習わせる。一方で、家督を継ぐはずの長男は遊郭に出入りする放蕩《ほうとう》息子。お陰で貧乏だったというからギャップが大きい。そのうち頼りの長女と長男が死去。次男は大阪住まい、次女も家庭の主婦とあって、母は京子ひとりを頼るようになる。

女学校を卒業する際、母は京子を尾崎紅葉[*6]の弟子にさせようと伝手を頼ったものの紅葉が逝去して失敗。その後は「何しろ速記[*7]というものと、何かもう少し勉強して御覧」という母の言葉のもと、京子を佃速記事務所[*8]の夜学と高等師範の予備科の大成学館に通わせ、川柳作家阪井久良伎[*9]のもとで川柳の指導を受けることとなった。芸事よりも頭脳労働に方向転換を図ったものとみえる。いずれにしても手に職をつけないと自活していくのは困難なわけで、速記や作家の弟子入りは教師や医者を目指すよりも比較的敷居が低い。

母子は次男を頼って大阪に転居、三年後の一九〇六（明治三九）年三月、京子は創刊間もない「大阪時事新報」に入社した。

征夷大将軍（第一五代）。天皇へ統治権を返上する大政奉還や、新政府軍への江戸開城を行なった。

*5 **清元**　主に歌舞伎の伴奏音楽として用いられる、三味線音楽の一種。

*6 **尾崎紅葉**　一八六八（慶応三）年生まれ。『金色夜叉』などで知られる、明治の日本における重要作家の一人。一九〇三（明治三六）年没。

*7 **速記**　一八八二（明治一五）年に田鎖綱紀が考案、発表し、講習会を開いたのが始まり。以降、演説会や講談、国会の議事に採用された。

*8 **佃速記事務所**　一八六六（慶応二）年生まれの速記者、佃与次郎の起こした佃速記塾。

*9 **阪井久良伎**　一八六九（明治二）年生まれ。井上剣花坊とともに、文学的営為としての川柳を提唱する川柳革新運動を担ったことで知られる。一九四五（昭和二〇）年没。

下山京子。(『ナショナル』1〈1〉、ナショナル社)

入社のきっかけは知人の高見という大阪の社長に紹介されたとのことで、こちらも伝手《つて》を頼ったようである。試験はなく社長の福澤捨次郎[*10]に「兎も角もやって御覧なさい、あんまり若い娘さんだが」と言われて入社した。

京子が入社した当時は新聞社が女性を採用するようになって一〇年程度。主要な新聞社に婦人記者が一、二名という環境[*11]だった。

最初の仕事は、大阪北新地の芸者を訪ねるという企画。この芸者の女性は桂太郎[*12]元総理大臣の非嫡子[*13]を産み、目下桂公に娘の認知を迫っている最中とか。さすが「化け込み」の始祖、のっけから下世話ネタである。以降、〈外国人の訪問だけはする資格がありませんでしたが、その他は何によらず自分の思うまゝに、筆を走らせ〉たという京子。その他とは家庭欄や、婦人訪問、教育や文芸などのジャンルである。あるときは大隈重信[*14]の関西旅行に随行し、他の記者に大隈の娘と間違えられたこともあったという。こんな挿話をさりげなく入れてくるところは、後にお騒がせ女として知られる京子の面目躍如である。

入社から一年半後、フランスの雑誌に婦人記者が花売りに化け込んだ記事が出ていたと聞きつけ、編集長に直談判。そうして始まったのが「婦人行商日記　中京の家庭」の連載だった。

*10 **福澤捨次郎**　一八六五（慶応一）年、福澤諭吉の次男として生まれる。一八九六（明治二九）年から一九二六（大正一五）年まで、時事新報の社長を務めた。一九二六（大正一五）年没。

*11 日本初の婦人記者は諸説あるが（五五ページ参照）明治三〇年代に女性労働者が増加し、女性読者を獲得しようとした新聞社が家庭や婦人向け記事を掲載し始め、婦人記者の採用も増えた。

*12 **桂太郎**　一八四八（弘化）四年生まれ。政治家。総理大臣を三期務めているがこの時期は第一期と第二期の間に当たる。一九一三（大正二）年没。

*13 **非嫡子**　法律上の婚姻関係にない男女間に生まれた子。

*14 **大隈重信**　一八三八（天保九）年生まれ。内閣総理大臣を二期務めた。東京専門学校（現早稲田大学）創立者。一九二二（大正一一）年没。

「婦人行商日記　中京の家庭」

京子が化けたのは輸入品の雑貨[*15]を売る〈聊《いささ》か上流向の小間物屋〉の行商人。区役所で正式に鑑札を取り荷物も仕入れた。変装は襟掛《えりかけ》の着物を裾短《すそみじか》に着付け、浅黄繻子《あさぎしゆす》の帯を平たく結び、継ぎ接《は》ぎの白足袋に下駄を突っ掛けたもの。三貫目（約一一・二五キロ）の大風呂敷を背負うとよろけて足元が定まらなかった。

ともあれこの姿で、知事官邸、貴族院議員邸、富裕な子女が通うことで知られた私立名古屋英和学校（現名古屋中学校・高等学校）校長邸、病院、弁護士事務所、遊郭、名古屋地方裁判所長邸、陸軍軍医監邸など、さまざまな家庭に潜り込んだのだ。

全二六回の連載中訪問した場所は三四軒。そのうち商品購入にまで至ったのはたった九軒。残りの二五軒は断られている。それでも一ヶ月近く連載が続いたのは覗き見的な切り口が新鮮だったからだろう。細かい描写やときには皮肉を交える京子の書きぶりもさすがはキラー・コンテンツ産みの親といったところ。

例えば第三回目は、貴族院議員の神野《じんの》金之助邸の回（一〇月二〇日付）。邸へと向かう途中、ある日の満員列車中で小耳に挟んだ金之助のうわさ話を巧みに記事に盛り込む。話していたのは〈馬鹿に黄《きい》ろく光る物を体中にひけらかしたる三十格好〉の男と、乳母と子ども二人のご一行。

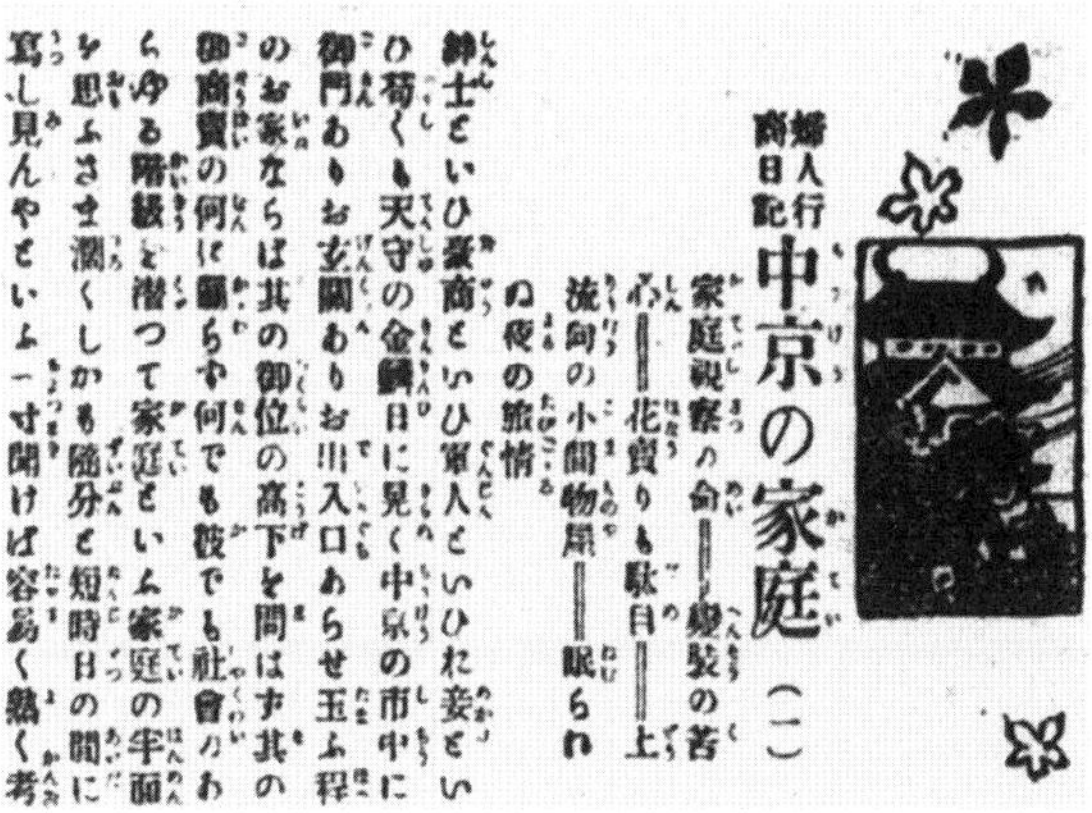
婦人行商日記 中京の家庭（一）

家庭視察の命――變裝の苦心――花賣りも駄目――上流向の小間物屋――眠られぬ夜の旅情

紳士といひ豪商といひ軍人といひれ妾といひ苟くも天守の金鯱日に晃く中京の市中に御門ありお玄關ありお川入口あらせ玉ふ程のお家ならば其の御位の高下を問はず其の御商賣の何に關らず何でも彼でも社會のあらゆる階級を潜つて家庭といふ家庭の半面を思ふさま潤くしかも隨分と短時日の間に寫し見んやといふ一寸聞けば容易く熱く考

「婦人行商日記　中京の家庭」第1回。第2回から中京の振り仮名が「ちゅうきょう」から「なごや」に変更された。（1907年10月18日付「大阪時事新報」）

「金之助さまの娯楽《たのしみ》というとお妾さまだがも、ねーんじう好いお齢《とし》であらっせるのに、十七八のお妾を拵《こさ》えてよー彼処《あそこ》へ連れて行ったり此処《ここ》へ連れて行ったり、膝を枕にしたり抔《など》してなも、ホヽヽヽ熱田のお妾さまの家《うち》でさえも五十畳の大広間があると云って御座ったがよー」「今度は華族さまからお嫁さまが見えるげなでなも、今までのように知らぬ間に秘密《こっそり》と取る訳にも行くまいぎゃーえも」

＊15 **雑貨**　当時は「小間物」と言った。京子が扱ったのは化粧品や爪磨き、麻のハンカチ、人形、造花、リボンなど。

と名古屋弁丸出しで語っていた。話の主は神野家に住み込んでいる人間らしい。それにしてもぎゅう詰めの列車内で主人の醜聞を大っぴらにするなどなんとも破天荒な所業である。また京子も、真贋のわからぬうわさをなにも新聞紙上で発表せずとも、と読んでいてそら恐ろしい気持ちになる。しかし、このような際どさこそが受ける秘訣だったのだ。

また、第五回（一〇月二二日付）で訪れた私立名古屋英和学校長である大島多計比古《たけひこ》邸でのこと。行商人として門前に立った京子は、旅行前の暇乞いに立ち寄った宗教家小方仙之助の夫人が、何やら気になることを話しているのを聞く。

「此頃《このごろ》はどうも何《な》んでございますか、一郎が度々《たびたび》初子と話を致すようで、余り交情が好《よ》すぎますとツイ昔の事など考えますので、大変当人の不為《ふため》でムい《ござ》ますし私《わたくし》はもう大不賛成なのでムいます……何卒其辺《どうぞそのへん》も宜しく……」

などと話している。どうやら小方夫人ご令息の一郎氏が初子嬢（親戚か女中か）と仲がいいことが気になっているご様子。つい考えてしまう〈昔の事〉とは、前後の脈絡から察するに一郎氏が女性関係で過去に何かやらかしたのだろう。それにしても知らなかったとはいえ京子が玄関先で商品を拡げているところで言伝《ことづて》したのは失敗だった。身内の恥を紙上で大暴露されるとは夫人も不運極まりない。何しろ一郎氏の「昔の事」を読者の想像に任せることほど始末に負えないことはないのだから。

第六回（一〇月二三日付）で訪れたのは、竪杉之町「長松病院」。そこでは看護師や職員たちが〈衛生上素人《しろうと》眼にも宜《よろ》しからずと見ゆる八畳敷〉に住み込んでいる。その八畳敷の不快な様子が京子の観察眼によりじっくりと炙《あぶ》り出される。〈隅々は気味悪き迄薄暗く溥乎《しっとり》と湿気を含みたる室内の空気は異様の悪臭を伝えて黴菌《ばいきん》の養成には申分《もうしぶん》も無し〉など、営業妨害にしかならないような描写が続く。

第七回（一〇月二四日付）「佐藤清三郎法律事務所」の回では、立派な門構えから通されて土間を通ってみると〈洋傘《パラソル》は卒倒し雨傘は寝そべり足駄駒下駄の類は洒落《しゃら》臭《くさ》くも人間並に相撲取りの大乱《らん》ちき其《その》不整頓なること怖ろしなんど云う許りなし〉という荒れっぷり。二五、六歳の若奥様は「どうせ珍らしい物なんか有りやしまいホヽヽ」などと憎まれ口をきく。

「オヤ此衿留《このえりどめ》買おうか知ら、三十銭……まあ高価《たか》いねえ、お前の宅《うち》は何《ど》処《こ》だい、フン大阪、私《わたし》かい、私も大阪さ……堂島の女学校に居たんだよ……今の三越の処に呉服屋があったが其処《そこ》の娘達は私の友達さ……」
「アラッ此紅《このべに》は下等だわねえ」
「アゝちっとも欲しい物は無いねえ」

と高慢ちきに言いたい放題。

揚げ句「小間物屋さん名古屋でそんな贅沢品を買う家《うち》は五六軒だよ」と言うに至っては、下等なのか贅沢品なのか一貫性のなさに苦笑するしかない。しかし京子も負けていない。奥様のご忠告に〈此《こ》の皰《にきび》さま見掛《みかけ》[*16]に寄らぬ御親切…お年の割に開けたお方と感心した〉と皮肉めく。そして〈奥様悠々と御覧遊ばして後《のち》八銭の御園白粉《みそのおしろい》一つ—図らずも御意に召したるはアゝ何等《なんら》の光栄ぞや〉と意趣返し。それもむべなるかな、売り物のなかには四〇銭の輸入品の白粉もちゃんとあるのである。

それにしても、気取った弁護士夫人の内実は、整頓もままならないほど雇い人の監督が不行届きで、行商人を腐したところで国産の安価な白粉しか買えないということが白日の下に露呈したわけで、新聞発売後には奥様さぞや地団駄を踏んだことだろう。しかし見方を変えれば、自由になるお金の少ない若奥様がそれでも弁護士夫人たろうと気負っている姿がなんだかかわいらしくもあるではないか。

花園町の遊郭「すゞ甲子《きね》」を訪れた第八回（一〇月二五日付）は印象深い。花魁《おいらん》や長唄の師匠などに囲まれた京子、

「どうも、ちっとも訳が解らんなも、そんな重い物を背負わんでも芸妓《げいしや》か娼妓にでもなったら楽だらずになも」

と不思議がられたというのだ。このシーンはよほど記憶に残ったのか、京子の自伝『一葉草紙』の口絵にもなっている（但し本文では第一八回の金波楼での出来事と記憶違いをしている）。

当時の遊郭の女たちの実態を知るために格好の資料がある。伊藤秀吉『紅燈下の彼女の生活』（実業之日本社、一九三一年）である。おもな調査時期は一九一八（大正七）年から一九二九（昭和四）年までと京子の記事より時代は下るが、興味深いデータが種々掲載されている。

＊16　**麭さま**　若者、ひよっこ、くらいの意味。

たとえば、芸娼妓になる理由は家計のためが四四％、親兄弟の死亡または病気のためが二〇％、親兄弟の保育や救助のためが約一〇％、家業の失敗または資本を得るためが八％、自分の借金のためがわずか一二％と、ほとんどが家の犠牲となったもので好き好んでなる者などどこにもいない。しかもスタート時点で大きな借金を背負わされ、着物や食べ物、果ては部屋の布団、掛け軸代まで稼ぎから強制的に引かれ、続けるほどに負債が増える仕組みとなっている。足を洗うには親が大金を払って請け出すか、旦那を見つけて落籍してもらうか、ぼろぼろになって見捨てられるかしか道はない。とても「楽だらずになも」という商売ではないのだ。

実は、度重なる公娼廃止論により一九〇〇（明治三三）年からはいわゆる「自由廃業」が認められていた。つまり、遊郭側の同意なしで自由意志で廃業できるということ。けれどそれは借金を踏み倒すことを意味するのだから、楼主がみすみす見逃すわけはない。逃げたことがわかれば即座に無頼漢に連れ戻され、監禁、折檻される。警察署に駆け込めばいいかといえば、さにあらず。必ず遊郭所在地の所轄に行かなければならず、楼主と警察官がしばしば繋がっているために追い返されるのが関の山だった。

さて、伊藤秀吉が各府県の警察部の一九二九（昭和四）年末の報告に基づ

色懺悔
かう云ふところで女郎《つとめ》た方が樂でお金になりますよ

遊郭で芸者か娼妓をすすめられる。手前の格子柄の着物が京子。（下山京子『一葉草紙』、玄黄社）

いて集計した表によれば、廃業者九九六七人中自由廃業が成立した者は五一人、たった〇・五％である。彼らは、廓に乗り込んで廃娼運動を展開したキリスト教団体「救世軍」や、キリスト教婦人団体「矯風会」などに辿り着き運良く救われたほんの一部の例なのだ。はっきり言ってこの稼業、生き地獄である。

彼女たちが借金に縛られていることを示すくだりが京子の記事にもある。若い遊女が同僚に「私がお金貸すに何か買やあせ」と言うも〈素天々《すってんてん》の姫御前たちが眼の毒になること一通りでなくお互さまに買やあせの掛合《かけあい》〉で自分から買おうとはしない。大黒柱にもたれた楼主《おやじ》さまがその光景を〈苦り切った御顔むずかし〉という表情で見守っている。この辺りの描写の細かさは「化け込み」企画のフロンティア、京子の本領発揮である。

なお、第一〇回（一〇月二七日付）の花園町の茶屋では

「そう〳〵去年だったが丁度お前さんのような……もうちっと齢の行った女の小間物屋さんが母親《おつかさん》と同伴《いつしよ》に始終此処《ここ》らへ売りに来て居たが、何時《いつ》の間にか此廓《ここ》で芸妓《げいしや》になんなすって、今じゃ中々立派にして居りますよ……たしか京都の人でね太棹[*17]が少し行けたそうな……」

と言われた京子が

「太棹がちっと行けますれば早速脊中《せなか》の荷物を放り出し左褄《ひだりづま》*18のしゃならくと極《き》め込《こ》うものを可惜《あつた》ら出世をし損《そこの》うてチェー残念」

と軽口を叩いたところ

「真箇《ほんとう》にさ、大変な出世だわね」

と返され〈手も附けられぬ御挨拶なり〉としている。小間物屋から芸者になった娘のことを皮肉った京子だが、茶屋の女たちからは本気と受け取られたのである。

地方出身で学もない芸娼妓たちは、都会で豪華な着物を着て高級料亭で酒を飲み、政界や実業界の大物と交際することを「出世」と考えているのだろうが、東京生まれで学があり新聞記者として自立している京子から見れば井の中の蛙にしか見えない。その蛙から逆に哀れまれたら鼻白むのも無理から

*17 **太棹**　棹の太い三味線。義太夫節三味線、津軽三味線など。

*18 **左褄**　芸者の意。

ぬことである。さまざまな階層の人間がひしめき合う都会ならではの価値観の乖離が垣間見える一幕である。

その他、読者の覗き趣味を満足せしめたと思しき回をざっと浚ってみよう。

三十路ばかりの上品な奥様が七歳くらいの娘と五歳くらいの男の子と玩具の小猫などを買っていると事務室から弁護士の大岩勇夫が出てきて「アー腹が空《へ》った」と大声を出し、奥様に催促された女中たちがご飯がないと慌てるなか、旦那は「ナニ、食《めし》が一粒《（ママ）》も無い、じゃ饂飩でも芋でも煎餅《せんべい》でも何でも構わん〱」とあけすけに言った第一六回（一一月二日付）。第二一回（一一月七日付）では、外国人の住まいと見紛うような洒落た門扉、鉄柵、薔薇の咲き乱れる庭を通って台所口に廻ると、着物をぞろつかせた仲働きが水仕事をしており、〈宛《さな》ら猫を小鳥の籠に押込《おしこ》んだる如く何《ど》うでも調和が承知せず〉と外観に不釣り合いな様子をくさす。あげく〈事に由《よ》ったら此怪体《このけたい》なる現象は奥と表の御嗜好の新旧、詳しく言えば旦那様と奥様との極端から極端に走り過ぎたる鉢合せの跳ね返りとも云うべき其現象にあらずや〉と、夫婦の趣味の不一致まで勝手に想像するのだから大きなお世話である。私立病院副院長の佐藤勤也邸を訪れた第二二回（一一月八日付）では、仲働きが雇い主について愚痴り出す。

「なぜ彼人《あのひと》はあゝだろう、御飯の後は何時《いつ》でも投《ほう》り出したまんまでさあ……」

「それになも、何時《いつ》ゥでも奥様《おくさん》アー……ヤレ今日の御飯は強過《かたすぎ》るのソレ今日のは軟《やわ》か過る事のッて……」

同じようなことは横井軍医邸を訪れた第二三回（一一月九日付）でもあり、奥様が四〇銭のオーデコロンを買って下がった後に女中方が、

「奥様は御自分の要るものだけさッさと買ってお了《しま》いなすったんだテ」

と言い放つ。この時代の女中と主人の関係の一端が透けて見えるくだりである。同時に流れ流れて行く行商人は人の数にも入らないこともわかる。その場にいてもまるでいないかのように扱われるのだ。そこをうまく突いたのがこの企画の肝要なのである。

「鬼が出るか蛇が出るか　記者探偵　兵庫常盤花壇」

「中京の家庭」連載終了後の京子は一年ほど訪問記やエッセイのようなものを書いていたが、一九〇八（明治四一）年一一月一九日、満を持して化け込み第二弾ともいうべき連載「鬼が出るか蛇が出るか　記者探偵　兵庫常盤《ときわ》花壇」（一一月一九日～一二月一九日、全四二回）を開始する。

　これは神戸の高級料亭「常盤花壇」[*19]に仲居として潜入する企画だが、実はその第一弾があった。つい数日前まで浪之助と名乗る男性記者が「鬼が出るか蛇が出るか　記者探偵第一班の活動秘密探偵　共益社」と題し、探偵会社に潜入する連載を一三回続けていたのだ。

　しかし、潜入先の共益社とやらが詐欺まがいで実態がないこと、浪之助の地の文が〈我輩《わがはい》に取っては此上《このうえ》もない幸福《しあわせ》じゃがこれで生活を立てゝ行こうとする者こそ堪《たま》ったものではない、探偵社の勧誘員となる亦《また》難しい哉《かな》じゃ〉のような座りの悪い文章で、読み応えのあるものではなかった。揚げ句に記者であることを相手方に喝破されそうになり〈馴れぬ初陣の勤めとて思った程の手柄もなかった〉〈我探偵隊の第二班は既に某方面で大活動を遣《や》って、驚天動地の好材料を齎《もた》らして居るとの報告があった、第一班の失敗は第二班で埋め合せを請う、さらば〳〵と敢《あ》えなく退散。そこで第二班こと京子が再登板したのである。

始めるにあたり京子はその理由を「聞くだに忌《いま》わしい罪の世界に身を堕落させるまでの果敢《はか》ない人の経路や憂事多き日蔭の生活を現《あり》の儘に描写《うつしいだ》して一時の迷《まよい》に自分から凄《すさま》じい濁江《にごりえ》の渦中に溺るゝような不幸な人の尠《すくな》かれと思うの他はない」からとし、婦人として攻撃されるかもしれないが決して〈破天荒な暗い世界に身を潜めて益もない闇の醜事を世に曝露《ばくろ》しようと云うのではな〉いと断っている。都市下層の現実を真摯にレポートし、社会へ訴えかけるつもりだとのことである。

といっても記事からは〈忌わしい罪の世界〉〈憂事多き日蔭の生活〉というような陰惨な雰囲気はあまり感じない。京子の記事で見る料亭はあくまで地位の高い男性が女性と酒を飲んで遊ぶ場所、キャバクラや高級クラブのイメージだ。これは「常盤花壇」が高級料亭で、とかく汲々《きゅうきゅう》としていないことも関係するだろう。客と芸者を取り持つことも仲居の仕事の一つだがそのことにあくせくしていない。しかし基本的には、酒宴の後に別室で客と芸者が床を共にすることもあるのが料亭である。そして見てきたように、芸者たちは地方の貧しい村から売られてきた女性たちである。毎夜馬鹿騒ぎをして、

＊19 **常盤花壇**　小料理屋だった前田又吉が一八六八（明治元）年に神戸花隈町に開業。六年後に諏訪山の鉱泉を目当てに移転して温泉料亭「常盤楼」とした後、東店、中店、西店を身内に経営させ、自らも神戸宇治川に「常盤桜」を経営するなどした。なお、一八八八（明治二一）年には旅館「京都常盤」を開業。後に「京都ホテル」に改名する。「京都ホテルグループ」は今に続いている。

一回りも二回りも年上の男性相手に春を鬻《ひさ》ぐ職場はやはり〈忌わしい〉としか言いようがない。

さておき、前回の「中京の家庭」同様ここでも京子の鋭い視線と細やかな描写が冴えわたる。

まず仲居になるためには料亭への紹介が必要だとして、芸者や舞妓が通う神戸随一の女髪結いに会いにいく。〈東京のお愛——大阪のお辰《たつ》と三指に折られる三幅対の大姉御〉こと義侠者《もの》の伊賀お寅[20]の元へ、京子は嘘の身の上話を拵《こしら》えて向かうのだが、そこでの情景は式亭三馬[21]もかくやと思うほど。

大姿見がずらりと並ぶ前で五六人の梳手《すきて》（髪結いの助手）が息を切らして落ちた髪を掃除しており、右端の鏡の前に行儀よく座る痩せぎすの年増芸妓の後ろでお寅は脇目も振らずに潰し島田[22]を結っている。ぼさぼさの髪が結い上がると鬘《かずら》のように惚れ惚れする出来栄えになるが肝心のお寅本人は〈水髪《みずがみ》の島田を台なしにがく〱させて肥った軀《からだ》に真白な仕事著《ぎ》〉姿、〈夫《そ》れがフイと一言可笑《おかし》な事を云出《いい》すと（中略）芸妓《げいしゃ》達は忽《たちま》ちわッと調子に乗って手真似身振りの色気なし〉という光景が繰り広げられる。日本髪を結うには体力勝負、自分の髪が崩れることをものともせずお客の髪を見事に仕上げ、待って

*20 **伊賀お寅**　京子の化け込み記事で有名になったおかげか、お寅の記事が『うきよ』三一号（楽文社、大正四年）に出ている。曰くお寅は一八八五（明治一八）年神戸生まれ、三姉

いる間手持ちぶさたな芸者たちを笑わせたりもする女主人お寅の、精力的な仕事ぶりとサービス精神が如実に伝わる描写である。

また、京子のアンテナは彼女たちのお喋りにも向かう。落籍されて妾になって正妻のところに挨拶に行ったら〈以後は怎《ど》うぞお心安く〉と言われて悔しかった話。客に呼ばれて大急ぎで支度をして行ったらたった一時間の座敷だった話。舞妓が一二、三歳の梳手にお金を渡して焼き芋を買いに行かせ、〈何方《どなた》もお撮《つま》み〉とみんなに差し出すと〈忽《たちま》ち白い手が八方から延びて主客入乱れたお芋征伐は無邪気と云おうか落花狼藉《らっかろうぜき》と云おうか、振袖も花の唇も無い始末となって天下晴れたお芋日和《びより》と云う状貌《かおつき》〉といった愉快な場面もキャッチする。

ともあれ、お寅の姉に身の上話を聞かせた京子は、いよいよ第六回で壮麗な高級料亭「常盤花壇」にて吉田きみ子、通称お君《きみ》さんとして住み込みで働くこととなる。同僚は、仲居頭という風格の五〇がらみの二人と、三〇前の中老連七人、このほか客座敷にはつかない女中が六、七人である。

仲居のおもな仕事は料理や酒を運ぶことだが、その量も頻度も凄まじい。重い紫檀《したん》の煙草盆を一度に四つ、足高の塗り膳を頭より高く六つも重ねて何往復もさせられる。京子、いや仲居のお君《きみ》も初日に膝から下がびりびり痛ん

妹の末っ子。子供の頃から乱暴者、女義太夫を目指して高座に立ったこともあったが親に反対され、手先が器用だったため髪結いとなったという。「常盤花壇」の四年後には京子を頼って上京し新橋に開店。八人家族と一七人の梳手を養い、一日に七、八〇人、多くて一二、三百人の髪を結うとある。〈年収五千円以上は動かぬところ〉というが、当時の五千円は今の約二五〇〇万円である。

＊21 **式亭三馬**　一七七六（安永五）年生まれ。江戸時代後期の戯作者。代表作は『浮世風呂』、『浮世床』など。『浮世床』は床屋に集まる客たちの無駄話を生き生きと描いた滑稽本。一八二二（文政五）年没。

＊22 **潰し島田**　島田髷の根元を短くして髷を潰したように低く結った髪型で、粋なスタイルとされた。なお、島田髷は未婚の女性の髪型。既婚者は銀杏返しに結った。

で堪らなくなる。着物の上から擦《さす》っていると、同僚が寒い日はリュウマチになると教える。また、年かさの仲居たちは臑《すね》に化粧水を塗るなどの対策をしているようで、なんとも過酷な仕事である。

お君《きみ》の一日はこうだ。

朝八時に起床、顔を洗って台所で朝ご飯（洗いさらした千切り古沢庵とご飯）を摂ってから絹布巾やハタキで大広間や廊下、玄関、火鉢四九本を掃除する。〈昆布見《こんぶみ》たいにぴんと強張《こわば》った雑巾を力託《まか》せに絞るので真赤な掌《てのひら》へ見るみるぽつりと透通った胼胝《たこ》が出来る始末〉、〈梯子段の両破目《はめ》には（中略）仰向いて拭くので眼が眩《くら》迷み出す〉とハードな掃除の描写にも余念がない。少し休んで風呂に入って化粧をして、一二時に台所で昼ご飯（お粥、黒く煮締めた里芋三切れ、千切り古沢庵など）。また少し休んで今度は客膳を運び、後は暇を見て晩ご飯を摂る以外は午前二時、三時までひたすらお運びを続け、ときには客の杯を受ける。その後、台所で客の残り物で四度目のご飯を摂り、就寝となる。聞くだに草臥《くたび》れそうだが、お君《きみ》は飽くまで仮の姿、合間に記事を書くためのメモもとっているのだから京子の根性は見上げたものと言うべきだろう。

もちろん、客の観察も欠かしていない。兵庫県知事だった服部一三[*23]、県庁のお歴々、大阪の井上倉庫の主人、アメリカ人実業家の御一行などが夜な夜な繰り込んでくるが、あるお偉いさんは仲居に案内されて電話口までやってくると

「ハイ、私《わたくし》は九鬼でありまするが――」と大変な真面目な調子で長い事押《おし》問答をして御座る、話の様子では間近い観艦式の事に就《つい》ての打合せらしく、之《これ》が済むと又二階へ駈上《かけあが》って席上に侍っている鶴羽《つるは》、おみつ、初子、お峯と云う顔触《かおぶれ》の芸妓《げいぎ》を集めて大騒ぎをされる。

この〈脊《せい》の高い老紳士〉は「常盤花壇」の近所に別邸を持ち、ここを贔屓《ひいき》にしていた旧三田藩主九鬼隆義の係累だろう。あるいは息子の隆輝だろうか。

仲居たちの風俗も興味深い。お君《きみ》は帯の締め方をもっと胸高にするよう注意されるが、その理由は〈別に花壇《うち》の風俗《ふう》て事はないのやけれども矢張《やは》り自然と芸妓《げいこ》の扮装を真似たりしますさかいな帯の結びかたかて素人の方のは貴女《あんた》みたいに平とうおまっけど私達《わてらたち》は高《たこ》う結びまんね、芸妓や皆《みんな》が帯を結んでから帯と帯の間に鼻紙やら手拭いやら鏡やらをみんな挟んでそして結目を

＊23　**服部一三**　一八五一（嘉永四）年生まれ。士族出身の官僚。東大法学部部長や文部省書記官、兵庫県知事等などを歴任。一九二九（昭和四）年没。

高くふっくらと持上げますさかい私達も真似してな〉とのこと。ファッションの発信源が芸者であるとは江戸時代から聞く話だが、大正の世でも仲居たちが装いを真似、それを自ら語るさまは興味深い。実際、仲居たちは芸者を尊敬していて「同じ泥水商売やものそら仲居よりか芸妓の方が勝《まし》やし」と考えており、花壇で三ヶ月ほど仲居として働いていたお菊が千菊という芸者になったケースもあった。

しかしお君《きみ》、いや京子に言わせれば芸者は「始終罪の無い事を云出《いいだ》してはお客さんを笑わせて居《お》る、如何《いか》に煙みたいな話でもあゝすらくと絶間なしに饒舌《しゃべ》ると云うのも辛い仕事と、傍《そば》に附《つい》ている私《わたくし》は沁々《しみじみ》と肚《はら》の中で爾《そ》う思った」。一方、仲居たちの境遇も決して幸福ではない。彼女らは「大抵《たいてい》は両親《ふたおや》の無い者親類《みより》のない者ばかり」で仲居部屋はまるで孤児院のようだと京子は書く。初日にお君《きみ》に楽な仕事ではないと伝えた先輩仲居も、それに続けて「馴れ込めば此処《ここ》程気楽な面白い家《うち》は無いさかい」と言っているが、この辺りも「すゞ甲子」の人たちと同じく、お偉いさんの酒席についてお相伴したり冗談を言われたりすることを気楽で面白いと感じているのだろう。

確かに十数時間も働かされる女工や厳しい家の奉公に比べたら幾分かは楽かもしれない。一方、京子はそんな生活を「益もない闇の醜事」「凄じい濁江の渦中」と考えているのだから、溝は広がるばかりである。

かくて、四日目の朝に一旦帰ると言い残して、おきみはその短い仲居人生を閉じた。

なお、これを機に「常盤花壇」に紹介の労を取ってくれた髪結いのお寅とはすっかり仲良くなり、「あんたが大阪へ去《い》なはってから家《うち》へ寄って来る芸妓《げい》《こ》たちの話が、ほんまに面白おましたっせ、お君さん（私の変名《へんみょう》）後日物譚《ものがたり》の方が反《かえ》って奇抜なことも、極端なことも多うおまっせ」と繰り返し聞かされたという。また、花柳界では「お君さん、好きで仲居をするのじゃないが、新聞材料のしかたなし、僅《わず》か三日のね、苦労して、後は野となれ山となれ」という唄が座敷で流行したと『一葉草紙』には得意げに記されている。

化け込み以前のスラムレポの世界

さて、日本にも京子以前に化け込み記事がなかったわけではない。行っていたのは男性記者、都市下層の生活をレポートするいわゆるスラムルポである。

嚆矢は一八九〇（明治二三）年夏から「日本」[*24]紙に断続的に連載された桜田

*24 **「日本」** 政治評論家の陸羯南（一八五七〜一九〇七）が立ち上げた日刊紙。一八八九（明治二二）年に創刊し、一九一四（大正三）年に廃刊するも、一九二五（大正一四）年『日本新聞』として再創刊された。

文吾[*25]の「貧天地」「餓寒窟」だろう。下層民の格好をした文吾が下谷万年町（現東上野一丁目近辺）、芝新網（現港区浜松町二丁目近辺）、四谷鮫ケ橋（現新宿区若葉一～二丁目近辺）などの貧民窟を巡り、大阪名護町（現浪速区日本橋近辺）にまで足を伸ばす。どうも文吾はイギリスの雑誌『パンチ』[*26]に掲載されていた画家ジョン・リーチ[*27]のロンドン貧民窟探訪をヒントにしていたらしい。「日本」社主の陸羯南《くがかつなん》[*28]のアドバイスもあったのではと紀田順一郎氏は推測する（紀田順一郎『東京の下層社会』ちくま文庫、二〇〇〇年）。

　二年後には松原岩五郎[*29]が「国民新聞」[*30]にて「芝浦の朝烟」、「裏店」、「東京雑俎」、「探検実記東京の最下層」などのルポを発表。『最暗黒の東京』（民友社、一八九三年）にまとめて高い評価を得た。これはチャールズ・ブース[*31]『ロンドン民衆の生活と労働』（一八八九年）や救世軍[*32]創始者ウィリアム・ブース[*33]『最暗黒の英国とその活路』（一八九〇年）などロンドン・イーストエンドの下層民レポートの影響があったといわれている。

　一九〇六（明治三九）年一二月には「神戸新聞」[*34]に木工冠者の記名で「貧民窟探険記」の連載が始まる。つまり婦人記者による化け込み記事よりも先に、スラムルポブームが到来していたのである。

　しかし注意すべきは、桜田文吾や松原岩五郎のルポと本書がテーマとする

*25 **桜田文吾**　一八六三（文久三）年生まれのジャーナリスト。「日本」紙でのスラムルポをものした後、「京華社」、「京都通信社」を創設した。一九二二（大正一一）年没。

*26 **『パンチ』**　一八四一年七月一七日創刊の週刊風刺漫画雑誌。劇作家ヘンリー・メイヒュー、戯曲作家マーク・レモン、木版画家エビネザー・ランデルズによって創刊。

*27 **ジョン・リーチ**　一八一七年生まれ。イギリスの風刺画家。一八六四年没。

*28 **陸羯南**　一八五七（安政四）年生まれ。国粋主義者として知られた新聞記者。一九〇七

婦人記者の化け込み記事とでは毛色が違う点である。スラムルポにおける都市下層民の姿や生活は酸鼻を極めている。コレラが蔓延する木賃宿に寝たり、ぼろを纏《まと》って残飯を漁ったり、金がなく物々交換で飴を買う人々など、極限的貧困に苦しむ最下層民を対象としているのだ。かたや婦人記者たちが化け込む先はカフェー、日本料理屋、遊郭、行商人など。下層ではあるが物乞い*35同然とまではいかない。

この違いについてはいくつか原因が考えられる。ひとつには世相がある。桜田文吾、松原岩五郎らが活動したのは明治二〇年代から三〇年代という日清日露戦争の戦間期。日本における産業革命期であり、同時に公害問題や労働問題が持ち上がった時期でもある。また一八九〇（明治二三）年一月には凶作のあおりをうけて富山市で起こった米騒動が日本各地に波及、日本資本主義初の恐慌といわれる明治二三年恐慌が始まってもいる。社会的弱者が俄《にわ》かにクローズアップされた時代なのである。政府も工員や農民の窮状を視察し報告書にまとめているが、スラムの具体的な生活の様子や労働の詳細に関しては記者のレポート以外に目ぼしいものはない。そのため彼らの真に迫った記事はたちまち反響を呼び支持された。

一方、婦人記者が化け込みを始めたのは一九〇七（明治四〇）年以降のこと。

（明治四〇）年没。

*29 **松原岩五郎**　一八六六（慶応二）年生まれのジャーナリスト。一九三五（昭和一〇）年没。

*30 **「国民新聞」**　一八九〇（明治二三）年、徳富蘇峰が創刊した日刊新聞。

*31 **チャールス・ブース**　一八四〇年生まれ。イギリスの社会改革運動家・社会調査専門家。一九一六年没。

*32 **救世軍**　一八六五年設立。国際的なキリスト教（プロテスタント）団体。

*33 **ウィリアム・ブース**　一八二九年生まれ。イギリスのメソジスト説教者であり救世軍の創設者。一九一二年没。

*34 **「神戸新聞」**　一八九八（明治三一）年、神戸川崎財閥の創設者川崎正蔵によって創刊。

*35 **物乞い**　唯一「福島民報」では婦人記者が「変装記者の世相探り」（大正一五年五月七日～二八日）のなかで夫婦連れとして物乞いに扮している。

足尾銅山鉱毒事件など公害問題は引き続きあったものの、日露戦争の勝利を受けて日本が列強国に比肩したと自信を持ち始めた頃である。東京勧業博覧会の開催や百貨店の誕生、映画の発展などモダン文化が開花し始めてもいた。男女の記者の視点の違いはこれら時代の差も大きい。

また、記者たちの育ちの違いがある。例えば桜田文吾は父母と兄二人を亡くし姉は誘拐されて天涯孤独のうちに苦学して東京法学院（現中央大学）に入学、後に「日本」に入社する。松原岩五郎も両親と死別し、兄に引き取られるもこき使われて家出、過酷な仕事を渡り歩いて慶応義塾に学び「国民新聞」に入社している。いずれも苦労人であり労働の経験がある。また、岩五郎は同じくスラムルポライター横山源之助[*36]と交流があり、ともに二葉亭四迷[*37]の社会批評や貧民救済策に強い影響を受けたと言われている。圧倒的に男性の物書きが多い時代、横にも縦にも繋がりを作り重層的に問題意識を持てる環境にあったと言える。

翻《ひるがえ》って婦人記者はほとんどが中流家庭出身である。経済事情が悪化したり、生活上に不都合が生じて金のために記者になる場合もあるが、下層民のような生活を経験してはいない。彼女たちの筆がときに対象者たちに対し距離を置いているように見えるのはそんなところに理由があるのだろう。

*36 **横山源之助**　一八七一（明治四）年生まれのジャーナリスト。一八九九（明治三二）年に『日本之下層社会』を刊行し、貧困ルポの先駆者として知られた。一九一五（大正四）年没。

*37 **二葉亭四迷**　一八六四（元治元）年生まれの小説家。言文一致体小説の先駆者として知られる。『小説神髄』『浮雲』などをものした後に筆を折り内閣官報局の官吏となる。内田魯庵によればこの頃の二葉亭は「洋服の上に羽織を引

そしてスラムルポは多分に社会へ訴えかける使命感があるのに対し、婦人記者の化け込みは境遇に同情しつつもエンタメ要素が強い。言ってしまえば飛び道具的な企画となっている。これは誕生の時点でその宿命を背負っていた。決まった記事を書く場しか与えられていなかった婦人記者が自らの存在感を押し出し、売り上げに貢献するために発案したものだからだ。とはいえ、婦人記者が潜入した先は紛れもなく当時の女性たちの第三次産業の現場であり、なかには今ではあまり知られていない消えた職業も多い。社会の周辺に生きた者の記録として、スラムルポとはまた違った大きな意義と魅力があると筆者は考えるのである。

なお、これら化け込みに対する批判として、評論家でジャーナリストの千葉亀雄[*38]は、

> たとえば化け込み記事でもですね、英米の婦人記者は、化け込むにしても、もっと大きな社会問題に打《ぶ》つかる。娼妓の虐待で社会が騒がれると、白奴隷[*39]の世界へまぎれ込んで――醜業するわけでは勿論《もちろん》ありません――実情を偵察する。炭鉱労働者と資本家が対抗すると、労働者の家庭へ入って、みじめな生活の詳細を研究する。細かい女性の観察によって、

掛けて肩から瓢箪を提げるというふうな変挺な扮装をして田舎の達磨茶屋を遊び廻ったり、印半纏に弥蔵（着物の中で握り拳を作って胸元に置いていること）を決め込んで職人の仲間へ入って見たり」（内田魯庵「二葉亭四迷の一生」）と「下層興味」を持って変装をしていたという。しかし後年、理想に敗れ「あの時代、無暗と下層社会が恋しかったのは、矢張露国の小説に誤られたのだ」と言っていた。一九〇九（明治四二）年没。

*38 **千葉亀雄**　一八七八（明治一一）年生まれの評論家、ジャーナリスト。読売新聞では編集局長を務め、婦人欄を設け婦人問題も扱った。一九三五（昭和一〇）年没。

*39 **白奴隷**　White slavery の訳。一八世紀にアメリカで生まれた言葉で「白人奴隷」を指したが、一九世紀には強制的に売春をさせられている者を指すようになった。

手にとるように実情が報告される。こんな化け込みこそ興味本位以上に、どの位い将来の社会建設に役立つか知れないが、そんな方面の化け込みはない。

千葉亀雄「或る日の対話」
『婦女新聞』[*40] 創刊三〇年記念号 一五六一号、一九三〇年五月一〇日

としている。

一方、その約三〇年前の一九〇一（明治三四）年には別の意見もある。ジャーナリストで後に「やまと新聞」[*41] 記者となった正岡猶一[*42]は『新聞社之裏面』（新声社、一九〇一年）のなかで、

此様《このよう》な（引用者注：化け込みのような）例は亜米利加《アメリカ》などでは、能《よ》く見るところである。甚《はなはだ》しきになると淫売婦に化けて、態々《わざわざ》御苦労千万にも、巡査に引張《ひっぱ》られて、牢屋の探検をすると云う女豪傑も居る。西洋で、婦人記者を使用するのは、多く此《こ》う云うところからであるが、日本では、幸にしてまだこれ程堕落した新聞、一面から云えば此程《これほど》大仕掛けな新聞が無いから、従って婦人記者の特色は埋没せられて仕舞う、併《しか》し何事も

*40 **「婦女新聞」** 一九〇〇（明治三三）年、ジャーナリストの福島四郎によって創刊された女性週刊誌。

*41 **「やまと新聞」** 一八八六（明治一九）年に創刊された日刊新聞。花柳界や芸能界のゴシップ記事、落語の口述筆記など、庶民向けの娯楽要素の強い記事で人気を集めた。一九四五（昭和二〇）年五月二五日の第三次東京大空襲で本社が焼失し、廃刊となった。

*42 **正岡猶一** 筆名は正岡芸陽。一八八一（明治一四）年生まれ。「やまと新聞」の記者となる以前から人道主義者として知られ、著作『嗚呼売淫国』

西洋化して行く今日の事だから、或《あるい》は此様な馬鹿気たことをやらぬとも限らぬ。婦人記者の運命も憐れなものであるかなだ

としているのだ。奇しくもこの意見が象徴するように、日本では女性が下層民や娼婦の間に入ることは果敢ではなく「堕落」ととられる。女性に求められる像が保守的なために行動範囲が狭められているのだ。物理的に行動できないというよりも心理的、社会慣習的な問題である。この風潮を無視して婦人記者の仕事ぶりを語ることは公平ではない。

さらに言うならば、実は吉原遊郭の新造（見習い）や新聞縦覧所[*43]の女中、銘酒屋[*44]の女に化け込んだ記事は存在する。つまり、これらの批判は本邦の婦人記者の仕事にきちんと目を配っていない男性評者の物言いである。婦人記者の苦労があらためて偲ばれる。

下山京子のその後

さて、「常盤花壇」で化け込み記者の地位を盤石にした京子。その後もさぞや活躍したかと思いきや、一九〇八（明治四一）年末に東京の「時事新報」[*45]

『裸体の日本』などを通して社会批判を行なった。一八八一（明治一四）年没。

*43 **新聞縦覧所**　明治維新前後に新聞を閲覧する施設として誕生したが、個人契約の普及、図書館の充実などを理由に衰退。明治半ば頃から風俗営業をする店が現れ、風俗店の別名となった。入ってすぐの間には申し訳程度の古い新聞を二、三紙置いているが、店には私娼がおり、客と話がつくと奥（もしくは二階）の小部屋で客を取るシステムになっている。

*44 **銘酒屋**　新聞縦覧所と同じく飲み屋が風俗店となったもの。ここでは体裁を整えるために酒の空瓶が数本飾られているという。

*45 **「時事新報」**　「東京日日新聞」、「報知新聞」、「国民新聞」、「東京朝日新聞」と並ぶ、戦前の五大新聞の一つ。一八八二（明治一五）年三月一日、福澤諭吉が創刊。

に移ることになった。

実は「大阪時事新報」在籍当時、社長の福澤捨三郎との噂があった。どうもその影響で異動したとも考えられる。元来京子には浮名が多く、自分の半生記を「色懺悔《ざんげ》」としているほど。噂になった男性は「時事新報」創刊者でもある福澤諭吉[*46]といい、政治家の林田亀太郎[*47]といい、政治家で社会学者の樋口秀雄、作家の長田秋濤《しゅうとう》[*48]、「実業之世界」[*49]社長野依秀市[*50]などなど、社会的地位の高い男性が多い。もちろん噂だけの場合もあり実態は定かではない。が、五〇歳くらいの老華族の妾[*51]になり花子という一児をもうけていることは事実のようだ。

「時事新報」には異動した京子だったが、ここでは大沢豊子[*52]という有名記者が婦人向け記事に辣腕を奮っていたため大阪時代ほどの活躍もできず。〈老紳士の〇〇さん（引用者注：パトロンである老華族の意）にも無断で、いろんな着物を拵えてみたり、人の意表に出るような服装[*53]をしたり〉していたが、面白くなくなって辞職した。

一九一二（大正元）年九月、記者となって六年半後のことだった。

退社した翌月、築地に「一葉茶屋」という料亭を開業して女将となった。「常盤花壇」の第一回で〈暗黒の方面〉だの〈凄じい濁江《にごりえ》〉などと書き散らかし

*46 **福澤諭吉** 一八三五（天保五）年生まれの明治を代表する思想家。一八五八（安政）年に江戸藩邸で開いた蘭学塾はのちに慶應義塾となった。

*47 **林田亀太郎** 一八六三（文久三）年生まれ。帝国大学を卒業後法制局に入局。一九一五（大正四）年、選挙干渉買収事件に関与し辞職。代議士となり、普通選挙法案を起案。鮫川電力社長、「東京毎夕新聞」主筆などを兼務した。一九二七（昭和二）年没。

*48 **長田秋濤** 一八七一（明治四）年生まれ、フランス文学者、劇作家、翻訳家。本名は長田忠一、別号は酔掃堂。一九一五（大正四）年没。

*49 **「実業之世界」** 一九〇五（明治三八）年一月に「三田商業界」として創刊。一九〇八（明治四一）年に『実業之世界』に名を変えた。一九八五（昭和六〇）年一二月廃刊。

*50 **野依秀市** 一八八五（明治一八）年生まれのジャーナリスト。

た花柳界に自ら飛び込んだことになる。もちろん、費用は老華族持ちである。

しかし素人商売の悲しさ、最初こそ話題になったものの次第にたち行かなくなり一年で閉店。借金は三千数百円（今の四〇〇万円程度）と言われた。スキャンダラスな女性の失敗にマスコミは容赦がない。当時の雑誌には〈野田屋や瓢《ひさご》家《や》もある築地で、ウマクもない料理に金を払って、素破《すっぱ》抜かれた客は好い面の皮だ〉と書いてある（『楽天パック』三〈三〉、楽天社、一九一四年二月）。

茶屋を閉めた京子は、何を思ったか一時は大原女《おはらめ》[*54]の格好で花売りとしゃれこんだこともあったが、翌一九一四年一月に『一葉草紙』（玄黄社）、秋に『紅燈乃下』（誠文堂書店）を出版。『紅燈乃下』の「はしがき」に記した〈私は舞台に立つ女になるんだそうです〉の言葉通り、「金扇社」という劇団を立ち上げて女優への転身を図った。手拭いや扇子を作り新聞社に〈破天荒な贈物〉（紅鳥生『女優総まくり』、光洋社、一九一七年）をするなど大々的に宣伝したものの金が続かず頓挫。

その後は竹澤弥栄吉を師匠に義太夫[*55]を習って「紅葉会」を結成してみたりする。なお、この頃に第二子の女児を産んだという話もある。その顔は「小笠原伯爵[*56]に瓜二ツと云いたい程酷似《よく》て居るという評判」（「疑問の女下山京子」『うきよ』四四、一九一六年五月）だったとか。


『実業之世界』『帝都日日新聞』などを刊行した。一九六八（昭和四三）年没。

＊51 **老家族の妾**　ある資料では鹿島房次郎元神戸市長の名が上がっているが、鹿島は華族ではない。

＊52 **大沢豊子**　一八七三（明治六）年生まれ。佃速記塾で学び、一八九九（明治三二）年に時事新報社に入社。一九三七（昭和一二）年没。

＊53 **物好きな服装**　青柳有美は〇の中に恋の一字を染め抜いた帯を締めた姿を見ている。

＊54 **大原女**　山城国大原（現京都府京都市左京区大原）の薪や農作物などを頭にのせ、京都まで売り歩いた行商の女性。

＊55 **義太夫**　義太夫節とも呼ばれる浄瑠璃の一種。

＊56 **小笠原伯爵**　一八八五（明治一八）年生まれ。最後の小倉藩（藩庁は福岡県北九州市小倉北区）藩主小笠原忠忱の長男、小笠原長幹のこと。一九三五（昭和一〇）年没。

転機となったのは、一九一四（大正三）年一一月。本郷座で伊庭孝[*57]主宰の「PM（プレイ・ミュージック）公演社」の女優としてドイツの劇作家フリードリヒ・ヘッベル作「マリア・マグダレナ」を改題した『処女』とバーナード・ショー作『チョコレート兵隊』に出演、舞台デビューを果たした。

元新聞記者のお騒がせ女性が立つとあって物見高い連中が駆けつけ、演芸欄の記者は〈芸に熱がない表情と云うものがまるで無い〉が〈兎に角初舞台としては成功〉（「読売新聞」）という評判。

しかしやはり資金が続かなかった。翌年の一九一五（大正四）年一月に「新劇社」として京都の南座、大阪の弁天座で公演したが終了後に宿代や交通費がなく、京子の金の腕輪二つで金を借りてしのぐ羽目に陥る。それでも女優の熱は冷めず、三月に演劇座で『役者の妻』の女優役と劇中劇の「サロメ」[*58]を、七月には『金色夜叉』を、翌年四月には「東京劇団」を創設して有楽座で『女優上がり』（A・W・ピネロ『第二のタンカレー夫人』の翻案）を公演して赤字を出し、穴埋めに静岡や福井に巡業したところで、とうとう演劇に見切りをつけた。

七月には鎌倉で「ハトポッポ」というカフェーを開いた、その後千葉に嫁いだ、などの噂が最後である。

婦人記者、というとインテリでお堅い印象があるが（そして大多数はそうでは

*57 **伊庭孝** 一八八七（明治二〇）年生まれの劇作家、演出家、

あるが）、下山京子のように文章に覚えがある破天荒な女性もときどき登場する。京子に限って言えば、派手好みでやたら芸事を仕込もうとする母の影響があり、その母を養い自活しなければいけないという焦りからその後の人生が迷走してしまったように思う。

但し化け込み取材に限っていえば、好奇心が旺盛で芸事や花柳界に明るいことが幸いして天職といえるほど大いに能力を発揮したのであった。

けもの道を行く

京子の化け込み記事には同性の批判もあった。京子の一年前に「報知社」（現報知新聞社）に入社し、英語が堪能だった磯村春子[*59]は化け込みについて

罪の無い家庭の穴探しじみた事をしたり、或は偽名変装して、みだりに平和な家庭の内幕をあばくという様な事

磯村春子「女記者修業」『女の世界』、実業の世界社、一九一五年一二月

と吐き捨てている。

音楽評論家。一九二二（大正一一）年に上山草人らとともに「近代劇協会」を立ち上げ、ゲーテ『ファウスト』などで人気を博す。その後は東京・浅草を中心とした娯楽要素の強いオペラブーム、いわゆる浅草オペラの中心となった。一九三七（昭和一二）年没。

*58 **「サロメ」**　オスカー・ワイルドが一八九三年に出版した戯曲。露出度の高い衣装でダンスを踊るシーンが目玉で、日本では一九一三（大正二）年の松井須磨子を皮切に、川上貞奴、水谷八重子、松旭斎天勝など話題の女性たちがこぞって演じた。

*59 **磯村春子**　一八七七（明治一〇）年生まれ。仙台市の宮城女学校で学んだのち上京、実業家の磯村源透と結婚。その間、東京女子大学英文科に在籍しながら津田梅子に師事した。一九〇五（明治三八）年に「報知新聞」記者となり英語力を生かして活躍。一九一八（大正七）年没。

なるほどその意見ももっともである。が、特筆したいのは、「婦人行商日記　中京の家庭」は、婦人記者の正道であった名流婦人訪問記のいわばB面（裏面）である点だ。

当時の婦人記者のおもな仕事のひとつに訪問記があることは前述した。具体的には、政治家や実業家の家庭に赴き、夫人たちから普段の生活や夫婦関係、子どもの教育方法などを聞き書きしたインタビュー記事である。例えば「松本海軍大佐の留守宅訪問」（一九〇四年三月二日付「読売新聞」）、「私は飽くまで主人の内助守屋此助氏夫人」（一九一五年五月二一日付「読売新聞」）などがそれで、とくに日露戦争中は軍人家庭の訪問記がしきりに掲載された。

婦人記者が好まれたのは、主人不在の家に男性記者を上げたくないという先方の事情がある。また、奥様方にとっては同性の方が話しやすいということもあるだろう。男性記者を相手に「私は音楽も好きで御座いまして、雨の日のつれづれに幼い昔に習った琴を取出して楽しみます」（「私は飽くまで主人の内助守屋此助氏夫人」）と話したところでしっくりこない。端的に言って訪問記は、女性が女性を取材してその記事を女性が読むという閉じられた世界である。

対する化け込みは、訪問記でおつに澄ましていたような奥様が実は、行商人に嫌味を言ったり、下駄を脱ぎ散らかした玄関を平気でそのままにしていたり、使用人に陰口を言われている様が描かれる。同じく婦人記者（身分を隠してはいるが）が同じく名流夫人を訪問するのに、正反対の世界が見えるところに面白さがある。よそゆき顔の訪問記と違い、化け込みには本音がある、真がある。この単純さは老若男女の別なく楽しめるのである。

そして標的となった人々がいない今となっては、同時代人の磯村春子が「穴探し」「内幕を暴く」とする化け込みの扇情性が霧散し、むしろ明治末期の名古屋の家庭の生活記録となっていることは記事をつぶさに見てきた我々にはわかる。病院の不衛生さ、大欠伸をする主人の描写など、まさに「神は細部に宿る」、これもひとえに下山京子の目利きと筆の力である。

婦人記者の訪問といえば、著名人の談話をとることもある。文芸評論家で元新聞記者の坂本紅蓮洞[*60]は「都下の女記者」（『中央公論』二八〈九〉）のなかで「毎日電報」山崎千代子が新渡戸稲造[*61]を訪ねた際、快く会って話をしてくれるのみならず外食に誘いご馳走までされたとし「男の訪問数多しといえど、これだけの待遇を受けたものは何処にもあるまい」と書いている。また、話題の人物に取材陣が押しかけた際、婦人記者を記者とは思わず中に入れてしまっ

＊60　**坂本紅蓮洞**　一八六六（慶応二）年生まれの文芸評論家・新聞記者。「グレさん」の愛称で親しまれた。一九二五（大正一四）年没。

＊61　**新渡戸稲造**　一八六二（文久二）年、盛岡藩の武家に生まれる。教育家、農政学者。札幌農学校の二期生として学んだのち北海道庁に勤務。その後帝国大学の英文学科に入学するも退学。農政学を研究するため渡米する。一九〇〇（明治三三）年に英語で執筆した『武士道』で国際的な名声を得て一九二〇（明治五三）年に設立された国際連盟事務次官の一人となった。一九三三（昭和八）年没。

たためにスクープを取ることに成功したこともあった。さらには磯村春子のように英語が堪能な場合、海外要人の来日に「歓迎役」として駆り出され、埠頭で握手をして談話をとることもする。女性性を利用することにはなるが、ときには男性記者を出し抜くこともできたのだった。

とはいえ、訪問記にしても家政や流行、談話にしても大抵の記事は一分一秒を争うような内容ではない。

周囲では世間を揺るがすような大事件のために走り回る記者がいるのに、婦人記者は蚊帳の外。まさに「はじめに」でも紹介した川柳「号外に関係のない婦人記者」（『川柳雑誌』、川柳雑誌社、一九二八年八号）である。

そのような現状に飽き足らず、化け込みという新企画を編集局に提案したのが京子であり、それが大当たりをして売り上げを伸ばした。この逆転も、後年のわれわれにはまことに愉快である。

さて、化け込みの開祖である下山京子の「婦人行商日記　中京の家庭」と「鬼が出るか蛇が出るか　記者探偵　兵庫常盤花壇」を見てきたが、これがいかに革新的だったかを明らかにするために、次章では当時の新聞記者および婦人記者の置かれていた境遇を紹介していこう。

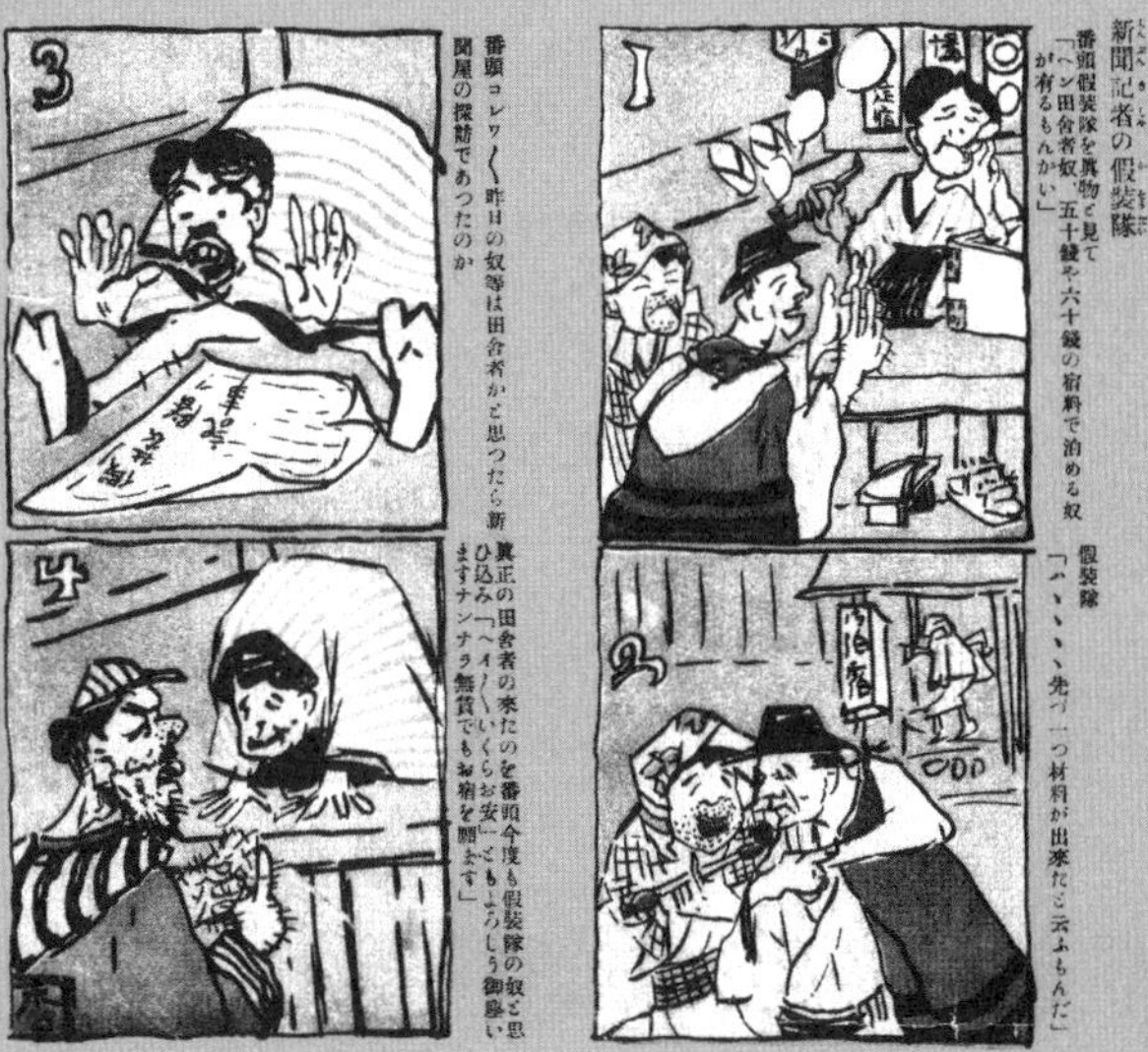

第二章

化け込み前史

男性新聞記者の化け込みを描いた漫画。
『東京ハーピー』2〈8〉、東京ハーピー社)

職業婦人の歴史

京子が活躍したこの時代、婦人記者とはどのような存在だったのか。まずは働く女性を取り巻く状況をひもといてみたい。

働く女性は当然ながら有史から存在する。農林業、漁業などの家業や家内労働（内職）を担うほか、私塾の師匠、産婆、髪結い、金貸し、草花売り、子守、乳母、洗濯、走り使い、遊芸などに携わる者もいる。これらは中世、近世から女性が行っていた労働である。

ところが明治に入り工業立国に舵が切られると、あらたに工場労働者が誕生する。農村で余っている人材が都会に出稼ぎに来たのだ。彼らは煙草、石炭、マッチ、製茶、化学製品、金属機器などの製造を担ったが、鉱工業の半分、輸出の六割を占めたのは繊維産業、つまり紡績、製糸、織物である。それら工場の工員は大多数が女性であった。

明治始めに官営だった紡績工場は明治三〇年代に民間企業に払い下げられる。その辺りから環境が劣悪化してきた。折りしも日清戦争（一八九四〜九五年）後、清から得た巨額の賠償金を投入してさらに生産を加速したため、都市近郊の女子だけでは追いつかない。遠隔地募集が始まり『女工哀史』[*1]で知られるような過酷な現場の代名詞となった。なぜそのような職場でも人が集まるのかといえば、貧困である。募集の際に「仕事はすべて機械がやる。機械の横で遊んでいたらいい」のような甘言を弄したこともある。が、地方の子だくさんの農村では家計のために子どもを働きに出さざるを得なかった。

一方、教養ある旧士族の娘のなかにも手に職を持つ者が現れた。その職業は教師や医者である。一八七五（明治八）年に高等教育を養成する東京女子師範学校が誕生。その後、幼稚園保育士、中等学校教員、初等学校教員を養成する学校が開校した。日本初の女医、荻野吟子[*2]は東京女子師範学校[*3]一期生として卒業後、私立医学校「好寿院」に特別入学。三年で卒業したが東京府から開業試験の受験を拒否され、結局開業できたのは一八八五（明治一八）年。おかげでそれ以降、女医となる者がぽつぽつ出てきた。

一八九〇（明治二三年）三月一〇日付「国民新聞」（現「東京新聞」）には、

> 今や婦人の権利を論じたり、男子は婦人を敬重せよなどと言ったりするご時勢ではない。婦人は如何《いか》にして自活すべきかを考える時代になった
>
> これまでの空理空論を排して実践あるのみ

＊1 **『女工哀史』** 細井和喜蔵による、一九二五（大正一四）年に改造社より刊行されたルポルタージュ。近代日本の発展を担った紡績工場に務めた女工たちの過酷な労働状況を伝えた。

＊2 **荻野吟子** 一八五一（嘉永四）年生まれ。医師の国家資格を取得した女性は日本人初だが偏見や風当たりも強く、医師としては成功していない。一九一三（大正二）年没。

＊3 **東京女子師範学校** 一八九〇年（明治二三年）三月に設立された、お茶の水女子大学の前身となる官立の女子高等師範学校。

という記事が早くも登場。次第に中流家庭の子女も社会進出を目指し始める。

明治三〇年代に入ると女子初等教育の就学率が急上昇。交通やメディアなどインフラの発達によって職種も拡大し、『女子職業案内』の類いが多数出版された。危機感を感じた政府は良妻賢母教育を行う。その反動で女権拡張運動も起こる。第一次世界大戦（一九一四〜一八年）後の好景気、欧米の女性労働研究の潮流を受け、働く女性の流れは止められないものとなった。

『東洋時論』（東洋経済新報社、一九一〇年六月）には「女子職業熱」と題した評論のなかで、一九〇七（明治四〇）年末時点で日本銀行職員八五六人中女性は三一四人、郵便貯金管理局（逓信省の外局）の女性職員七九三人、女性教員は約三万四千人としている。

大正期に現れた「職業婦人」という言葉は、実はおもに彼女たちを指す。同じ近代の新職業でも女工は残念ながら職業婦人と呼ばれないのだ。

前田一『職業婦人物語』（東洋経済出版部、一九二九年）では職業婦人の定義を「多少智能を要する職業に携わる所の比較的有識者階級」としている。

具体的には、医師、歯科医師、薬剤師、教員、保育士、著述家、美術家、

作家、音楽家、記者、速記者、モデル、外交員（営業職）、事務員、タイピスト、電話交換手、看護師、産婆、按摩、派出婦（家政婦）、郵便局員、駅員、銀行員、店員、図書館員、公務員、製図手（製図工）、伝道師、製糸教婦（製糸工場の作業監督者）、美容師、女優、女給、娯楽場女給、探偵、電車車掌、自動車車掌、自動車運転手、写真家、洋服裁縫師、遊芸師匠、ガイド、ダンサー、マネキン（ファッションモデル）を挙げている。が、同時に〈芸者とダンサー、女工と女車掌、下女と派出婦、一見して同じ型のものである〉ともある。車掌はバス・ガール、百貨店店員はデパート・ガールと呼ばれ、女性憧れの職業となった。

つまるところ、商業、金融業、医療福祉、教育、外食産業、情報通信産業など第三次産業に勤める女性が職業婦人ということになる。

こうした職業婦人の中でも、より狭き門が婦人記者という職業であった。

婦人記者の先駆者たち

日本初の日刊新聞は一八七一（明治四）年創刊の「横浜毎日新聞」[*4]である。翌年には「東京日日新聞」[*5]（現「毎日新聞」）、「郵便報知新聞」[*6]（現「スポーツ報知」）

*4 **「横浜毎日新聞」** 一八七〇（明治三）年一月二八日に横浜で発行。その後、「東京横浜毎日新聞」「毎日新」「東京毎日新聞」と度々改名し、一九四〇（昭和一五）年に野依秀市経営の「帝都日日新聞」に吸収合併されて消えた。

*5 **「東京日日新聞」** 一八七二（明治五）年に条野伝平、西田伝助、落合幾次郎が創刊した日刊紙。現在の毎日新聞の前身である。

*6 **「郵便報知新聞」** 一八七二（明治五）年に前島密らが創刊した日刊新聞。初期には自由民権運動の色が濃かったが、一八八六（明治一九）年に大衆向けに路線を変えて人気を博し、明治末から大正に東京で最も売れた新聞となった。

が創刊。もちろん記者たちは男性である。

初期の新聞は国や県が主導して元士族などが発行していた。そのため、漢文調で一部の人々にしか読まれなかった。一八七二（明治五）年に学制が公布。そこには〈一般ノ人民華士族卒農工商及婦女子必ズ邑ニ不学ノ戸ナク家ニ不学ノ人ナカラシメン事ヲ期ス〉とある。女性や子どもにも教育を施すよう示した点で画期的だった。

翌年、ひらがな表記の三紙が創刊。しかし読みづらく硬い内容に関心を持たれず一年ももたずに廃刊した。

翌年の一八七四（明治七）年、真打ちが登場した。「読売新聞[*7]」である。すべての漢字にルビを振り、事件や噂、意見などを〈俗談平話〉文体で書いたためわかりやすいと好評を得た。このような新聞は判型が小さかったために小新聞と呼ばれた。従来の政論新聞は大新聞である。明治二〇年代、自由民権運動が衰退し、主義主張より報道が中心となって次第に大小の区別がなくなった。

では、日本初の婦人記者は誰か。こういう問題はジャーナリズム史の知恵袋、宮武外骨[*8]に聞くのが手っ取り早い。

外骨は「公私月報（一一）」のなかで「婦人記者の元祖？」として「新聞俳

諧大熊手」（風交社）の加藤しかと渡邊たけ[*9]を挙げている。「新聞俳諧大熊手」は一八七九（明治一二）年創刊。投書主体の滑稽俳句の新聞で、一五号出たところで翌年より「滑稽大熊手」と改名している。新聞といっても月二回発行、俳句や狂歌が主で論説や時事雑報はない。外骨は〈記者という程の者でないにしても、署名者に婦人の名があるのは是れが元祖である〉とする。

婦人記者の元祖が加藤しか、渡邊たけのふたりだとして、日刊新聞初の婦人記者はというと「国民新聞」の竹越竹代が通説である。

「国民新聞」（民友社）は徳富蘇峰が一八九〇（明治二三）年に創刊。前年に竹越与三郎が入社し、その妻竹代も編集委員となった。その際「婦人の新聞記者」（二月五日付）と題した論説が掲載された。曰く、

　近代の新聞は、社会の活歴史なり、世間を其《その》ありのまゝに写すなり、此の時に方《あた》って、婦人にして此の如き資格を以て、新聞社会に入らば、其《その》成功すること疑《うたがい》なけん、

竹代は看護師のインタビュー、訪問記事などを執筆するがわずか数ヶ月で退社。その理由について、東京婦人矯風会に所属し出産も経験して両立が難

*7　**「読売新聞」**　一八七四（明治七）年虎ノ門で創刊。明治中期には、坪内逍遥、尾崎紅葉など現在文豪と知られる作家陣が入社し筆を振るった。

*8　**宮武外骨**　一八六七（慶応三）年生まれのジャーナリスト。十代で雑誌投稿を始め一八才で出版社を興し、自身の投稿をまとめた六角形の本『孰姉乎妹』を出版したのを皮切りに生涯四二種の雑誌や新聞を発行、六四冊の本を出版した人物である。一九五五（昭和三〇）年没。

*9　**加藤しかと渡邊たけ**　二人に関する詳細はわからないが、第二号の奥付には「持主　加藤しか」「編集兼印刷人　渡邊たけ」とある。

しかったのではと江刺昭子が指摘している（『女のくせに　草分けの女性新聞記者《ジャーナリスト》たち』、文化出版局、一九八五年）。

明治三〇年代が女性労働者増加の時期であることは前述した。新聞各社で婦人記者が採用され始めたのもこの頃である。商業主義に走る新聞社が女性読者を獲得しようとした現れでもある。それ以降、新聞各社に複数の婦人記者たちが名を残している。

それまでぱらぱらと掲載されていた家庭や婦人向けの記事を「家庭の栞《しおり》」として常設すると告知したのは、一八九八（明治三一）年三月六日付の「大阪毎日新聞」。このために太田馨と岸本柳子のふたりを入社させた。

一九〇一（明治三四）年、「毎日新聞」[*10]に入社した松本英子[*11]も婦人運動に強かった。「婦人問題の研究」と題された記事（明治三四年一一月一日、一二日付）では、みどり子の署名で婦人問題を大いに取り上げると宣言。しかし足尾銅山を視察して公害による被害に衝撃を受ける。即座に公毒地救済婦人会を設立することを決意し、新聞に「鉱毒地の惨状」を五九回連載した。記事は大反響を呼ぶが政府の弾圧に遭い「毎日新聞」を退社。渡米してそこで一生を終えた。記者生活はわずか一年だった。

大逆事件[*12]で有名な管野すが[*13]も新聞記者出身である。すがは一九〇二（明治

*10 **「毎日新聞」**　現「毎日新聞」ではなく同章*4「横浜毎日新聞」と同紙。英子在籍当時の社長は田中正造の盟友島田三郎、編集長は社会運動家の木下尚江だった。

*11 **松本英子**　一八六六（慶応二）年生まれ。家塾を開いていた父から厳しい教育を受け男児のように育てられる。学制が発布されると上京、津田仙の家に寄寓し女子小学校に通い、一八八六（明治一九）年に女子高等師範学校に進む。結婚し一児をもうけるも夫の破産で離婚。華族女学校で教鞭をとるなどし、一九〇一（明治三四）年「毎日新聞」に入社。足尾鉱毒事件など社会派記事で頭角を表すが翌年渡米。この地で結婚し学を納め夫を助けた。

*12 **大逆事件**　一九一〇（明治四三）年、幸徳秋水ら社会主義者や無政府主義者が明治天皇暗殺計画の容疑で逮捕・

三五）年に「大阪朝報」に入社し一〇ヶ月で辞職、四年後に「牟婁《むろ》新報」に数ヶ月勤務し、翌年「毎日電報」に二年勤めている。

校正の能力を認められて雇われたのは、一八九七（明治三〇）年に「報知新聞」に入社した松岡もと子[*14]である。校正募集の告知を見て履歴書を持参。当時、校正は男性しかいなかったため女性の身で従事したい理由も書いた。用務員に代理で来たと嘘をついて書類を託す。翌日呼び出されて新聞社に行くと五、六人の男性志願者がいた。面接の後にゲラ刷りを渡されて校正のテストを受験、見事合格した。

社長の三木善八には「男にもはじめからあんなに確かに校正の出来るものはない」と褒められたという。職工（植字工、印刷工など）たちには「動物園に女が来た」と騒がれた。工場との間の窓に金網が張られていたため編集局は動物園と呼ばれていたのだ。

その後、学校時代の恩師に談話をとり四、五回分にまとめて書いてみた。「夫人の素顔」という読物担当に見せたところ採用され、記者に異動となった。二年勤めた後に退社、編集長の羽仁吉一と結婚し、ふたりは雑誌『家庭之友[*15]』（現『婦人之友』）を創刊、一九二一（大正一〇）年には自由学園[*16]を設立する。

一方、大沢豊子という婦人記者が速記の腕を買われて「時事新報」に入社

処刑された幸徳事件のこと。その後に起きた一九二三（大正一二）年の虎ノ門事件、一九二五（大正一四）年の朴烈事件一九三二（昭和七）年の桜田門事件も同様の政治的弾圧として大逆事件とされる。

*13 **管野すが**　一八八一（明治一四）年生まれ。幸徳事件で一九一一（明治四四）年に刑死。

*14 **松岡もと子**　結婚後は羽仁もと子。一八七三（明治六）年生まれ。ジャーナリスト、実業家、教育家。一九五七（昭和三二）年没。

*15 **『家庭之友』**　『婦人之友』に改名したのは一九〇八（明治四一）年のこと。

*16 **自由学園**　一九三九（昭和一四）年に羽仁夫妻が東京府北豊島郡高田町（現東京都豊島区西池袋二丁目）に設立したキリスト教精神に基づく学校。現在は初等部（小学校）から最高学部までであるが、最高学部は厳密には各種学校に属する。

したのは、一八九九（明治三二）年のこと。父が病に倒れて働く必要があったためだ。速記を学び国語検定も受検しようとしていた。その最中に「時事新報」入社の話が浮上。実践女子大学創始者の下田歌子[*17]に相談すると、勧められた。

「外《ほか》の新聞であったら私も妄《みだり》には勧めないが、時事新報には必ず福澤先生（引用者注：創刊者の福澤諭吉）の余薫があろうと思う」

「男子記者の欠陥を、婦人記者に因《よ》って補い得れば幸いです」

「這入《はい》って見ていけなければ出るまでのこと、そんなに心配しないでも好いから、マァ遣《や》って御覧なさい」

速記は一八八二（明治一五）年に田鎖綱紀が考案、発表し、講習会を開いたのが始まりである。以降、演説会や講談、国会の議事に採用された。とくに講談は演壇で講談師が話したものを速記にした講談速記本が大流行。言文一致体の流れを受けて大衆小説のように人気を得た。新聞社では一八九九（明治三二）年に東京・大阪間の長距離電話開通に伴い、電話口で速記する方法が広まった。豊子が採用されたのはまさにこの時期である。

＊17 **下田歌子** 一八五四（嘉永七）年生まれ。出生名平尾鉐《せき》。教育家、歌人。宮中に女官として務めた後、華族女学校（現学習院）の教授に。一八九九（明治三二）年に実践女学校（現実践女子学園）、女子技芸学校を創立。一九三六（昭和一一）年没。

＊18 **平山訓子** 一八八二（明治一五）年生まれ。夫と死別し遺児を抱え一九〇三（明治三六）年「九州日日新聞」入社、妻子ある渋川玄耳と知り合う。玄耳に合わせて上京し大日本婦人教育会に勤務。一九二五（大正一四）年没。

＊19 **本荘久代** 通り名は「幽蘭」。新聞記者のほか五〇回以上の転職を繰り返した。その数奇な人生については拙著『問題の女　本荘幽蘭伝』（平凡社）に詳しい。

＊20 **高橋政代** 「河北新報」に入社後、「報知新聞」記者の松原伝吾と結婚して退社。

入社数年後、豊子は速記係から記者となる。当時の婦人記者としては異例の二四年を勤めあげた。その後、雑誌記者を経て一九二六（大正一五）年に東京放送局（現ＮＨＫ）に転職。社会教育課家庭部主任としてラジオ番組の編成に携わった。ここでも堂々八年半の局員生活を貫いている。

その他、三〇年代入社の有名どころをざっと拾ってみると「九州日日新聞」の平山訓子《おしえこ》[*18]と「電報新聞」の本荘久代[*19]（ともに明治三六年入社）、「報知新聞」の磯村春子（三八年）、「大阪時事新報」の下山京子と「河北新報」高橋政代[*20]（三九年）辺りであろうか。「二六新報」の竹内政子[*21]も三〇年代である。

四〇年代ともなるとぐっと増える。「万朝《よろず》報」服部桂子[*22]と「鹿児島新聞」浜田苔花（ともに四〇年）、「二六新報」中野初子[*23]（四一年）、「毎日電報」山崎千代子（四二年）、「東京朝日新聞」竹中繁[*24]（四四年）、「読売新聞」小橋三四子[*25]（四五年）……各社続々である。

入社年がはっきりせず挙げなかった人もいるが、この倍以上はいるだろう。一九〇一（明治三四）年に〈日本にも婦人記者が二三人出来た〉（正岡猶一『新聞社之裏面』、新声社）と書かれた数年後、〈明治三七、八年の交は、女記者の全盛時代〉（吉野鉄拳禅『現代女の解剖』、東華堂、一九一四年）と書かれるほど増えたのである。

＊21 **竹内政子**　一八九四（明治二七）年生まれ。社会運動家としても活動。一九七〇（昭和四五）年没。

＊22 **服部桂子**　一九〇七（明治四〇）年「万朝報」に入社。一九二二（大正一一）年「主婦の友」社に入り編集に携わる。

＊23 **中野初子**　一八八六（明治一九）年生まれ。父は「数書閣」創業者。一九〇八（明治四一）年、雑誌「小学生」の編集を経て「二六新報」に入社し「家庭の頁」を担当。三年後に退社して「青鞜」と雑誌「看護婦」を編集。俳人としても活動。一九八三（昭和五八）年没。

＊24 **竹中繁**　一八七五（明治八）年生まれ。一九一一（明治四四）年、「東京朝日新聞」に同社初の女性記者として入社。一八七五（昭和四三）年没。

＊25 **小橋三四子**　一八八三（明治一六）年生まれ。日本初の婦人面「読売新聞よみうり婦人付録」の編集主任をつとめた。一九二二（大正一一）年没。

しかし、大沢豊子のように長く勤めた婦人記者は磯村春子、服部桂子、竹中繁、恩田和子[*26]くらい（それぞれ勤続一〇年、一六年、一九年、三一年）。大抵の婦人記者は数年、ときには数ヶ月で辞めている。それには婦人記者特有の問題があった。

ごろつきか新聞記者か

まず書いておくべきは新聞記者の社会的地位が低かったことである。これは今の感覚では驚くべきことだ。

新聞記者軽視の風潮はシステムのせいでもある。

特に初期においては、外回りをして巷《ちまた》の話題を拾う探訪と、政論なども書く内勤の記者というふたつの職分があった。探訪が拾ったネタを記者が記事にする。なぜそんなことをしたかと言えば探訪に無学な者が多く自分で記事を書けなかったからだ。彼らは食い詰めた士族[*27]、刑事くずれといった連中で金に弱い。市井の醜聞などを聞き込んで俠客に売る。もしくは反対に利用される。甚だしい者は自分から強請《ゆす》る。記者も記者で探訪がネタを持っていってても馬鹿にして取り上げない。または脚色をしすぎてフェイクニュースになる。もしくはネタ元にお金を積まれて筆を曲げる。世間からの信用は地に落ちていた。当時彼らは「羽織ゴロ」[*28]などと呼ばれ忌み嫌われていたのである。

　ジャーナリスト宮武外骨の雑誌『滑稽新聞』には強請り記者の社名と実名を告発する「大阪風俗画報」や「ユスリ彙報」なるコーナーがある。外骨は記事のために「ユスリ」という太字ゴシックの活字をわざわざ特注した。それほど怒り心頭に発していた。一九〇一（明治三四）年二月二五日号には〈大阪市内にてユスリをなす者大凡《おおよそ》二百人に下らざるべし〉としている。

　一九〇六（明治三九）年に後藤寅之助と伊原敏郎が編んだ『唾玉集』（平凡社、一九九五年）には探訪の談話が収載されている。曰く、警戒されるようになると誰もネタをくれなくなる。そこで「東京日日新聞」で探訪をやっていた岩上達哉（元小笠原藩で留守居を勤めた交際家の由）が警察に出向いて「新聞屋です、お種はありませんか」と警戒されぬよう律儀に聞いた。他の新聞社も真似て慣習化し、警察も各社の探訪が揃ってから話すようになったという。今の警察担当記者、いわゆる「サツ回り」の始まりである。

　明治中期には自ら探訪する外交記者が現れる。一八九二（明治二五）年「大阪毎日新聞」[*29]では探訪は花柳係と警察係に縮小し、外交員は大学卒業者とした。

*26 **恩田和子**　一八九三（明治二六）年生まれ。「読売新聞」を経て一九一七（大正六）年「大阪朝日新聞」の社会部記者に。「全関西婦人連」メンバーとして婦人参政権運動に尽くした。一九四八（昭和二三）年朝日を退職。一九七三（昭和四八）年没。

*27 **士族**　明治維新後、新政府が旧武士階級に与えた身分呼称。特権を失い、大部分は没落、困窮していた。一部の士族は反乱や自由民権運動に参加した。

*28 **羽織ゴロ**　良い身なりをしていながらゴロツキのようなことをするため。

*29 **「大阪毎日新聞」**　一八七六（明治九）年に創刊した「大阪日報」を前身とし、一八八八（明治二一）年に創刊。現「毎日新聞」大阪支社の前身。

明治三〇年代後半頃からは、縁故採用よりも大学卒業者が歓迎されるようになる。そして四〇年代には筆記試験が登場。だが、それでも記者の地位はあまり上がらなかった。

なぜなら大学出にとって新聞記者は「新聞記者にでもなるか」「新聞記者にしかなれない」という「でもしか」な職業だったためだ。「大阪毎日新聞」の城戸元亮は〈帝大出なら、官庁、日銀、大会社ときまっており、新聞社なんかに志すものは、一人も無かった、と言ってもよかった〉（『五十人の新聞人』、電通、一九五五年）としており、なるとすれば文学者や政治家にステップアップするための前段階という位置づけだった。また、牧師でジャーナリストの青柳有美[*30]も、

> 新聞記者とは、生存競争の劣敗者
>
> 申すまでも無く、拙者事も御他分に漏れず、又此《こ》の劣敗者のお仲間なので、田舎も田舎――東海道は名古屋くんだりまで遥々《はるばる》出かけて扶桑《ふそう》新聞の記者となり果てたのだ。女学校の先生を十五年もやりて遂に勤まらず、中学校の先生も二度までやりて行《や》り損ね、移民屋さんになりても成功せず、その果《はて》が田舎新聞の記者に落ちぶれたのである。

事務家になる丈《た》けの綿密な思想は無し、官吏になるには資格が無し、さりとて労働者や商人になりて苦労するまでの勇気に乏しく、牧師になるのも気が俐《き》かぬと、思い付いたのが新聞記者。

「咀《のろ》われたる新聞記者」『新公論』[*31]二五(九)、新公論社、一九一〇年九月

と記している。

とても現在の新聞記者たちとは似ても似つかぬ、インテリ界のヤクザもののような職業だったのだ。

されど悲しき婦人記者

一方、婦人記者の場合はどうか。

女性と男性とでは取り巻く環境が大いに異る。そもそも教育を受けられる者が多くなく選ぶほど職業もない。記者を目指す女性は筆に覚えがあって腕試しをしたい意識の高い者が多かった。私塾や学校に通っていて文学好きな者や、雑誌に投稿の経験がある者もいた。しかし、明治三〇年代以降の志望者は生活のためという場合も多い。

*30 **青柳有美** 一八七三(明治六)年生まれ。ジャーナリスト、随筆家、牧師。「明治女学校」教師の傍ら一八九三(明治二六)年から『女学雑誌』編集にかかわり、のち主幹となる。一九一五(大正四)年には安成二郎と雑誌『女の世界』創刊。女性論や恋愛論の著作が多くよく物議を醸した。一九四五(昭和二〇)年没。

*31 **「新公論」** 雑誌『中央公論』が『反省会雑誌』だった創刊メンバーの櫻井義肇、高楠順次郎らが枝分かれし、一九〇四(明治三七)年に創刊した雑誌。『反省会雑誌』は西本願寺系の普通教校(現龍谷大学)の学生が禁酒や仏教徒としての生き方を模索するための機関誌だったが、『新公論』はその仏教的要素を引き継いだ。創刊時「『中央公論』は半年位で征服して見せると豪語」するも『中央公論』は文学誌となって脅威の伸びを見せ、経営に不慣れな『新公論』は一九二一(大正一〇)年廃刊。

一八八八（明治二一）年に三宅花圃[32]がわずか二一歳で小説『藪《やぶ》の鶯』を書いて三三円二〇銭の原稿料を得たことが女性たちにセンセーションを起こしたと西清子は書いている（西清子『職業婦人の五十年』、日本評論新社、一九五五年）。当時は月給二五円で生活できる時代。女といえど物書きとして何がしかの収入を得ることができるという希望が、女性たちの胸を打った。もちろん希望は金のことのみではなかった。

筆にたくして自我の解放を試《こころ》みたい、さりとて、小説を書いて生活をたてる自信もない、といった人々のむれが、おもいがけなくも新聞という舞台に迎えられて、かろうじて筆との縁をつないだ。いわば、文学少女たちのとまり木でもあった。

婦人記者も採用は人の紹介や推薦が多い。速記や家政記事など得意分野を見込まれてスカウトのようなかたちで入ることもあった。試験を受けて入社した時期的に早い例は「中央新聞[33]」中平文子。一九一三（大正二）年五月のことだ。

婦人記者がちらほら登場した明治三〇年代から、婦人記者論が現れる。婦人は記者に向いているのか、どういう仕事をさせればいいのかといった議論である。〈婦人記者は海の者とも山の者とも判《わか》らない〉（松崎天民[*34]『運命の影に』、磯部甲陽堂、一九一七年）というわけだ。

例えば一九〇〇（明治三三）年三月一二日付「読売新聞」の「月曜附録」欄では倚水庵が「今日の婦人は新聞記者に適するか」を掲げている。

結論としては、文学や雑誌記者には向いているが新聞記者は難しいという。それには三つ理由があるとし、（一）女性は綿密な注意力と鋭敏な感情を持っているが裏をかえせば遅鈍で感じやすい。記事の執筆にはスピードが求められ、社会の刺激や誘惑に動かされない資質が必要で女性はそれを欠いている。（二）学校を出たての女性は社会知識が足りない。学識があったとしても政治や経済の専門知識がなく、三面記事を書くには世間知らずである。（三）婦人記者を雇うためにわざわざ婦人欄や家庭欄を設けるほど余裕のある新聞社などない、とする。さらに女性は〈敗徳より美徳、人殺しより薄命者、姦通騒ぎより孝行息子〉を好むが新聞が売れるのは逆だとも書く。

女性は繊細で緻密という前提は婦人記者賛成論者も反対論者も一様に唱えている。本来、特質は人によるはずだがそのような考え方はなされない。

安岡夢郷「婦人記者論（接前）」（『少国民』第一四年〈二八〉三二六、学齢館、

*32 **三宅花圃**　本名は田辺竜子。一八六九（明治元）年生まれ。小説家、歌人。坪内逍遥『一読三歎　当世書生気質』（一八八五、八六年、晩青堂）を読んで書いた作品『藪の鶯』（一八八八年、金港堂）は日本初の女性による近代小説である。この成功を受けて同じ私塾「萩の舎」にいた樋口一葉が小説で身を立てることを目指し、花圃に雑誌への斡旋を頼んだと言われる。一九四三（昭和一八）年没。

*33 **「中央新聞」**　一八九一（明治二四）年、改進党系として発刊。その後、政友会機関紙となる。スキャンダラスな三面記事が多い。一九四〇（昭和一五）年廃刊。

*34 **松崎天民**　一八七八（明治一一）年生まれの作家、新聞記者。私娼窟など都市部のアンダーグランドな文化風俗への取材を得意とした。一九三四（昭和九）年没。

一九〇二年一二月）には婦人記者に三面記事を任せろとしている。一見肯定論に見えるが、その理由は〈男で無くても用の済む事ならばこれを女に譲ったら何《ど》うであろう〉というものだ。そして外交婦人記者の理想として、

未婚者ならば一生男を持たぬ者、後家さんならば一生後家を立て通す人、それが何《いず》れも秀麗なる容貌を、気高く品格があって、交際が上手で弁舌が爽かで、明快なる頭脳を持って居て、常識に富むで居て、思慮があって物に動じないで、機に敏なる働きと、他を憐むの同情と、不義を憎むの観念と、その上外国語の二三種も出来れば、最々此上の喜びはない

と驚愕の条件を挙げている。男性記者でもここまで揃っている人はそうはいない。なぜ女性にばかり理想を求めるのかといえば、

現今の婦人記者は何の意味ある仕事をも為て居ない、また社でもさせて居ない、意味ある仕事もせずに、唯《た》だ筆を執って三面の席の一隅を占めて居る位なら、潔く退いて身を全うするが女らしくて宣《よ》かろう、

つまり、特別に優秀な人材でなければいない方がましというのだ。そもそも当時の女性と男性では教育、社会制度、求められてきた像がまったく違う。そのベースを無視してこのような言い草は理不尽である。

こんなにも女性を無能扱いするのであればなぜ雇おうとするのか疑問に思うかもしれない。その理由として女性読者の獲得ということは前述した。それは大前提としても今ひとつ指摘したいのは、婦人記者がすでに大勢活躍している欧米をかなり意識していたという点である。

アメリカの一八八〇年の国勢調査によると婦人記者の総数は二八八人（男性記者の二％）。この頃にはすでに女性読者の市場が発見されていた。とはいえ、アメリカでも大抵の婦人記者は社交界や流行や家政の記事を書いている。女性は男性のようには書けないと思われていた。それでも女性の政治記者はいたし、世界一周旅行を企てる者もいた。

元を辿れば新聞自体が欧米を見習って誕生した事業である。加えて日清、日露の大戦に勝利した日本の意識は「一等国」。欧米に遅れをとってはならない。そんな思惑が婦人記者登用に透けて見えるのだ。

その証拠に新聞や雑誌には海外の婦人記者事情が頻繁に掲載されている。

早い例では一八八七（明治二〇）年『女学雑誌』[35]第八〇号「社説　女子と文筆の業（第二）新聞雑誌女記者の事」がある。アメリカの新聞雑誌の婦人記者の名を一三名列記。そのなかにはハーバード大学学長と同じ給料を得ているとする「ハーパース・バザール」[36]誌のマリー・ブースもいる。記事は〈あゝ日本の文学社会は未だ女流の編輯《へんしゆう》人を出現せしむることを許さゞるか、曰く決して然らず〉と、婦人記者が活躍できない日本を嘆いている。

また、明治二〇年代には来日して講演する英米の婦人記者もいた。新聞人たちが刺激を受けたことは想像に難くない。

英語が堪能だった「報知新聞」磯村春子は「妾が女記者生活の六年間」（『成功』〈二二〉二、成功雑誌社、一九一二年）のなかで、西洋人との交流を振り返っている。

日本に漫遊なされた外国人で、重《おも》な方には大抵お目に掛《かか》りました。（中略）殊に西洋では、男を後にして女を先にする習慣がありますから、女記者は男の方よりも早く御目に掛かられ、又色々小《こま》かい御話をも承ることが出来ます。

レディーファーストの習慣のある取材相手に対しては女性記者ならではのメリットもあっただろう。だが社としては、婦人記者の一人もいないと海外に示しがつかないという気持ちも大きかったのではないか。

とはいっても、磯村春子のように優秀な人材ばかりが記者を希望するわけではない。落合浪雄『女子職業案内』（大学館、一九〇三年）には厳しいことも書いてある。

概して婦人は内気なもので温順な質《たち》であるから多人数の中《うち》でどしくやって退《の》け然《しか》も或時《あるとき》には巧遅よりも拙速を貴《たっと》うと云う流儀に仕事をする事は婦人に取っては少しく困難であるかも知れぬ

男性社会の中では、少しでも早く、他人を蹴落とす勢いで仕事をしなければならないという。一方で鼓舞することも忘れていない。

婦人が志を立てゝ天下の婦人の為《た》めに筆を執って為す処あらんとするのは婦人当然の責任で又時世の然《しか》らしむる処と云わねばならぬ（中略）社会問題教育問題から婦人の権利に就いても、風俗に就いても気風好尚

＊35『**女学雑誌**』一八八五（明治一八）年から一九〇四（明治三七）年まで発行された女性啓蒙雑誌。翌年から巌本善治が編集人となり「明治女学校」運営と両輪で男女同権と女性の自立を促す「女学」を提唱。特異な存在感を放ったが雑誌も学校も短命に終わった。

＊36『**ハーパース・バザール**』一八六七年にニューヨークで創刊した世界最古の女性向けファッション雑誌。

の如きに至る迄一に諸君の記者として改善を企て鼓吹を与えなければならぬ処であろうと思うのです

つまり必要な職業ではあるが、相応の覚悟がいると説いているのである。

婦人記者の恋愛問題

一八八四（明治一七）年二月一六日付「読売新聞」に、華族の令嬢が〈学術を研究して女ながらも遂には演説者とも成りまた新聞の記者とも成りて皇国《みくに》人《びと》を文明に導かん〉と考えて父に勘当されて家を出た事件が出ている。J・S・ミル[*37]『自由論』[*38]にかぶれていたともあり志の高い少女ではある。が、この時期に女性の身で記者になるなどと言い出すのは奇行である。また、実際に華族の令嬢を受け入れる新聞社もないだろうと思われる。

ここまで極端ではないにしろ、新聞記者になろうという女性たちは意気込んで入社してくる。にも拘らず、大抵の者は数年で辞めてしまう。社会的環境と職場的環境の悪さが理由だった。

社会的環境の悪さとは、賃金の低さ、結婚出産との両立の難しさである。

乗っている記者より俥《くるま》を引いている車夫の方が遥かに収入が多いと言われるほど薄給だった記者の給料。婦人記者に至っては男性の半額程度であった。また、月給ではなく寄稿というかたちで掲載の都度原稿料をもらう雇用形態もあった。他の媒体にも執筆するなど副業をこなさないと生活できない。結婚や出産をしてまで続けるにも先立つものが必要である。また、妻（母）が働くことへの夫の理解も求められる。勤続二四年の大沢豊子や一九年の竹中繁が独身を貫いているのも偶然ではない。

さらに問題なのは、職場環境の悪さである。

男性のなかに単身若い女性が入るわけだが、これは今よりよほど勇気が必要とされる。戦前まで小学校以上は基本的に男女別学だった。家族以外の成人男性と交流する機会がほとんどなかったのだ。

文欣女史「女記者の入社」（『楽天パック』三〈四〉、楽天社、一九一四年）には、女子高等教育を受けた後、新聞社に入社し、挨拶回りをしたときの新米婦人記者の描写がある。〈男の前に出ても羞《はに》かまずにしていられる程の矜《ほこ》りを持ち、自己を男などより高く思っていねばならない〉という強い気持ちを持っていたが、いざ男性達を前にすると弱気にならざるを得なかった。

＊37　**J・S・ミル**　一八〇六年生まれのイギリスの哲学者。個人の自由に基礎を置いた政治哲学により、後世に多大な影響を与えた。一八七三年没。

＊38　**自由論**　イギリスの哲学者、J・S・ミルの代表作。政治学において少数の意見を尊重する自由主義の態度を提唱した。邦訳は一八七二（明治五）年、中村正直が『自由之理』として出版、自由民権運動の機運を盛り上げた。

部長さんの紹介で、入社の挨拶をしに男の記者の机の前を順々に引き廻された時に、所詮反《そ》り身になってはいられなかった、俯《うつむ》き勝《がち》に、自分の姓名を名乗るにさえ舌硬《こわ》ばりで口聞け《ママ》ず、どうぞ宜しくと云うのが漸《やっ》との事で、紹介される男の顔を熟《じっ》と見るなどの勇気はなくて与えられた自分の椅子へ帰って来ても、誰が誰であったか判らなかった。

また、席について本でも読もうと風呂敷包みを広げかけたが、〈そんな程度の低い本を読んでいるのかと思われるのも恥辱だし、或《あるい》は反対に、あんな本を読んで生意気だと思われても詰《つま》らない〉と煩悶する。

このような話は当時の婦人記者に数多《あまた》ある。

大沢豊子は初めて「時事新報」の編集局に行った際、約一〇〇人の記者の約二〇〇の眼に一斉に見つめられて度肝を抜かれた。以降、少しでも動くと見られているように感じ、トイレに行かなくて済むよう水分も食事も摂らず机から離れなかった。冬のストーブや夏の扇風機にも近寄らない。男性記者たちの猥談も一切無視した。

「朝日新聞」の婦人記者第一号だった竹中繁も、職場には馴染めなかった。

　私は一人ぼっちで、窓のほうばかりみていましたので、渋川さんはわたしに「窓の女」というニックネームをつけられました。だから同じ編集室にいる男のかたとは、ほとんど口をきいたことはなく、おなじ部の人でも、顔と名をおぼえるのに三年ばかりかかりました。

また、「読売新聞」の小橋三四子は本邦初の婦人欄「よみうり婦人附録」の編集主任として入社したが、部下を持つ婦人記者ならではの苦心が見える。

　初めて編輯《へんしゅう》室の扉《ドア》を排して入った時、十数人の見知らぬ男の方の鋭い視線が一斉に私に向って『蛇に恐じぬ盲目！』と嘲りと憐みとを語って居たことを直覚しない訳にはゆきませんでした。室の一隅にようく空いた椅子を見付けて、腰をかけた時『あなたが編輯をやるんじゃありますまいね』と露骨に聞いた人さえあります。

「婦人附録　創刊の思い出」一九一九年一月五日付「読売新聞」

と書く。「女に使われるのは嫌だなあ」との声も聞えた。
もっとひどい話は「中央新聞」中平文子が著書『女のくせに』（やなぎや書房、

一九一六年）に書いている。ロシアの将軍が来日した際、男性記者の発案で花かごを届けに行った。すると将軍に大変気に入られ、いい記事を書くことができた。翌日は休日で翌々日に出社すると、前日に将軍からお返しの花かごが届いたと聞くが見当たらない。男性社員に聞くと、

「あれか、ありァ例の通り競売に附して、皆で麦酒《ビール》の祝盃を挙げたさ花はＨ君が子供の土産《みやげ》にするって安くで買って行ったよ。籠はあすこの隅にころがって居らア」

つまり、文子に届いた花かごの花を売ってビールを買って飲んだというのだ。壊れたかごを見て唖然とする文子だった。

嫌がらせは日常的に行われていた。背中に貼り紙をする、着物の袂《たもと》にマッチの擦り殻を入れる、帯のお太鼓に原稿用紙を押し込む、ラブレターを渡す、果ては劇薬をかけると脅迫する……。聞こえよがしの猥談に「淑女の前で失礼じゃありませんか」と言えば、美人画を貼って顔を文子に変え「淑女の前で失礼じゃありませんか」と台詞を書く。そのうち、顔の落書きが般若、青鬼、赤鬼と変化し、最後には黒人になった。

「淑女の前で失礼じゃありませんか」という文子の発言をポスターに落書きして嘲笑う男性社員が描かれている。（中平文子『女のくせに』、やなぎや書房）

あまりに幼稚ないたずらだが、文子がここまで標的にされたのには理由がある。実は重役吉植庄一郎[*39]との交際疑惑があり、権力を笠に着ていると思われたからだ。そして残念ながらそれは事実であった（文子なりに反撃はしたがそれは次章で詳述する）。

婦人記者と男性記者との恋愛問題は看過できないほど大きかった。

前述の落合浪雄『女子職業案内』（大学館、一九〇三年）には、

> 中には又随分劣等な人も尠《すくな》いのであるから婦人として此中《このうち》に交わる人々は充分戒心して、誘惑（若《も》しあらば）に陥れられる様な事の無い様に仕《し》なければならないので、此事《このこと》は特に婦人諸君の充分服膺《ふくよう》せられる事を希望に堪えない処であります

とある。職業案内に男性記者からの誘惑への注意書きがあることに驚かざるを得ない。

実際、誘惑は多かった。対等であれば恋愛といえるが、こと新聞社に於《おい》て女性はそもそもマイノリティ、且《か》つ平社員である。そして大抵は上司が仕掛けているのだ。対等とは言い難い。

*39 **吉植庄一郎** 一八六五（慶応元）年生まれ。一八九三（明治二六）年、北海道に入植し「北海道時事新聞社」設立。合併後「北海タイムス」となると理事を務めた。政治家としては一九〇四（明治三七）年第九回衆議院議員総選挙当選。以降も当選を重ね、原内閣では文部参事官、田中義一内閣では商工政務次官を務めた。文子とのことがあった後、議会で演説するとすると憲政会の片岡直温が「文子文了」と卓を叩き始め、党員たちも一斉に同調したため吉植は脱兎のごとく逃げ出したということがあった（「吉植庄一郎氏の側面観――情

社長と交際した者に、松岡もと子、下山京子、本荘久代がいる。重役と交際した中平文子は男性が社長になるタイミングで解雇された。平山訓子は社会部長だった渋川玄耳[*40]と交際し、渋川退社後に後を追って退社、内縁の妻となっている。竹内政子は社会部主任だった伊藤銀月[*41]と交際、結婚して一児をもうけるが、後に実妹と銀月が駆け落ちして離婚している。尊敬が愛情に変わることは不思議ではない。そこに上下関係や社内勢力が関わってくるために話が複雑化するのだ。

細川隆元は『実録朝日新聞』（中央公論社、一九五八年）に、大正末期に朝日の学芸部に入社した城山とみ子について書いている。それによれば、とみ子に一橋大学教授との縁談が起こった。嬉しさのあまり社内で喋ったところ本人の耳に入り幻滅されて破談。その後、男性記者と交際するも早世されてしまう。他の男性記者が面白半分にとみ子をからかううちにとみ子がその気になる。一時その記者との縁談を人に頼んだこともあったが、結局はうまくいかず、退社して尼になったという。なんとも可哀想な話である。

澤田撫松[*42]「女記者の地位」（『女子文壇』七〈一五〉、女子文壇社、一九一一年一二月号）には、

海流轉」『実業時代』五〈四〉、実業時代社、一九二八年）。一九四三（昭和一八）年没。

*40 **渋川玄耳** 一八七二（明治五）年生まれ。一九〇七（明治四〇）年に東京朝日新聞社会部長に。同郷熊本県の知己である夏目漱石を同社に招いたり校正係だった石川啄木を登用して「朝日歌壇」を創設したことで知られる。一九二六（大正一五）年没。

*41 **伊藤銀月** 一八七一（明治四）年生まれの小説家、評論家。本名は銀二。「万朝報」記者となり「銀月式」といわれる独特の文体で名を成す。文明批評、紀行文、人物論、歴史などをさまざまな分野で執筆した。一九四四（昭和一九）年没。

*42 **澤田撫松** 一八七一（明治四）年生まれ。「国民新聞」や「読売新聞」などで記者を務める。犯罪実話物語を「中央公論」などに発表。一九二七（昭和二）年没。

或者《あるもの》は恋愛を売りあるいた、買手がないので遂に捨売《すてうり》に安く売った。結果は買手に恋愛を蹂躙《じゅうりん》されて、今は孤独哀れむべき身の上になって居る。

或者は自己の勢力を張らんが為めに、その社の社長の玩弄物となり。虚名を得んとしたのは反対に散々な不名誉を得て、再び社会に顔向けの出来ない日陰者になって居る。

或者は女記者としてチヤホヤされるのに乗じて、多くの異性と関係を結び、遂に狂的生涯を送る身となって居る、

と苦々しく書いている。しかし、これらを婦人記者側だけの責任として良いのだろうか。

男性ばかりの職場に一人放り込まれた婦人記者。珍しいもののように扱われて舞い上がってしまうのはある程度仕方がない。確かに重役と交際して〈自己の勢力を張〉ろうという考えは軽率ではある。しかし一方でそうでもしなければまともにとりあってもらえない現実もあるのではないか。筆者には、彼女たちの記者としてのいじらしい生存戦略に思えてならないのである。

もちろん、地道にこつこつ仕事をする記者もいる。その代表格とも言える

大沢豊子は「記者生活から1　引込み勝ちであった私の心得」（『婦女新聞』一九二四年三月九日）のなかで、新聞社が記者志望の女性を選ぶ際に若くて美しいことを基準にしていなかったか、看板やお飾りにしようとしていなかったか、つまらない記事に婦人記者と銘打たせていたのではないかと投げかけ、

仮に浮《うわ》ついた性格の婦人が、何等《なんら》の覚悟もなしに、新聞社に職を求めに来たとしても、その社の風紀が厳粛であって、編集長部長及び古参先輩の指導が宜しきを得さえしたら、その婦人記者は席に得堪えずして去るか、若《も》しくは自己の心境に改悛の動機を与えられるのは見易いことである

とする。そして豊子は同業者の婦人記者が軽蔑され虐待されて挫折したときに、勇気を出せなかった自分を責める。当時は女性として社会部記者として情に流されず公平でいようとつとめた。しかしその姿勢は婦人界への貢献という視点から見て正しかっただろうかと反省しているのである。

婦人記者の孤軍奮闘は何も社内だけではない。世間でも評判が良くなかった。それを嫉妬、嘲笑、呪詛と書いたのは澤田撫松（「女記者の地位」『女子文壇』

七〈一五〉、女子文壇社、一九一一年一二月号）である。嫉妬とは世間で優遇されていることに対して、嘲笑は教養が浅く考えが幼稚であるのに大きな顔をしていることに対して、呪詛は満足に文章も書けないくせに高慢な顔をしてそのくせ人の妾になったりして世のなかにとって害悪であることに対して、とある。つまり、分不相応で生意気だと思われたのである。

　そこまであからさまでなくとも一般家庭では家族の反対に遭う職業だった。中平文子は「中央新聞」に入る前、一八歳でとある新聞社に採用されたことがあると『女のくせに』に書いている。しかし取材のために親友の母を訪ねると止められた。

「何《な》にもあなた、お嫁に貰い手のない老嬢《おーるどみす》じゃなし、そんなことなさらなくても可《よ》いじゃ御座んせんか、あゝいう社会へおはいりになるとどうしても可《い》いことはありませんよ。母様が心配なさいますから、それよりか早くお嫁に入《い》らっしゃいな、可い処へお世話しましょうよ。」

　親友も一緒になって「ほんとに文子さん、新聞記者だけはお止《よ》しになった方が可《よ》いわ」と止めるので諦めた。

また、入社時に既婚者だった磯村春子について、

不自由のない夫人の春子様が、何で婦人記者等《など》して居られるのだろう？　斯《こ》うした疑問は直に読者の胸奥に浮かぶであろう

「女記者評判記」『婦人くらぶ』四（七）、紫明社、一九一一年

とする記事もある。教師ですら結婚できない女性の仕事と見られていた時代。女性は結婚して母となって一人前。才走った女はそれだけで縁遠くなるとされる。前出「女記者評判記」には春子について、

夫人であり母であると云う事は、我が国の社会制度の上から云えば既に或る程度に於ける高い地位を占められた事であって、社会が此《こ》の「夫人」、「母」、と云うものに対して払う尊敬は、到底若い独身者の企て及ぶ所でないのである。此の得がたき尊敬此《これ》が春子様にとっては甚だ有力な盾となって居るわけである

と書いている。女性は夫や子どもがいて初めて社会で尊敬される。「若い

独身者」は軽んじられて当然なのである。況《いわ》んや若い婦人記者においてをや！

ともあれ、新聞社に入る前には周囲に反対される、入れば男性記者に馬鹿にされる、世間からは生意気だと言われる、板挟みになりながら薄給で慣れない仕事をする婦人記者たちが数年で辞めてしまうのも致し方ないと思われる。

このような状況を踏まえれば、下山京子が婦人記者という立場で化け込み企画を直談判し、勝ち取ったことが、どれほど大胆なことかわかるだろう。

海外の化け込み婦人記者

京子の言によれば、化け込みはフランスの雑誌に掲載されていた花売りに化けた婦人記者の記事の話を聞いて思いついたとのこと。

そもそも伝聞なのでどの記事か特定することはできない。

しかし、少なくともアメリカでは婦人記者による化け込みがすでに流行っていた。

代表的な記者に「ニューヨーク・ワールド」*43紙のネリー・ブライがいる。ネリーの本名はエリザベス・ジェーン・コクラン。一八六四年、アメリカ・

*43 **「ニューヨーク・ワールド」** ニューヨークで一八六〇年から一九三一年まで発行されていた新聞。略称はワールド。一八八三年、ジョゼフ・ピュリッツァーが社主となり、ネリー・ブライの記事や世界初のカラー付録、コミック・ストリップ（新聞連載のコマ漫画）などで売り上げを伸ばした。ゴシップや刺激的な記事が多く「イエロー・ジャーナリズム」の代名詞となった。

ネリー・ブライ。（1880年頃）

ペンシルバニア州出身である。裕福な家に生まれたが父の早世により家計を助ける必要が出てくる。教員を目指して全寮制の師範学校に入学するも学費が払えず退学。ピッツバーグに移り住んで子守や家政婦などで稼いでいた。ある日、日刊紙「ピッツバーグ・ディスパッチ」に女性の労働を批判するコラムが掲載された。ネリーは反論を投稿。編集長に呼ばれて正式な記者となる。

　ここでは女工たちの悲惨な生活をレポートして大反響を呼んだが、広告主である企業家たちの怒りを買った。しばらく音楽会や展覧会の取材をするが飽き足らずメキシコへ移住。メキシコ政府を批判したことで逮捕の危機に遭い、帰国した。しばらく元の編集局で女性向け記事を書くが、書き置きを残してニューヨークに移り住む。伝手《つて》を頼って新聞社に売り込みに行くがすべて断られ、最終的に「ワールド」紙本社に行き、特ダネがあると嘘を言って編集局長に会った。そのとき提案したのはヨーロッパから三等船室に乗って帰国し、船に詰め込まれている移民たちの悲惨な状況を伝えるというもの。編集局長はオーナーのジョゼフ・ピュリッツァー[*44]と相談すると言って前金を渡してネリーを一旦帰らせた。そして戻ってこさせると三等船室の企画ではなく別の案件を依頼する。それはブラックウェル島精神病院[*45]で患者が虐待されているという告発を確かめてくることだった。

ネリーは精神病患者を装って入り込み、折檻や水攻めなどの実態を目の当たりにする。一〇日後にやっと救出されると、それから一週間足らずで暴露記事を発表、全米の新聞に転載された。

これはその後、『マッドハウスでの十日間[*46]』（"Ten Days in a Mad-House." New York : Ian L. Munro, Publisher, 1877）という本になり話題を攫《さら》った。以降、化け込みはネリーの専売特許となった。

紙箱工場の女工、人身売買らしき広告に問い合わせる出産したばかりの母親、女性を勾引《かどわ》かす不埒《ふらち》な男の獲物、政界の黒幕に議員の買収を頼む薬屋の妻などさまざまな役割を演じては悪事を暴く。風刺雑誌『パック』は、

> 若くて魅力的な女性があなたの職場にやってきて、ニューヨークの道徳的品性が改善される可能性はあると思いますかとたずねたとしましょう。うっかり返事をしてはいけません。ひと言『ちょっと失礼、ネリー・ブライ』とだけいって、非常階段から逃げ出すのです

と読者にアドバイスしたほどだった。

*44 **ジョゼフ・ピュリッツァー** 一八四七年生まれの新聞記者・ジャーナリスト。アメリカ合衆国連邦下院議員も務めた。ピューリッツァー賞の由来にもなっている。一九一一年没。

*45 **ブラックウェル島精神病院** アメリカ・ニューヨーク市マンハッタン区の小島、ルーズベルト島（旧名ブラックウェル島）にかつて存在した精神病院。

*46 和訳はされていないがペンシルバニア大学図書館がオンライン上で公開している。（https://digital.library.upenn.edu/women/bly/madhouse/madhouse.html）

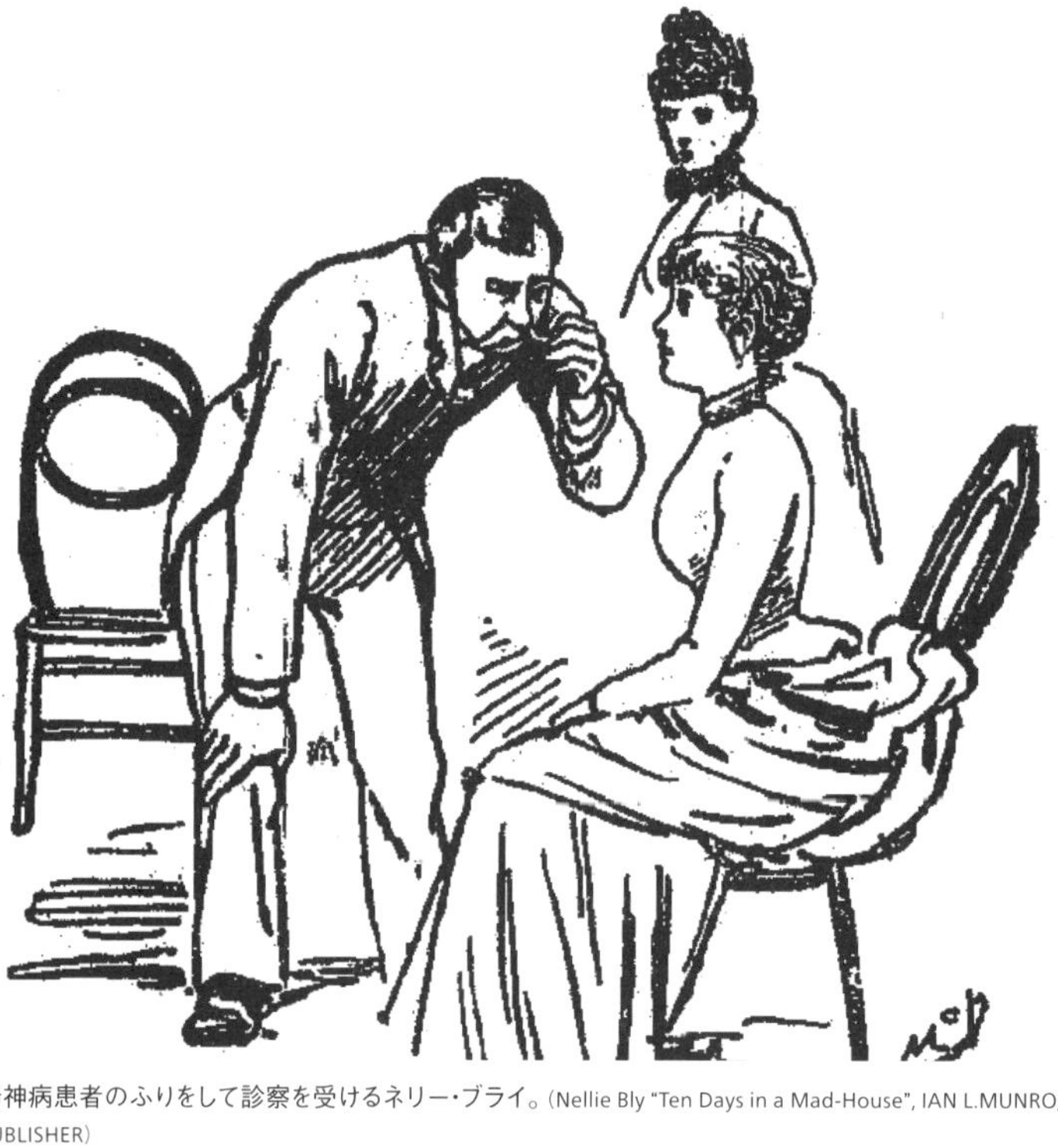

精神病患者のふりをして診察を受けるネリー・ブライ。(Nellie Bly "Ten Days in a Mad-House", IAN L.MUNRO, PUBLISHER)

化け込みが当たるとネリーは有名人になり、スケート、フェンシング、バレエ、解剖見学などを体験して記事を書いた。「ネリー・ブライ催眠術師になる」「ネリー・ブライ囚人になる」など名を冠した企画を連発。そして一八八九年、右肩上がりだった「ワールド」紙に陰りが見えたとき、デスクたちはネリーが一年前に出した企画にゴー・サインを出した。八〇日以内で世界一周をしてくることである。

旅の顚末については本書のテーマからそれるため頁を割かないが、マシュー・グッドマン『ヴェルヌの『八十日間世界一周』に挑む　四万五千キロを競ったふたりの女性記者』（金原瑞人、井上里訳、柏書房、二〇一三年）に詳しい。なお、一八八九（明治二二）年一一月八日から一〇日までネリーは横浜と東京に立ち寄っていて、日本の新聞にも記事が出ている。行く先々で旋風を巻き起こした旅は七二日六時間一一分一四秒の記録を樹立。この体験をもとに本を出し一年ほど講演をした後、大富豪と結婚する。夫が亡くなった晩年は「イブニング・ジャーナル」[*47]紙でコラムを書き、貧しい人々に金や衣類を紙上で募る活動をした。

下山京子がフランスの雑誌の話を聞いたのはネリーの精神病院化け込み記事から三〇年後のことである。アメリカでのネリーの活躍にイギリスやフラ

*47 **「イブニング・ジャーナル」**　ウィリアム・ハーストが一八九六年に設立した「ニューヨーク・イブニング・ジャーナル」が出していた新聞。一八八二年にジョゼフ・ピュリッツァーの弟アルバートが設立した「ニューヨーク・モーニング・ジャーナル」を母体としている。

ンスの婦人記者も刺激を受けたことだろう。そして三〇年の時を経てやっと日本に婦人記者化け込みブームが辿り着いたのだった。

一方、第一章で触れた男性記者によるスラムルポも化け込みも発端は欧米の記事である。スラムルポは産業革命（それはつまり階層分化の激化、下層民の増大を意味する）発祥の地イギリスの影響が強く、化け込みはアメリカやフランスを手本にしていることも興味深い点ではある。

近代化の象徴である新聞によって、分断されていた地方と都市に情報が行き渡り始める。男性記者のスラムルポも婦人記者の化け込みも格差をあぶり出す読物として大いに注目を浴びたのである。

次章では筆者が下山京子以降、筆者が代表的と考える化け込み婦人記者、中平文子（「中央新聞」）、北村兼子（「大阪朝日新聞」）、小川好子（「読売新聞」）の実際の記事と人物像に迫っていこう。

第三章

はみ出し者の女たち、化け込み行脚へ

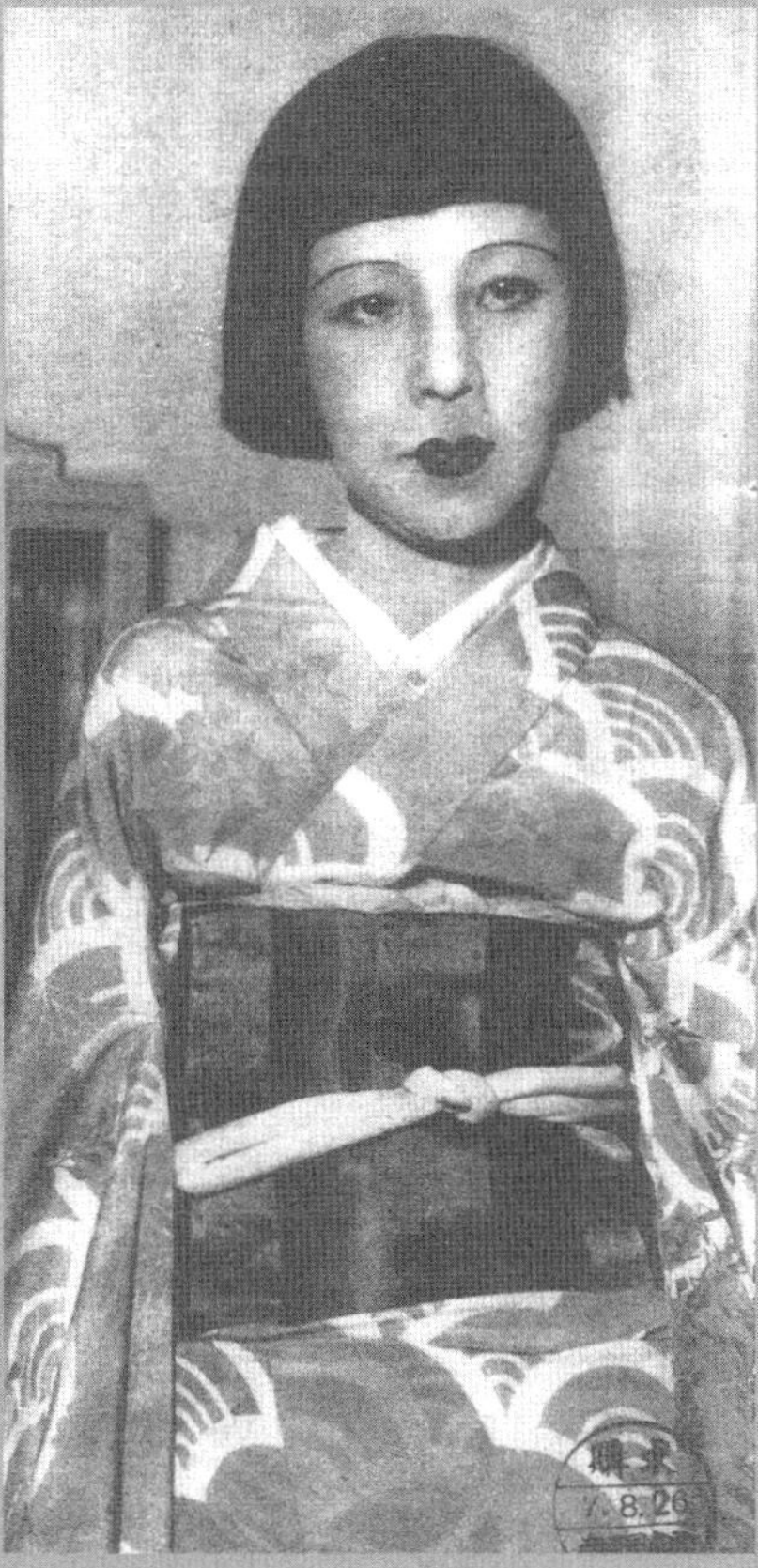

下山京子の次に化け込み記事で注目された、婦人記者の中平文子。（『サンデー毎日』一二〈四〇〉、毎日新聞社）

稀代の問題児、中平文子現る

下山京子「常盤《ときわ》花壇」終了の約七年後、そのDNAを継ぐような化け込み記事が「中央新聞」に現れた。記者は中平文子、二五歳。入社は一九一三（大正二）年五月のこと。第二章で、男性記者たちに嫌がらせで花かごを壊された婦人記者である。

中平文子は一八八八（明治二一）年、愛媛県松山市に鉄道省官吏の一人娘として生まれる。小学校時代に母が亡くなり、母の妹が後妻に入るが何不自由なく育った。京都府立第一高等女学校を卒業し、医学生と駆け落ちを企てるが失敗。父の転勤で一家は東京に移る。

婦人記者募集の広告を知り新聞社の面接を受けるも家族の反対に遭い、経済状況も悪化したため諦めて見合い結婚をする。が、三児（うち二児は夫の連れ子）の母となったところで五年にわたる門司での結婚生活を終わらせ、子どもを置いて一九一二（大正元）年末に上京、ミシンを買って洋服屋を開こうとしたり、女優を目指そうと坪内逍遥[*1]の文芸協会[*2]に所属したりするも数ヶ月で断念。

再び、婦人記者を募集している「中央新聞」を見つけ、一九一三（大正二）

＊1 **坪内逍遥**　一八五九（安政六）年生まれの小説家、評論家、翻訳家、劇作家。評論「小説神髄」、小説『一読三嘆当世書生気質』、雑誌「早稲田文学」創刊、シェイクスピア全作品の翻訳などの偉業で知られる。一九三五（昭和一〇）年没。

＊2 **文芸協会**　一九〇六（明治三九）年、坪内逍遥のほか島村抱月ら文化人が集い結成。文学、演劇、美術などの芸術を改革することを目的とした。一九一三（大正二）年解散。

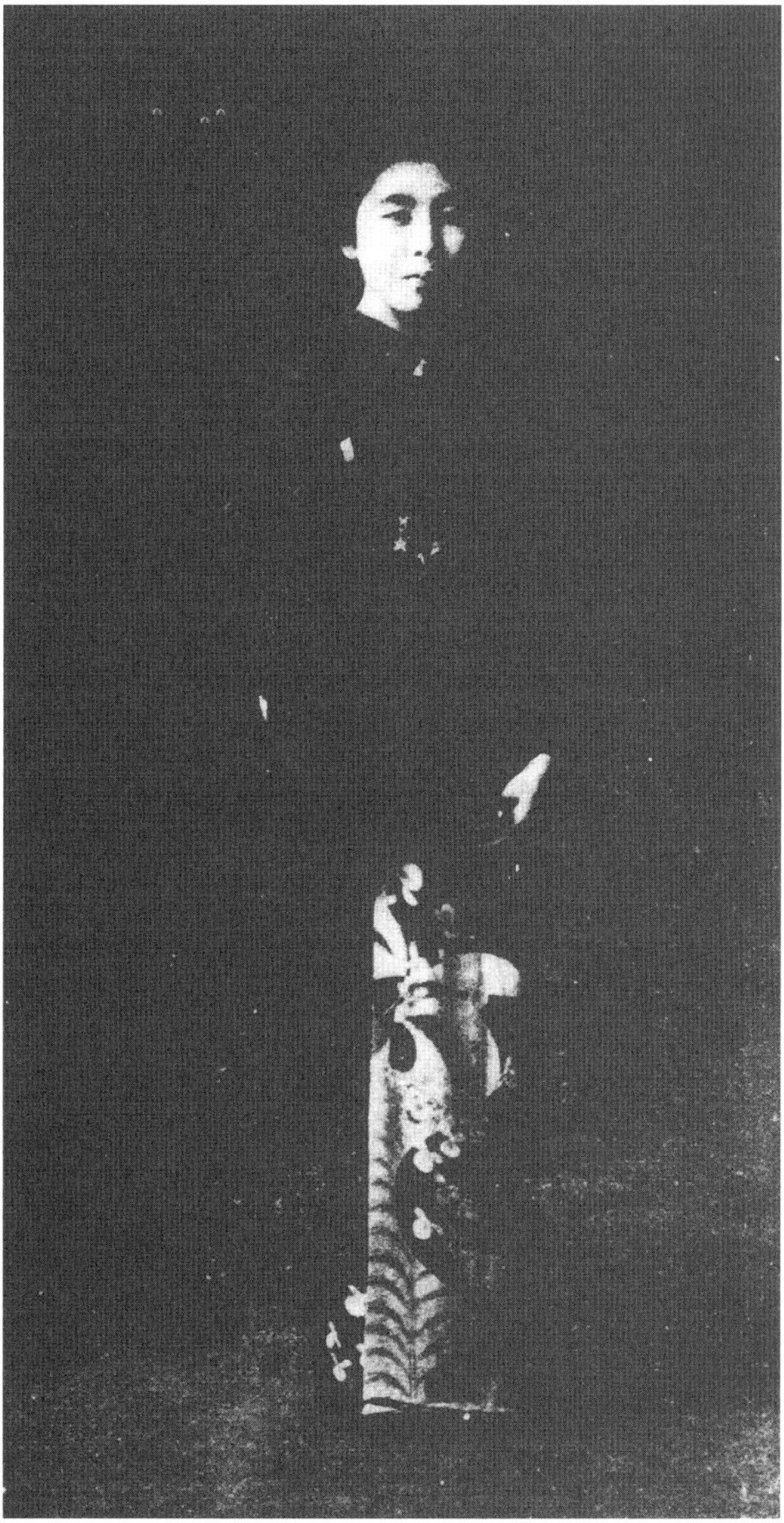

中平文子。（中平文子『やとな物語』、明治出版協会）

年五月入社した。社内では何人かの社員と浮名を流したとも伝わるが、一九一四（大正三）年一月、重役の吉植庄一郎とわりなき仲になってしまう。次第に着るものが派手になり態度も大きくなって社内で反感を買うが大きな顔をしていられたのも束の間、吉植の愛人で築地の待合「つくし」の女将《おかみ》に罵詈雑言を浴びせかけられたことで肩身が狭くなった。そして一九一五（大正四）年六月頃に、社内の体制が変わって男性記者数名が退社勧告された際、「つくし」の女将が文子もついでに馘首《かくしゅ》せよと理事に進言。年末に編集長からクビを言い渡された。

もちろんそのまま泣き寝入りをする文子ではない。逃げ回る吉植を「つくし」まで追いかけ、女将と取っ組み合いの喧嘩をしたとも言われているが、翌年五月にはすべての経緯（但し文子の都合の悪いことは隠されていたが）をぶちまける「弱きが故に誤られた私の新聞記者生活」（『中央公論』三一〈五〉）を発表した。

ここには吉植が泣き落とすようにして文子を口説いたこと、ラブレターの転載、また政治家でもあった吉植が政友会のお歴々を品評したことまでが明るみに晒された。

それに対しなぜか吹き上がったのが社会教育家、仏教家の高島米峰。[*3]〈ツ

*3 **高島米峰** 一八七五（明治八）年生まれ。社会教育家、宗教家、東洋大学学長。文子については雑誌社から婦人問題について書くよう言われたので話題になっていた中平文子について書いた、といった程度の気持ちだったようだ。一九四九（昭和二四）年没。

弱きが故に誤られた私の新聞記者生活

中平文子

はしがき

私は中央新聞社に記者としての三年を、可成華かな色彩の裡に、多くの波瀾を重ねて來ました。私が記者生活に入るの初めには、如何に堅固な意志を持つて、此新しい婦人の職業に努力する決心で御座いましたでせう！けれども、私の性格はともすれば浪漫的な思想に駆られがちでありましたので、それ程の決意を持ちながら、其半面は絶えず戀の誘惑より離れる事が出來なかつたのでした。それ故に三年間の記者生活には、種々な運命に翻弄《ほんろう》せられました。私は其間に經て來た戀の歴史を、私の記者生活の懺悔錄として、茲に告白する事に致します。

私は先づ最初に、中央新聞社長吉植庄一郎氏との間に起つた戀のいきさつを、最も赤裸々に發表する事にしました。都合上文體は氏への手紙風に認める事に致します。猶その他にも、文士の戀、新聞記者の戀、大學生の戀、外國武官の戀、參謀本部の花形であつた陸軍士官の戀、有名な某探偵の戀など、數へ上げれば多々あります。そうした事實を告白するのは私の罪ほろぼしで、又一面社會に對する責任殊に職業に生きんとする

中平文子「弱きが故に誤られた私の新聞記者生活」。(『中央公論』31〈5〉、中央公論社)

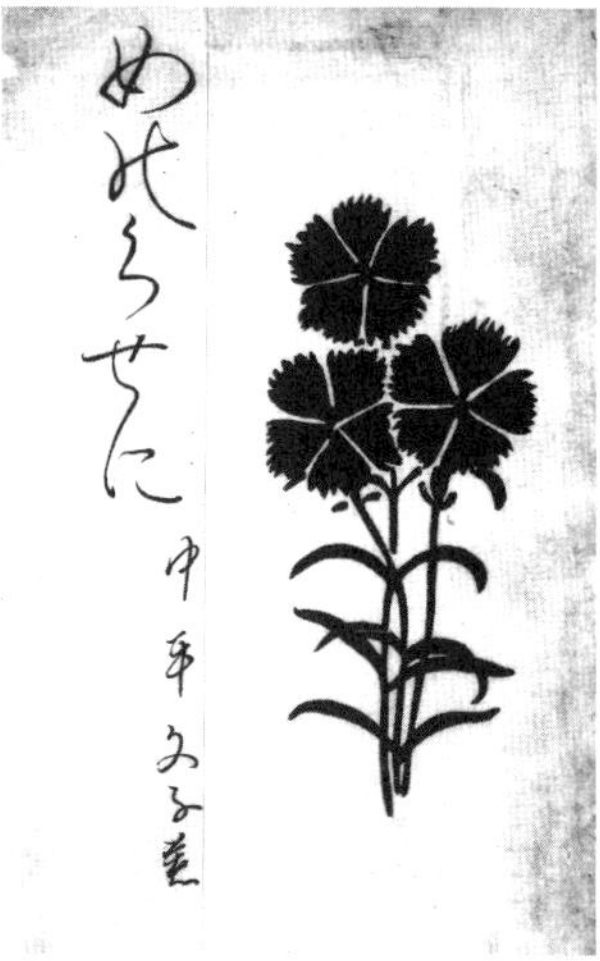

中平文子『女のくせに』（やなぎや書房）

イ近頃まで、君という女の存在をさえ、知らずに居た〉くせに〈お前のような一種の害虫を、駆除せん〉として筆を執り「中平文子君に引導を渡す」を翌々月の『中央公論』三一（七）に発表。

すかさず文子も「別れたる我が愛児等よ！　偽らざる母の告白を聴け」を『中央公論』三一（一〇）に発表し米峰を名誉棄損で訴えた。[*4]　この応酬に世間は蜂の巣をつついた騒ぎになった。

実は文子、クビになった後に京都で知り合った政友会の代議士林加茂平という男と結婚したものの金がなく、生活のために仕方なく「弱気がゆえ」を書いたというが、それを裏付けるかのように立て続けに「化込行脚　お目見得廻り」をまとめた『御目見得廻り』（須原啓興社、一九一六年一二月）、「化込行脚　ヤトナの秘密と正体」をまとめた『婦人記者化込日記　続お目みえまわり』（五井書院、一九一六年五月）、『續お目みえまわり』とほぼ同じ内容の『やとな物語』（明治出版協会、一九一五年七月）、『女のくせに』（やなぎや書房、一九一六年一二月）を出版。騒動も相まって版を重ねた。

文子、ヤトナの秘密を暴く

直情的で敵も多く作った文子は退社後の人生も波瀾万丈《はらんばんじょう》だが、まずは記者としての仕事を振り返ってみたい。

最初に手がけたのは蛇を飼っているという女優の訪問記。その後、ドイツ大使を取材して誘惑を退けるなど婦人記者ならではのあれこれを経て、一九一五（大正四）年一二月一二日から「化込行脚　ヤトナの秘密と正体」の連載が始まる。

社長の吉植庄一郎、その愛人の女将と修羅場を演じ、社内での信頼が低下していた折、一念発起して始めた企画である。文子によれば〈道学的の文章を筆にする資格の無くなった私は、その後やとな探険など〻云う思切《おもいき》った真似をして、化込《ばけこみ》記事なぞに読者の感興を牽こうと試み〉たという。これが大反響を呼び、番外編を含めると実に五二回、二ヶ月間ほぼ毎日掲載されるという快挙をなした。化け込み界の新たなスター誕生である。

＊4 **名誉毀損で訴えた**　文子は記事が出てすぐに米峰を相手どり名誉毀損で裁判を起こした。示談も断固として退けたが文子の反論記事も名誉棄損であるとされ、七月一五日に不起訴となった。

ヤトナとは、雇女、雇仲居とも書き、仲居や芸者、その他女手が必要なところならどこへでも行く派遣労働者を指す。雇仲居の事務所の女将の言葉を借りれば派遣先は「主に待合、料理屋旅館さんなんかですが、又素人《しろうと》のお家の婚礼の御披露や、法事の御手伝などに呼ばれることも随分ありますよ」とのことで仕事の幅はかなり広い。とはいえ、「私共では成可《なるべ》くは綺麗な御座敷許《ばか》りで済ませたいと思って居るのですけれど、何を云ってもお客様稼業なのですから、左様《そう》ばっかりも行きませんし、彼此《かれこれ》の取沙汰《とりざた》位は免れられませんわ、貴女なんかも若《も》し入《い》らして下さるようなら、何卒其《その》辺は宜しくお覚悟の上でね」、つまり芸者の代わりを務める際には事と次第によっては客と寝

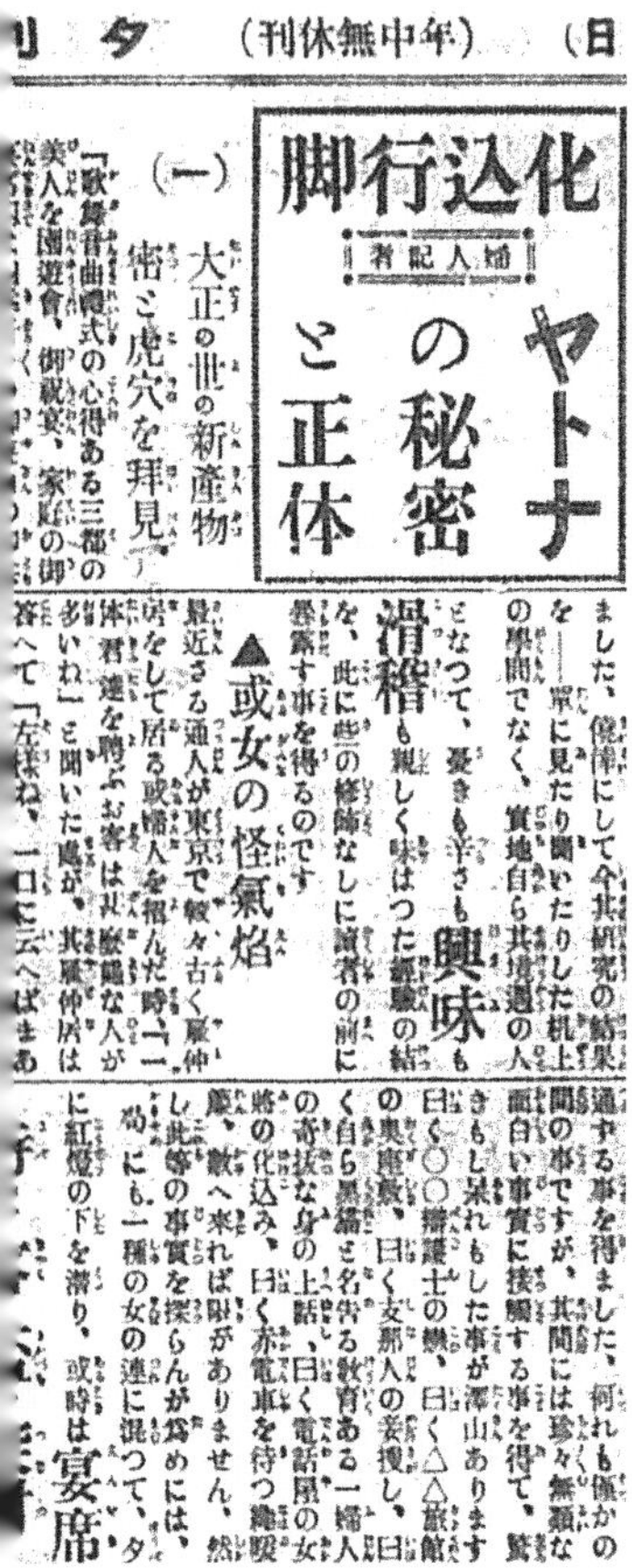

化込行脚

婦人記者

ヤトナの秘密と正体

(一)

大正の世の新産物

虎穴を拝見

▲或女の怪氣焔

中央新聞　第一万八百十五號

……せて、何働はさせます」

文句は凡そ右の通り、或は幾個かの美人の寫眞なぞを刷込んだ新聞の廣告や氣の利いた印刷物などが、近頃大分に多く人の目を惹く樣になりました、其ぞ即ち大正の御代の新しい產物とも云ふべき雇仲居で、之を供給する東京市內の周旋屋は、或はカフエー雇仲居と云ひ、或は乙女倶樂部と名け、其他種々の名目を冠らせては居るが、蓋れば同じ谷河の泥水稼業に近い一種の商法を營んで居る、之れ亦一個の社會現象とでも申すのでありませう

▲赤裸々の觀察

そも雇仲居とは如何な女が、何をする商賣でせうか、先刻御承知の粹樣方は別として、多くは未だ此種の婦人を御承知ないやうです、但し之も一種の婦人の職業である以上、近頃嚴しい生活問題の上から、聊か研究する必要もありませう、或は風紀上から見て、同胞の爲に默止て居られないかも知れません、現に角雇仲居と云ふものゝ眞實の狀態を研究して其生活の表裏、夫に從事する婦人の種類、之を需用する一部の男子乃至は之を供給するを以て職業とする人々の內幕を調べ上げて弘く世に紹介する、滿更無益の事でもあるまいと思つて、實は久しい

るか知りませんが、雇仲居だつて何も高等內侍の上りや不見轉の成の果と限つちや居ませんからネ、今度御擧の寫眞屋へお輿入をした例の元の宮內大臣の奧樣の小林華子さんと云ふ方ネ、あの人だつて或場所で或家から雇仲居に出て、然も特等の二圓である料理屋さんへ行つた事を、妾はちやんと知つて居るわ、夫から名は一寸明されないけれども○○大學の英文科とかを卒業して、橫文字の書物でも新聞でもすら〳〵讀める人が、現在或る家から雇仲居に出て居るから不思議でせう、だから雇仲居だつて餘り馬鹿にして貰ひ度くないんですよ、貴郎！」と氣焰を吐いたその事です、雇仲居の問題も却々輕率には見て居られないと思ひます

▲化込の大成功

現在東京で雇仲居媒介の營業をして居るのは、先づ神田鍋町のカフエー ヤトナ、京橋木挽町の乙女倶樂部、夫から上野廣小路の雇仲居倶樂部の三軒で、其他は殆んど論ずるに足りないのです、私は幸ひにして此等の媒介所へ潛り込んで、氏素性も覺られずに、其營業の仕方と、其所に出入する雇仲居の人

難い屈辱をも加へられました、此等の事實も容赦なく暴露して、雇仲居化込の記を明日から御覽に入れます

◎御學問所に雨天体操場新設

皇太子殿下には今年十五歳の春を迎へさせ給ひ風温き沼津御用邸內御學問所に御用掛を召させられ帝王の學を修めさせ給ひ且は將來大元帥陛下として君臨し給ふべき玉体のいやが上にも健かに在はしませと東鄕御學問所總裁、小笠原幹事等も只管

御体育の御向上に

意をそゝぎまつりし甲斐ありて御体格も日增しに爽はしく御避寒中近頃の御遠足御登山の折等には御健脚の程近侍の人々さへ動もすれば後へに遲れ勝なりとかや、さても東宮殿下には來三月沼津御用邸に御學問所御課程の一學年を御終了四月半より

第二學年の御課程

を高輪東宮御所なる御學問所に於かるべきに付き御避寒御不在中を利用し豫てより御不自由勝なりし雨天の体操場御新築の事に決し內匠寮に於てそれ〴〵設計建築に着手せられたるが全て木造平家建にして御學問所より御廊下續きとし雨の日雪の日に關はらず出仕を御相手とし御体操に差支なき樣四月迄には全部竣成せ

「化け込み行脚　ヤトナの秘密と正体」第1回。（1915年2月22日付「夕刊中央新聞」）

る、もしくは断るにしてもそのような提案が来る場合もあるというのだ。そう気楽な稼業でもないようだ。

もとは大阪で明治三〇年代後半ごろに始まった雇仲居だが、京都、東京に派生し文子が化け込んだ大正四年ごろにおいても〈東京で雇仲居媒介《やとな》の営業をして居るのは、先《ま》ず神田錦町のカフェーヤトナ、京橋木挽町の乙女倶楽部、夫《それ》から上野広小路の雇仲居倶楽部の三軒で、其他《その》は殆《ほとん》ど論ずるに足りない〉というまだ〈大正の御代の新しい産物〉だった。

それだけでも読者の耳目を集めただろうが、急速に伸びたこの業態が芸者の鑑札ではなく遊芸人の鑑札で営業していることで警察に睨まれ営業停止を命じられることも多々あり、実態を知りたがる読者も多かったと考えられる。化け込む側から言えば、旅館の住み込みのようにひとつのところに根を張るとバレるリスクが高まるが、派遣型であるならその心配も少なく、客を待つのではなく客に呼ばれてさまざまな場所に行くのでネタにも困らない。まったくお誂《あつら》え向きなのである。ここに目をつけただけで勝算はほぼ確実であった。

化け込み第一日目、文子は神田錦町のカフェー・ヤトナの門を叩いた。カフェーのスペースは無人で薄暗く（後で聞くと二〇日間の営業停止になったばかりとかで今は派遣のみでやっている由）、躊躇《ちゅうちょ》していると女将さんが出てきて奥に通してくれ、店のシステムの説明が始まった。曰《いわ》く、住み込みなし通いのみで正午前から夜一〇時までここで待機するか、座敷がかかったら電話や使いの者が知らせに行ける範囲にいること、新聞広告には「歌舞音曲、礼式の心得ある云々」と書いたが芸は別にいらないこと、雇仲居には等級があって一等二円五〇銭、二等二円、三等一円五〇銭とギャラが違うがそれらは顔や衣装のレベルで決まること、時間は午前から午後五時までと六時から一一時までで、夜の料金は昼の五〇銭増し、但しこれは平座敷の料金で待合《まちあい》の座敷に行けば祝儀やお捻《ひね》り、別料金の個人サービスなどをすることで「少なくても五円にはなる」こと、歩合は料金の三割が店、七割が雇仲居が取るが、料理屋や待合のお座敷は一割置いていくのが決まりなので店と雇仲居が五分ずつ出し合って店は二割五分をもらえばいいとのこと。これを見るに、雇仲居は個人事業主と見なされているらしい。給料ではなく客のチップだけで生活しているカフェーの女給と同じシステムである。

雇仲居が急速に広がったのはこの簡便さのおかげで、例えば正式な芸者は三味線や踊りを会得するのに何年もかかるし、着物や三味線などの経費はすべて自前で借金をして作るが、雇仲居は事務所に置いてあるものを借りて済ますこともできる。アルバイト感覚で取り分は多くとくに芸もいらず、また頼む方も芸者より安くて後腐れがないので便利である。何事も簡便なものを「大正◯◯」[*5]ということが流行《はや》ったが、まさに雇仲居も大正らしい商売といえるのである。ただ、当然といえば当然だが商売敵の茶屋からは敵視され、嫌がらせによく警察に通報されたようだ。ともあれ、話を聞いた文子はその日はそのまま辞し、翌日の午後四時に再来訪した。

二日目、女将さんと二人の雇仲居と三人で火鉢を囲んでいると、常連らしき弁護士の男がやって来た。女将は男相手に、カフェーが営業停止になったのは暇をやった料理人と雇仲居が刑事に引っ張られ、意趣返しにあることないことを喋ったためで「後から聞けば早く先生方にお願いすれば訳はなかったのですってね」と話している。そうこうするうち弁護士が文子を気に入りお座敷に呼ぼうとするが、文子はあまりに急だとて断る。女将はこっそりと、

「何《ど》うせ貴女《あんた》も此《この》商売をする積りならそんな堅い■■(判読不明)ばかり云って居ては損よ」

「何もね、一人でお座敷へ出たからって必ず直《すぐ》に其方《そのほう》を聞かなくっちゃやならないって云うことは無いのよ、自分で厭《いや》だと思えば私は雇仲居《やとな》です

から其方《そのほう》は困ります、位云って逃げればそれで済むわ、其《その》上先方《むこう》が何処《どこ》までも左様《そう》いうことを云ったら、何《ど》うせ浮気稼業《みずしょうばい》だもの、ではもう少しお馴染になってからで無くっちゃ、と二三度も聘《よ》んで貰ってさ、それからさきは貴女《あんた》の考えと腕次第よ。先方が何処までも熱心と見たらそれこそ此方《こっち》でお高くとまって、うんと吹きかけて遣《や》るが可《い》いじゃないの」

と心憎いまでの伝授をしてくれるが、文子はあくまで固辞。諦めた弁護士は「今夜は此家《ここ》で飲むんだ」と言い、みんなでビールを開けたのだった。

三日目、午前一一時に行くと、早速昼のお座敷に声がかかり、文子は覚悟を決めて連雀町（現神田須田町、淡路町辺）の旅館に人力車で出かけることとなった。ここでの白眉は、客の一人が新聞記者だったこと。勤め先は京橋にある大きな新聞社と聞いて思わず社名を当ててしまった文子に記者は「イヤ貴女《きみ》の眼の高いのには全く敬服したね、其程《それほど》常識が発達して居れば少し勉強すると貴女だって女の新聞記者位にはなれるぜ」と感心した様子。「近頃は女の新聞記者さんが大分出来たのですってね、女の新聞記者っていうのは豪《えら》いの？」ととぼけると「それあ豪いさ」「じゃ女学校の教師と何方《どっち》が豪いの？」

＊5 **大正〇〇**　ピアノの鍵盤がついた琴「大正琴」などもそのひとつ。

「さあ何方かなあ」、そして話はなぜか「何と謂《い》ったって女は良妻賢母に限るよ」ということになるが文子は軽くいなしてから、「読めないながらも字を読む事が好きですから、私出来る事なら少し勉強して新聞記者にでもなりたいわ、だってねえ此職業《このしょうばい》は表面《うわべ》は暢気相《のんきそ》ですけれど是《これ》で随分辛い職業《しょうばい》よ」と泣きごとを言ってみた。すると「全く左様《そう》だってねえ、貴女達の如《よう》な稼業をして居る婦人《ひと》の暗黒面は想像以上だって云う事だ、何《ど》うだい艶《つや》ちゃん（注：文子の源氏名）。一つ貴女の身の上話をして聞かせちゃア。（中略）他日小説でも書こうと云う時然《そ》ういう話を聞いて置くと大《おおい》に参考になるからね」と宣《のたま》った。人の半生を自分の小説のネタにすると堂々と宣言するのには恐れ入るが、それどころかむしろ感謝しろと言わんばかりの強心臓。文子は〈貴郎《あなた》は私の身の上を聞いたらそれこそ驚いて腰を抜かさ無くっちゃならないでしょうと、思わず口へ出掛かりました〉と書くが、この辺りの皮肉は下山京子譲りである。

　この日は結局カフェー・ヤトナに戻って売上金を渡すと、そのまま木挽町の乙女倶楽部という雇仲居屋に電話をかけて向かった。

　行ってみるとここでも鑑札の件で警察が来ていて取り込み中だったが、男装のような格好をした通称黒猫という女性と、小太りの若い雇仲居の綾、笑顔の美しい女将さんの三人が出迎えた。

乙女倶楽部のシステムは主に住み込みである。その理由として「余り気心の知れない方は不安心ですし、中には帯や着物も全部此方《こっち》持ちの方もあるでしょう、其様《そんな》のは全く相対《あいたい》の信用ずくでお貸しするのですから、悪い女《ひと》に掛って出先から其儘《そのまま》ふいと逃げられて了《しま》えばそれまでゞすものね」と女将は語る。料金は一時間以内が一円、五時間までが二円、一〇時間までが三円、一五時間までが四円で、等級などはなし。歩合は住み込みなので五分五分、食費は倶楽部持ちで着物も借りると七分三分となるという。それにしても一五時間の拘束はごめん被りたいところだ。

なお、ここでは少しは芸ができた方がいいらしい。文子のみたところ乙女倶楽部の連中はカフェー・ヤトナに比べると容色が劣り〈美人は女将さん一人〉だが、それもそのはず女将は元芸者で旦那持ち。しばしば旦那と大立ち回りを演じては仲良く炬燵《こたつ》に入るというのだから人騒がせというのかなんというのか。しかし人が良く、文子の嘘の身の上話につられ、小料理屋をやるくらいなら雇仲居が「全く不景気知らず」だと言って開業を勧め、今後はいっそ芸者の鑑札を取って堂々と営業すると息巻いた。

この日、煎餅《せんべい》布団で雑魚《ざこ》寝をした文子は、翌朝実家に顔を出すと偽って今度は上野広小路のやとな倶楽部に行ってみた。主たる三つの雇仲居事務所すべてを制覇しようという記者根性は見事である。

やとな倶楽部は文子が勤める中央新聞でつい一ヶ月前に「雇仲居大検挙」（一九一五年二月一一日付）と報じられた場所である。〈淫売婦同様の醜業を営ましめ風俗を紊《みだ》し居る〉ため勾引されたと記事にはある。ここでは亭主が出てきてシステムの説明をするが、「私の方は東京で雇仲居屋の本家本元で、三年前に開業して以来此間《このかたこのあいだ》の警八風《かぜ》[6]に遣《や》られるまでは全く面白い程繁昌《はやっ》て、不景気知らずだったんだ」と草分けとしてのプライドを匂わせた。また、〈小意地の悪《わ》る相《そう》な女将は何を聞いたか急に眼に角を立て〉おもむろに同業者の棚卸を始める。曰く、池之端のカフェー・池之端倶楽部は悪辣で雇仲居たちに前借[7]をさせて動けなくさせる、神田のカフェー・ヤトナは気の利いた銘酒屋でしかない、浅草橋は廃業、芳町は〈大正芸妓《げいしゃ》に加入〉し、木挽町の乙女倶楽部の女将は莫連者《したたかもの》[8]、などなど……そして雇仲居の倶楽部の掛け持ちはルール違反になる、と疑惑の目でじろじろ見るのでばつが悪くなった文子はそこを出た。

神田錦町のカフェー・ヤトナに戻るとまたもや新聞記者の客が来ていてお酌を命じられるが、編集局ではなく〈広告の方〉と聞いてひとまずほっとする。店にはほかに中国人の二人組が来ており、文子に妾になってもらえないかと打診が来たため長居は不要とて飛び出して、今度は乙女倶楽部に顔を出した。

ここでは明らかに「化込の第二号」とおぼしき女性が面接に訪れるが、記者ではなくこの商売を始めようとする近所の電話屋の奥さんだった。どこに顔を出しても落ち着かない文子は、いっそ綾と黒猫を密かに取材しようと二人が行きつけのおでん屋まで付いて行ったが「帰ったら今夜は貴女に寝物語に私の面白い身の上話を聞かせますから」と黒猫に諭され、一人で帰った。ここで化け込みは終了、その後に番外編として「黒猫物語」が八回続くこととなる。男装の麗人である黒猫の人生もなかなかに波乱万丈だが、紹介は別の機会に譲ろう。

文子の化け込み記事は京子に比べると突っ込み不足の感が否めない。例えばカフェー・ヤトナで年増《としま》の二人が客や仲間の噂話をするが〈公然と書くを憚《はばか》るようなことまで平気で喋る〉とするだけで詳述しない。また、お座敷の機会を何度も断り、結局出たのは一度きり、その際も行く前にこっそり社に電話してお伺いを立てる始末でどうも肝が据わっていない。しかし、文章は一体に小気味よく、物語として読めてしまうところがある。

＊6　**警八風**　一八九五（明治二八）年に布告された警視庁令第八号のこと。転じて、私娼や芸者など風俗面での取り締まりが厳しくなったことを指す。

＊7　**前借**　雇用契約をすると同時に、雇い主への借金をさせること。

＊8　**莫連者**　すれっからし、道を外れた者のこと。

それもそのはず、実はかなりの脚色が入っていたらしい。翌年、加藤素泉『女探偵』（一九一六年、精文堂）に「化込記者の皮を剝ぐの記」と題する暴露が出た。これは記事に対する黒猫の反論が綿々と綴られたもので、当人以外にはどうでもいい瑣末《さまつ》な点が多いものの、寝物語に聞かせたとされる身の上話の真相は、新聞を読んで誤った内容に驚いた黒猫が文子に連絡をとり、別の記者立ち合いのもと料理屋で話したことだと言う。これではさすがに捏造の誹《そし》りを免れない。考えてみれば連載八回分もの長い話を寝ながらするというのは不自然だ。黒猫によれば、常にメモをとっている文子が明らかに怪しかったため、「いっそ地方《どつか》に行って新聞記者にでも成ろうかしら」と当てこすったこともあったと言うが、その件《くだり》が実際に記事にもあるので事実と思われる。

ほんの二、三日いただけで女将さんや雇仲居たちとあんなに親しく打ち解けることは現実にはあり得ない。隅の方でじっと聞き耳を立ててメモをとっている姿は周囲から浮いていたはずで、「化込行脚　ヤトナの秘密と正体」はかなりフィクション交じりだったようだ。

文子、スター宅に潜入

さて、会社は当然ながら二匹目のドジョウを狙おうとする。かくて、三ヶ月後の七月二一日、文子の化け込み企画第二弾の告知が登場した（先に書いた暴露記事は翌年のことである）。題して「化込行脚　お目見得廻り」。「お目見え」とは奉公人などが正式採用される前にお試しで働くことを指す。七月二二日から九月一八日まで全五三回の、今回も大型連載である。但し前回にも増して駆け足で各化け込み期間は一日、なかには半日という場合もある。ひとつのテーマに腰を据えてルポするというよりはバラエティを持たせて話題性を集めようという意図が感じられる。下山京子「常盤花壇」から七年、その間に他紙や他誌でさまざまな化け込み企画が展開されたこと、また中央新聞という二・五流紙の位置づけ、文子の性格などが相まっての結果だろう。それでも企画と文子の名を知らしめるという打ち上げ花火の役目はきっちり果たすこととなる。

今回化け込んだ先は、向島の老舗料亭「八百松」、超人気エンターテナー松旭斎天勝《しょうきょくさいてんかつ》の自宅、絵画モデル斡旋所、大森の料理屋「魚栄」、蛎殻町[*9]の怪しい桂庵[*10]、箱根の老舗旅館「環翠楼《かんすいろう》」、浅草のコメディアン曾我廼家五九《そがのやごく》

*9 **蛎殻町**　現中央区日本橋蛎殻町。もとは埋立地で江戸時代には大名や旗本の屋敷があったが一八七六（明治九）年に米商会所（後の東京米穀取引所）が設置され商業地帯となった。大正期からは私娼窟の代名詞の一つとなっていた。

*10 **桂庵**　職業紹介所。「口入屋」に同じ。

郎《ろう》の一座、濱町の料亭「岡田」、鵠沼《くげぬま》の尼寺「慈教庵」、吉原の遊郭「新川楼」などなど。そのなかでいくつか印象に残ったものを列記していきたい。

まず注目に値するのは松旭斎天勝邸への化け込みである。松旭斎天勝は一八八六（明治一九）年深川生まれ、奉公先の天ぷら屋の主人がたまたま松旭斎天一と名乗る奇術師だったところから一一歳で弟子入りし、持ち前の勘の良さと器用さ、愛嬌で活躍した。国内での活動を経て渡米した後、日本人がまだ見たことのない新規なネタを取り入れることで一世を風靡《ふうび》。二六歳の若さで天勝一座を立ち上げ、千数百種の奇術のほかオペラやレビューの要素を盛り込んで黄金期を築いた。天勝といえば下山京子も演じた「サロメ」が有名で、初の女優としての舞台（とはいえあくまで奇術ショーの余興ではある）であったこと、三〇〇〇円（今の三五〇万円ほど）を投じた薄物の衣装などが話題となっ

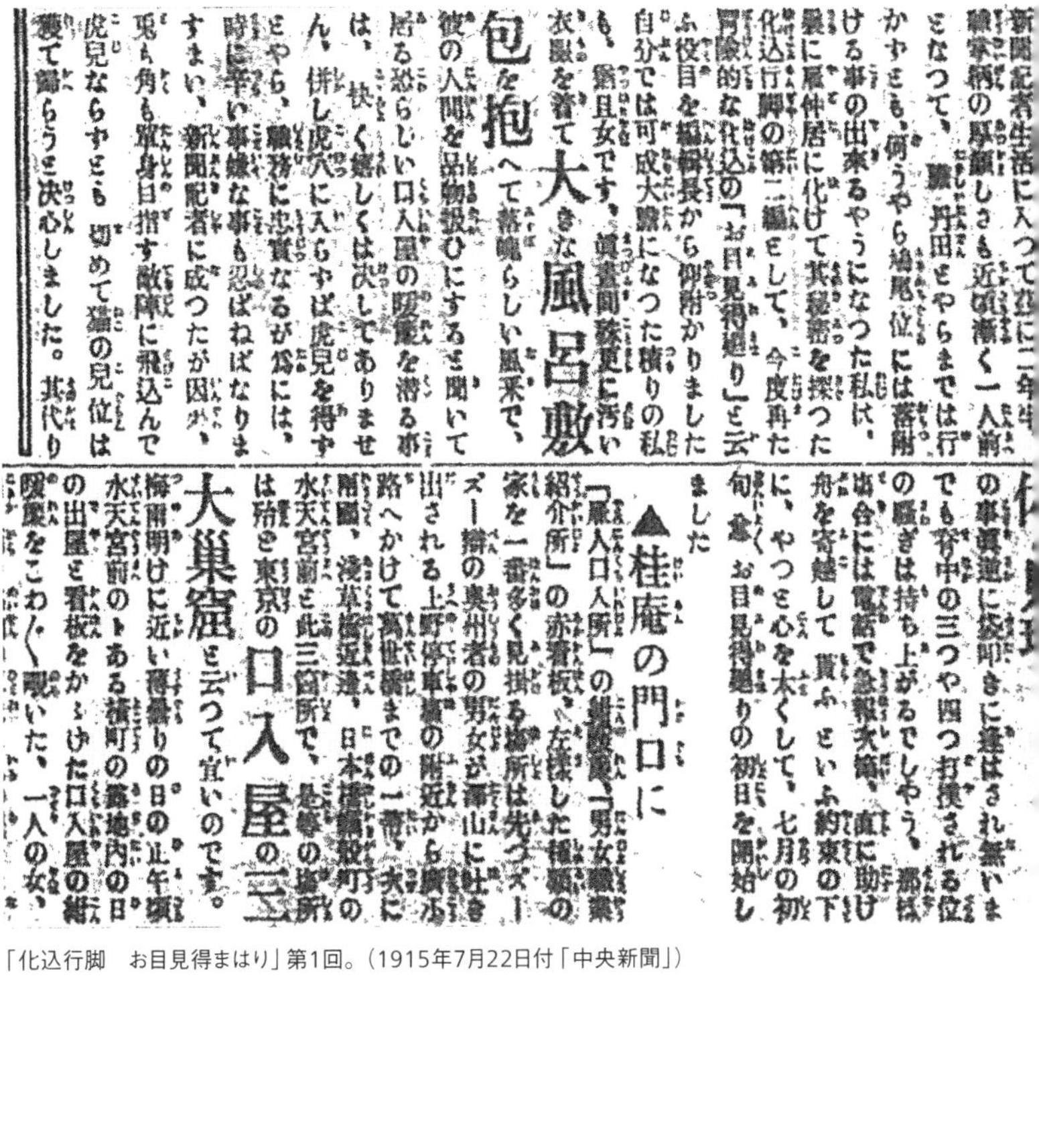

新聞記者生活に入つて茲に二年半編輯部の厚顔しさも近頃漸く一人前となつて、職丹田とやらまでは行かずとも、何うやら燐尾位には密附ける事の出来るやうになつた私は、最に雇仲居に化けて其秘密を探つた化込行脚の第二編として、今度再た冒険的な化込の「お目見得廻り」と云ふ役目を編輯長から仰附かりました自分では可成大膽になつた積りの私も、矢張り女です、眞晝間銭湯に汚い衣服を着て大きな風呂敷包を抱へて落魄らしい風采で、彼の人間を品物扱ひにするさ聞いて居る恐らしい口入屋の暖簾を潜る事は、快く嬉しくは決してありません、併し虎穴に入らずば虎児を得ずとやら、職務に忠實なるが爲には、時に辛い事嫌な事も忍ばねばなりますまい、新聞記者に成つたが因果、兎も角も單身目指す敵陣に飛込んで虎児ならずとも切めて猫の見位は獲て歸らうと決心しました。其代りの事實迄に拔即きに逢はされ無いまでも背中の三つや四つお撲される位の騷ぎは持ち上がるでしやう、那様出合には電話で急報次第、直に助け舟を寄越して貰ふといふ約束の下に、やつと心を太くして、七月の初旬から お目見得廻りの初日を開始しました

▲桂庵の門口に

「雇人口入所」の看板、「男女職業紹介所」の赤看板、左様した種類の家を一番多く見掛る場所は先づズーズー辯の奥州者の男女が澤山に吐き出される上野停車場の附近から廣小路へかけて萬世橋までの一帯、次に兩國、淺草橋近邊、日本橋蠣殻町の水天宮前と此三箇所で、是等の場所は殆ど東京の口入屋の三大巣窟と云つて宜いのです。

梅雨明けに近い霧雨りの日の正午頃水天宮前のとある横町の露地内の日の出屋と看板をかゝげた口入屋の暖簾をこわごわ覗いた、一人の女、

「化込行脚　お目見得まはり」第1回。（1915年7月22日付「中央新聞」）

た。文子が入り込んだのは、まさに「サロメ」開演前夜の天勝邸だった。

差し出した紹介状を手に裸で出てきたのは天勝のマネージャーで夫でもある野呂辰之助[*11]。「君、此処《ここ》の家は素敵滅法《すてきめっぽう》忙しいが可《い》いかい、それア大変だぜ」というところを頼み込み、風呂の薪の様子を見たり鰹節を掻いたりしていると、一座の少女たちが帰宅する。遅れて天勝が戻り、食事の膳の支度となった。少女たちのメイン料理ははんぺんだが、天勝のメニューは海老の鬼殻焼き、鯛の照焼き、玉子のお汁と豪華である。

と、突然天勝の甲高い声がする。「何も乎《か》も妾《わたし》が一人で気を揉んで居るんじゃありませんか、些《ちっ》とは察して下すっても宜《よ》さ相《そう》なものね」。どうやら「サロメ」の共演者たちが野呂を料理屋で数時間も待っているのに待ちぼうけを食わせていたことを怒っているらしい。野呂は一座が帰宅するのを待って行くつもりだったというが、天勝はお冠である。

「彼《あ》の方達《ひと》をいま怒らしちゃ妾《わたし》が困るって事も承知して入《い》らっしゃる癖に、真個《ほんと》に仕様が無いのねえ」「真個に妾の気も知らないであゝ厭だ〳〵是《これ》だから熟々《つくづく》厭になって了《しま》う」。天勝の怒りはもっともであり、また天勝がこの家の主人であることも自明だが、それでも女性が男性を尻に敷いていることが醜聞になる時代である。〈天勝さんはお座敷でヒステリーを起して独りじれて居る、嗚呼《ああ》日本一の魔の女も家庭では遂に平凡な普通の女に過ぎませんでした〉と締める文子は当時の男性の一般的感覚に阿《おもね》ったものだろう。

吉原の遊女屋「新川楼」にお針子として入り込んだ記事も廓独特の風俗が見られて興味深い。文子のここでの仕事は花魁《おいらん》たちの着物を縫ったり繕ったりすることで、至って真面目なものである。「大籬《おおまがき》[*12]の楼《うち》のお部屋働きなぞになると行儀が正しくて、方正《きちん》として居る事にかけちゃ、反《かえ》って華族様のお小間さん[*13]以上だよ」とは口入れ屋の番頭の言。針仕事以外はなにひとつしなくてよく、また夜の縫い物は縁起が悪いとかで休んでよいとなると、自由時間がたっぷりあって取材にはうってつけである。

ここの件《くだり》でまず目を引くのは、楼の前にいる「お菜《かず》屋」という小旗を立てた屋台の存在である。これは花魁たちが朝夕利用する総菜屋でガラスケースのなかの様子は〈数々の器物《いれもの》に色附けた玉子の厚焼、昆布巻魚、鰻の蒲焼、里芋の煮転がし、お茄子の丸煮、精進揚げ、煮豆の種々《いろいろ》に名物の雀焼きまでがお仲間入りをして、見る眼の食慾をそゝるように並べたててある〉。花魁たちの食を支えるのが小さな屋台とは意外である。

また、水商売らしく縁起を担ぐ風習も情緒がある。妓夫《ぎう》[*14]がチュウチュウと

*11 **野呂辰之助**　一八七八（明治一一）年生まれ。天勝の師匠、松旭斎天一のマネージャーだったが、天一の死後、天勝が独立する際に支配人となり、結婚。天勝の横で采配を振るうほか日本初のプロ野球団「天勝野球団」を結成する。一九二七（昭和二）年没。

*12 **大籬**　最も格式の高い遊女屋。入口にある格子（籬）が天井まである大きなものであるところから呼ばれる。

*13 **お小間さん**　小間使い（女中）の意。上流階級だからといって厳格な生活をしているとは限らないことは下山京子の化け込みを見ている我々は知っている。

*14 **妓夫**　遊女屋で客引き、護衛、取り立てなどの雑事を行うスタッフ。妓夫太郎ともいう。

鼠《ねずみ》のような鳴き方をしながら細い糸を通した下足札五、六〇枚を束ねて独楽を回すように板の間に叩きつける。客が多く来るようにとのまじないだが、あまりの騒音に思わず何事かと部屋から飛び出した文子である。

そして妓夫がガランガランと大きな鈴を鳴らすと二階や三階の部屋の障子が開いて着飾った花魁たちが出てくる。これから張見世に向かうのである。張見世とは花魁が通りに面した格子戸の中に並んで客を待つ、いわばショーウインドウ。彼女たちの姿は、

着物は一同《みんな》、白地に墨絵で龍の模様を画《えが》いた友禅縮緬《ちりめん》の袖の長いのをお揃いに着て、帯は白、肉色《とき》、桃色などの是《これ》も縮緬の扱帯《しごき》を幅広く巻き帯にして、各自《めいめい》に鏡と化粧箱と長煙管《ながギセル》とを袖で抱えて居る、きぬぐの朝太陽様《おひさま》の光で見てはいざ知らず、夜眼に張店の背後《うしろ》のほの暗い廊下へ、一様の晴着姿で、二十幾人ずらりと勢ぞろいした処は流石《さすが》に眼が覚める如《よう》に美しい。やがてもう一度鈴が鳴るとべちゃくち囀《さえず》って居た華魁《おいらん》達は急に静粛《しずか》になる。一同《みんな》は火打石を手にして出て来た一人の妓夫太郎《ぎうたろう》を囲んで円く輪になった

（注：妓夫は）チュウ〳〵鼠啼《な》きをし乍《なが》ら、一同《みんな》の頭髪《あたま》へ順々にカチ〳〵と火を打って廻る。

ここでもやはり商売繁盛の儀式をするのだ。花魁は貧しさ故に親に売られ、借金でがんじがらめにされた悲劇の女性たちではあるが、闇があれば光もある。〈夜目遠目傘《かさ》の内ならぬ瓦斯《ガス》の光に照らされて、金屏《きんびょう》を後《うしろ》にずらりと居並んだ処は、正に天女降臨、普賢菩薩《ふげんぼさつ》の再来かとばかりに美しい。私は魂を奪われた人の如《よう》に、何時《いつ》までもぼんやり、花魁の張店に見惚《みと》れ〉たという文子であった。

文子、銃弾を歯で受け止める

ところで、文子の人生において婦人記者時代は序章にすぎないことはすでに書いたが、ここから大きな賭けに出る。

男女関係のもつれで新聞社をクビになった後に代議士の林加茂平と結婚したことは先に述べた。しかし貧乏で嫉妬深い林に嫌気がさし、逃れるために上海に飛び、人形を売りながら朝鮮半島や北京《ペキン》、満州、上海《シャンハイ》を渡り歩いたという。そこでは「上海日報」の記者として記事を書き、数々の浮き名も流したらしい。また、探偵事務所に勤め、『探偵雑誌』（実業之世界社）に「花嫁に化け込んだ中平文子」（一九一七年五月）、「吉植庄一郎氏に与うる書姉妹編　秘密探偵の裏をかく記」（一九一六年七月）、「恋の女国事探偵」（同年一二月）などを寄稿した。

一九二一（大正一〇）年頃には小説家、翻訳家の武林無想庵[*15]と知り合い、渡仏についていくためにどうせならと結婚した。その夏には田山花袋[*16]夫妻を仲人に帝国ホテルで式を挙げて渡仏。すでに妊娠していた文子はパリで娘を出産し、子供服や帽子に興味を持って縫製を勉強。生活費が尽きた一年後の一九二二（大正一一）年に帰国し、資生堂に新設された子供服部に請われて主任となった。シーズンごとのショーなども行ったが一年半ほどで辞め、百貨店で子ども用帽子の展示即売会を行う。

一九二三（大正一二）年には「流行学校」を開校するも関東大震災で焼失。再びパリに戻り、ロンドンにあった日本料理店「湖月」の番頭である川村泉と、共同経営で「湖月」パリ支店を開店する。着飾って店に出るうちに父親不明の子どもを妊娠（一説には川村の子どもとも言われているが詳細は不明）。堕胎後に南フランスで療養するが、その隣りにはまた別の愛人が寄り添っていた。

この時点で無想庵とはまだ夫婦である。文子が抜けたことで「湖月」パリ支店は閉店した。

次第に文子はサテン地で着物のような衣装をつくって日本舞踊やかっぽれを踊るようになる。それがなぜか人気が出てフランス大統領主催のパーティーでも踊った。文子と、日本料理店「湖月」パートナーの川村はこれを売りにした「ミカド」というカフェをモンテカルロに開店。しかし話がもつれて川村が文子に発砲。弾は左の頬から奥歯に当たったものの奇跡的に命に別状はなかった。この件は「モンテカルロ事件」として日本でも大々的に報じられ、なかには死亡とした新聞もあった。

一九三二（昭和七）年、世界的不況で暮らせなくなり文子が一人で帰国したが、大阪までの旅費しかなかったため、ジェネラル・モーターズ社の友人に頼んで金色に塗装したシボレーを調達、東京までをドライブして話題性を振りまく。その余波で孔雀柄の振袖姿でモーターショーにも出演するなど、驚くほどの商才を発揮した。

さらに日活で映画出演の話が舞い込んで立ち消えたが、ギャラが惜しい文子は自ら脚本を書き、村田実[*17]監督で映画『一九三二年の母』に母として主演。翌年『ホロリ涙の一ト雫』（三上良二監督、ユキノ映画配給）に出演し、この金で

*15 **武林無想庵**　一八八〇（明治一三）年生まれの小説家・翻訳家。フランス滞在中に書いた『Cocueの嘆き』（改造社）は文子射殺事件で話題となった。なお、Cocueとは寝とられ男の意味である。文子とは一四年連れ添ったが離婚。晩年は失明し三番目の妻と暮らしていた。一九六二（昭和三二）年没。

*16 **田山花袋**　一八七一（明治四）年生まれの小説家。『蒲団』、『田舎教師』など自然主義文学の代表的作家。一九三〇（昭和五）年没。

*17 **村田実**　一八九四（明治二七）年生まれ。俳優、脚本家、映画監督。主として松竹キネマ研究所で活動。一九三七（昭和一二）年没。

文子銃殺さる

男から男へ、戀から戀へと佛蘭西三界まで、放浪の旅を續けてゐた武林無想庵の妻中平文子は、南佛ニースの一ホテルで男の恨を買つて、ピストルで擊たれたが、傷が淺くて助かつたとは、命冥加な淫婦ではある。そのお蔭で無想庵改造から貰へる原稿料高くなるとは恐ろし、運は何處にある。

文子の「モンテカルロ事件」の記事。「ピストルで撃たれたが、傷が浅くて助かったとは、命冥加な淫婦ではある」とのこと。悪意を感じるイラストである。(『事業の日本』5〈3〉、事業之日本社)

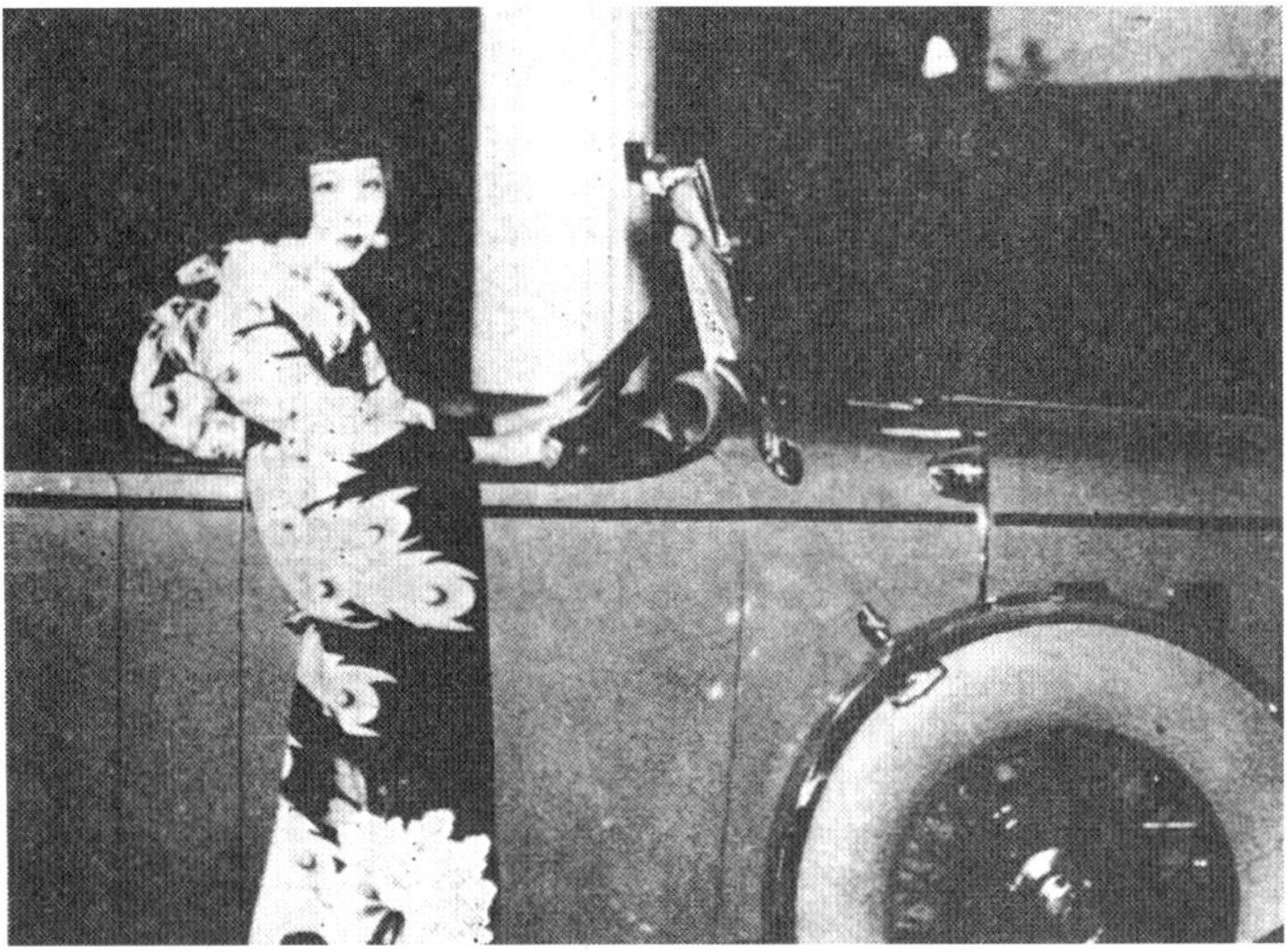

シボレーで話題を振りまく文子。(江刺昭子『女のくせに　草分けの女性新聞記者たち』、インパクト出版会)

パリに戻ると、今度は一九三四（昭和九）年一月に黒田雅子子爵令嬢[*18]とエチオピア皇子リジ・アラヤ殿下[*19]の結婚話を取材しようとベルギー在住の貿易会社社長宮田耕三[*20]に相談に行く。これが縁で宮田と四度目の結婚をする。最初は三年の契約だったという。が、宮田は浮気っぽくて飽きっぽい文子を受け止める度量の大きい男性だったようで、結婚生活は文子が亡くなるまで三一年間継続した。

戦時中、ベルリン郊外に疎開していた宮田と文子の夫婦はシベリア鉄道でハルピンに送還。宮田耕三がソ連軍に拿捕《だほ》された際には文子が軍司令部に乗り込んで説得し、司令官直筆の人物保証書を得たとされる。このこと以来、宮田は文子に一生頭が上がらなかった。

その後、夫婦は無事にコロ島経由で博多に入り、使われなくなった電車の車両を利用したレストランを開業したり、エジプト旅行後に「古代エジプト写真展」を開いたり、七三歳でヒマラヤを越え、当時世界一の長寿国といわれたフンザ王国（現パキスタン・イスラム共和国北西部のギルギット・バルティスタン州フンザ・ナガル県）やコンゴ民主共和国に出かけたりと精力的に活動。一九六六（昭和四一）年、七七歳でその生涯を閉じた。

「男は金を稼ぐ機械、機械は壊れれば修理する。修理がきかなければ新し

*18 **黒田雅子子爵令嬢**　一九一二（明治四五）年に生まれ。「リジ・アラヤ殿下が妃に日本人を希望」との記事を読み立候補。第一候補となるも同国に対して強い影響力を持つイタリアが消極的な態度を示したこともあり辞退。後に日本人と結婚。一九八九（平成元）年没。

*19 **リジ・アラヤ殿下**　当時のエチオピアの皇帝ハイレ・セラシエ一世のいとこ。訪日使節団の一員として来日した際に日本を気に入り、日本人の花嫁を募集したところ多くの女性が名乗りを上げた。

*20 **宮田耕三**　一八九五（明治二八）年生まれ。実業家。二〇歳の頃に単身渡欧し貿易商となる。一九八四（昭和五九）年没。

通江の顔色がサツと變つた「あゝ、あたしお前の本當の母さんよ……」

村田実監督『一九三二年の母』に母として主演した文子（右）。（『サンデー毎日』11〈40〉、毎日新聞社）

いのにとりかえなければならない」という過激なモットーを持つ文子だが、男性に頼るだけではなく自らも旺盛な生活力を持っていたために、自由な生き方を貫くことができた希有な例だろう。

闘う知性、北村兼子

北村兼子は下山京子や中平文子と違い、真面目で特別に優秀な記者である。にも拘らずというべきかだからこそというべきか、彼女が記者生活で味わわされた辛酸はほかの誰よりも苛烈である。そして嫌がらせのきっかけは化け込み連載が元凶とも言えるため、当時の婦人記者が受けた洗礼の極端な例としてぜひとも記しておきたい。

兼子の「大阪朝日新聞」記者生活は一九二五（大正一四）年四月一日、関西大学法科在学中の身で社会部に採用されるという異色の端緒から開かれる。それからすぐに『婦人』（全関西婦人聯合会）誌に婦人運動について寄稿、兵庫県但馬地震の救援活動に奔走したり全関西婦人聯合会代表者会で司会を務めるなどし、化け込み企画に携わる前の入社二年目にしてすでに三冊の著書を出版するなど同世代の男性記者でもおいそれと真似のできない活躍を見せて

北村兼子。(北村兼子『婦人記者廃業記』、改善社)

いた。

類まれな能力を持った婦人記者、北村兼子はどのようにして生まれたのか。

兼子は一九〇三（明治三六）年一一月二六日に大阪の中之島に長女として生まれた。代々学者の家系で、祖父の北村龍象《りゅうしょう》[*21]は北村塾を興し漢籍や法制、経済などを教える漢学者、父、北村佳逸《かいつ》[*22]も漢学者で元陸軍大学教授、母は大阪洋服学校の経営者という、まさに教育者一家であった。兼子は中之島尋常小学校、大阪府立梅田高等女学校（現大手前高等学校）を経て官立大阪外国語学校（現大阪外国語大学）別科英語科に進学、翌年には関西大学大学部法律学科に聴講生として入学し、昼は関大、夜は外国語学校に通う生活をおくった。また、夏期語学学習会に参加して英語やエスペラント語をも学んだとされる。

在学中、一九二四（大正一三）年に起こった二重橋爆弾事件の犯人で朝鮮独立運動のテロ組織「上海義烈団」[*23]メンバーの金祉燮《キムジソプ》が記した漢詩をもとに金に正しい法の適用を行うよう提言した文章「爆弾事件と法の適用」が「大阪毎日新聞」に掲載される。兼子にとって自分の文章が活字に組まれた最初の経験で、内容も賛否両論を巻き起こした。この年、司法科の高等文官試験に出願したが女子に前例なしと不許可になり、行政科に転校するも断られた。「大阪朝日新聞」へ入社した経緯もまた前代未聞である。「大阪毎日新聞」

*21 **北村龍象**　一八四四（弘化元）年生まれ。京都では私立学校一新義塾を開き、同志社女学校（現同志社女子中学校・高等学校）や京都華族会館（華族会館分局、後に学習院に合併）でも教鞭をとる。兼子曰く「家塾（北村塾）から出た人才は雲の如く一時貴衆両議員に六十人の議員を送ったのみか、貴族院に近衛篤麿、衆議院に奥繁三郎、ともにここから出て議長となった」。一九二六（大正一五）年没。

*22 **北村佳逸**　和漢洋の哲理に通じ西洋近代思想を踏まえた漢籍研究を行っていた。

*23 **上海義烈団**　一九一三年に結成されたテロ組織。日本からの独立を目指し、上海のフランス租界などで爆弾テロを起こすも内ゲバとなり、一九三五年に解散。

主宰の弁論大会に出た際、順番が外国人の次になっていたのを見て拙い英語を物笑いにする気だと考えた兼子は、とっさにドイツ語でやりだし満場を唸らせた。「大阪毎日」では早速兼子を採ろうとするが他の新聞社も獲得に乗り出し、「大阪朝日新聞」も加わって三つ巴となる。兼子はまだ学生だからと断ったが、結局朝日に入社。「何がさて日本広しと雖《いえど》も、新聞社から言い寄られて記者となったのは兼子さんをもって嚆矢《こうし》とする」（H生「北村兼子一代記」『ひげ』、改善社、一九二六年）という次第となった。

実際、兼子は婦人記者枠ではなく社会部で男性記者と同等の仕事が与えられ、裁判の取材、一九二五（大正一四）年五月二三日に起こった北但馬地震の救護と取材、「関所争奪通信リレー」（大掛かりなスタンプラリーのような企画）などに奔走。この年の八月には全国中等学校優勝野球大会の選手激励のため飛行機に乗って*24上空から応援、一〇月には全関西婦人聯合会代表社会で司会を務めるなど、まさに八面六臂《はちめんろっぴ》に活躍した。

兼子、あわやストーカー被害

さて、そんな兼子も「大阪朝日新聞」に入社してから化け込みの命を受けることとなる。「人間市場に潜行して」が始まったのは兼子入社二年目の一九二六（大正一五）年七月一三日のことだった。

一回目の紹介文は以下である。

> 幾百万の失業者《アンエンプロイド》の問題が今や国際的の流行症となっている今日、多くの統計や書類はもはや具体的にわれらに何ものをも齎《もたら》さない。「調査」よりも「体験」――それのみがすべてを姿のまゝに物語る。
>
> おそろしい人間市場の大渦巻の中へ潜行して、労働に冒険に約一ケ月余つぶさに辛酸と労苦をなめて来たわが社社会部の変装記者八人が、人間生活の奥底からつかんで来た「体験」は何？

こう言っては憚られるが「大阪時事新報」や「中央新聞」とは違って、さすがにねらいもしっかりと示されている。連載は八月一一日まで全三〇回続いたが、持ち回りで書く八人の記者のうち七人が男性記者、兼子はいわゆる紅一点である。兼子の化け込みは三回、B変装記者として博多のカフェーの女給（第四回〜八回）、G変装記者として神戸の中華料理屋の女給（第二五回）、G変装記者としてビリヤード場の係員（第二六回）である。とまれ、せっかく

*24 **飛行機に乗って**　日本人初の空飛ぶ婦人記者は「報知新聞」磯村春子で一九一〇（明治四三）年のこと。乗ったのは飛行船だったが「記者空中船に乗る」と大々的に発表された。飛行機に乗った日本初の女性は民間国産機「鳳号」を開発した奈良原三次の妻、福島よね子で、一九一二（大正元）年。婦人記者として初めて飛行機に乗ったのは「読売新聞」恩田和子で一九一五（大正四）年のことである。

なので男性記者の回もざっと見ておこう。

第一回から第三回まではA変装記者の回だが、斬新なのは「私立大阪よろづ相談所」という即席の事務所を作ってビラを撒き、客を自ら呼び込もうとした点である。実際一〇日間開いて二八人もが相談に訪れたというから驚きだ。いずれもほとんどが就職相談だが、なかには廓を変えたいという娼妓、家出した婿養子の捜索、立替金の返済催促状の書き方、元教員の夫の就職口を探す妻、さらには原稿を書くために文字を教わりたいという強者もいた。

第九回から第一四回ではC変装記者が釜ケ崎の肉体労働者の群れに投じ、中学生の兄を筆頭に三兄弟で働く夕刊売りの子どもの話、人買いに浚われた子どもを救い出した話などスラムならではの逸話を聞き出した。

第一五回から第一八回まではD変装記者が、武者小路実篤[*25]らが開いた「新しき村[*26]」に潜入。当時村には三〇人ほどが住んでいたが、自作の農作物は村民の食料三ヶ月分しかなく、出てくる料理は菜っ葉ばかり。月に一円五〇銭の小遣いをもらえるがとても足りないとあり、一方で実家が太い連中は出前を取ったり、送らせた着物を片っ端から着潰して洗いもせずに川に捨てていると記されている。ある者は、

「村は平等だというが何が平等だい。なんぼ物価のやすい山の中だって月一円五十銭じゃ三日に一個の敷島[*27]も吸えないじゃないか。コチトラ一日中、外で働いてピーピーしているのに、うちで遊んで三味線を弾いている奴もある。新しき村にもブルとプロ[*28]の階級がある」

と不平たらたらなのが興味深い。

第一九回から第二二回はE変装記者が映画のプロダクションが出す俳優募集の広告に片っ端から応募。どこも入学金やレッスン料詐欺ばかりだが、「第三帝国映画社」では唯一授業まで辿り着き、約二〇人の前で公園で恋人を待つ演技、ピストルで撃たれて倒れる演技などを行い「天才だわねエ」と大絶讃を受ける。

第二三回、第二四回はF変装記者がJOBK（NHK大阪放送局）の「ラジオ巡回員」となって違法なアンテナを見つけ加入契約を促す仕事に就く。JOBKはこの年、一九二六（大正一五）年に本放送を開始。当時聴取者は受信機設置の許可料と月額一円の聴取料を支払う必要があったが、表から見えないところにアンテナを設置したり柱の影に引き込み線を沿わせたりしている

＊25 **武者小路実篤**　一八八五（明治一八）年生まれ。白樺派を代表する作家。一九七六（昭和五一）年没。

＊26 **新しき村**　武者小路実篤らが提案した理想郷で、格差や貧富をなくし農業などによる自給自足の生活をおくる共同体とその村落の名前。一九一八（大正七）年、宮崎県（旧日向国）児湯郡木城町に開村。一九三九（昭和一四）年にダム建設計画が持ち上がり「東の村」（埼玉県入間郡）と「日向新しき村」に分かれた。現在は一般社団法人として活動している。

＊27 **敷島**　一九〇四（明治三七）年から一九四三（昭和一八）年まで販売されていた国産口付紙巻き煙草の銘柄。

＊28 **ブルとプロ**　ブルジョア（中産階級、資本家階級、金持ち）とプロレタリア（労働者）の意。

者がいた。それらを挙げるために寺や遊郭、釜ヶ崎[29]、盲学校などを訪ね歩く。

第二七回から第三〇回ではH変装記者が新聞に「求職」の広告を出して網を張るが、証券会社、貯金銀行、生命保険会社、回漕屋（運送業者）、美術新聞社など六社が同じ文言で応募してきたという。そのなかで美術出版社、運送業者、「何とか協会」、古本屋、児童愛護会社員の面接に行くが、大抵は広告取りか会員集めであった。どれも話を聞くだけで退散するH記者のルポは化け込みとしては失敗しているが、詐欺紛いの求人が横行する世の中、失業は求職者の不真面目だけではないとしてまとまりをつけ、筆を置いた。


さて、兼子の登場回のうち、まずは第四回から第八回に亘って行われたカフェー潜入記を見てみることとしよう。

今まで多数の新聞社や出版社が化け込み企画を行ってきたが、会社がプロの美容師を手配するなど稀にみる大がかりな仕込みである。また大阪からわざわざ福岡県博多区にまで出張するさまを見るに、社のなかで兼子が特別な存在であることを窺わせる。

博多で「覆面紳士」（同僚記者）と落ち合った兼子は、東中洲にひとりで降ろされると、まずは女給募集の札の出ている「月日堂」というカフェーを見つけて入り込んだ。一日そこで働いたが、「覆面紳士」から「三笑軒」にも化け込めと指令が来る。しかしあまりにも「月日堂」の近所のため断って、その日は深夜一時に宿に戻った。

翌日、今度はカフェー「エジプト」に職を求めると即採用。どうやら兵隊と駆け落ちした女給がいて欠員が出ていた模様。ここでの同僚は四人。「学生に受けのいい「みいちゃん」。軍人に受けるタイプのため「兵隊さん」で名の通っている「えっちゃん」。弁護士に親類があるので法科の人たちがくる「ちいちゃん」。嫁入りしてみたが小遣い銭に不自由するので女給に限るという人生観をもった「よりちゃん」。そして新米の「秋ちゃん」、これは兼子の仮の姿である。

若い学生が入ってきたので兼子が出ようとすると「あれはみいちゃんのスーちゃんだからあなたが出てはいけない」と止められ、次に半纏《はんてん》姿の客が来たので出ようとすると「あれはみいちゃんの肩入れだから出るな」と言われ〈みいちゃんは前後に敵を受けて忙しい〉と兼子は書く。

ここで、興味深い事件が勃発する。やってきた学生客のなかで歯科医専（現九州歯科大学）の学生が兼子に目を留めて「あなたはたゞの女給じゃないね、その社交語が雄弁に白状している、何ものだ?」と問い詰めた。同じように

＊29 **釜ヶ崎**　現大阪府大阪市西成区の北部、いわゆる「あいりん地区」を含む地区。現在では通称として残る。明治半ばごろから続くスラム街で、木賃宿や遊郭が並ぶ。

九大工科（九州帝国大学工学部）の三年生も兼子に目を付け、ドイツ語、フランス語、英語交じりで話しかけてくる。

今度は歯科医専の学生の友人が「あなたは二三日の中にこゝを去るでしょう、せめて名前を明かしてくれ給え」と言うので「千葉秋子じゃありませんか」ととぼけてみるが学生はヴェルレーヌの「秋の歌」を暗唱し「あなたの

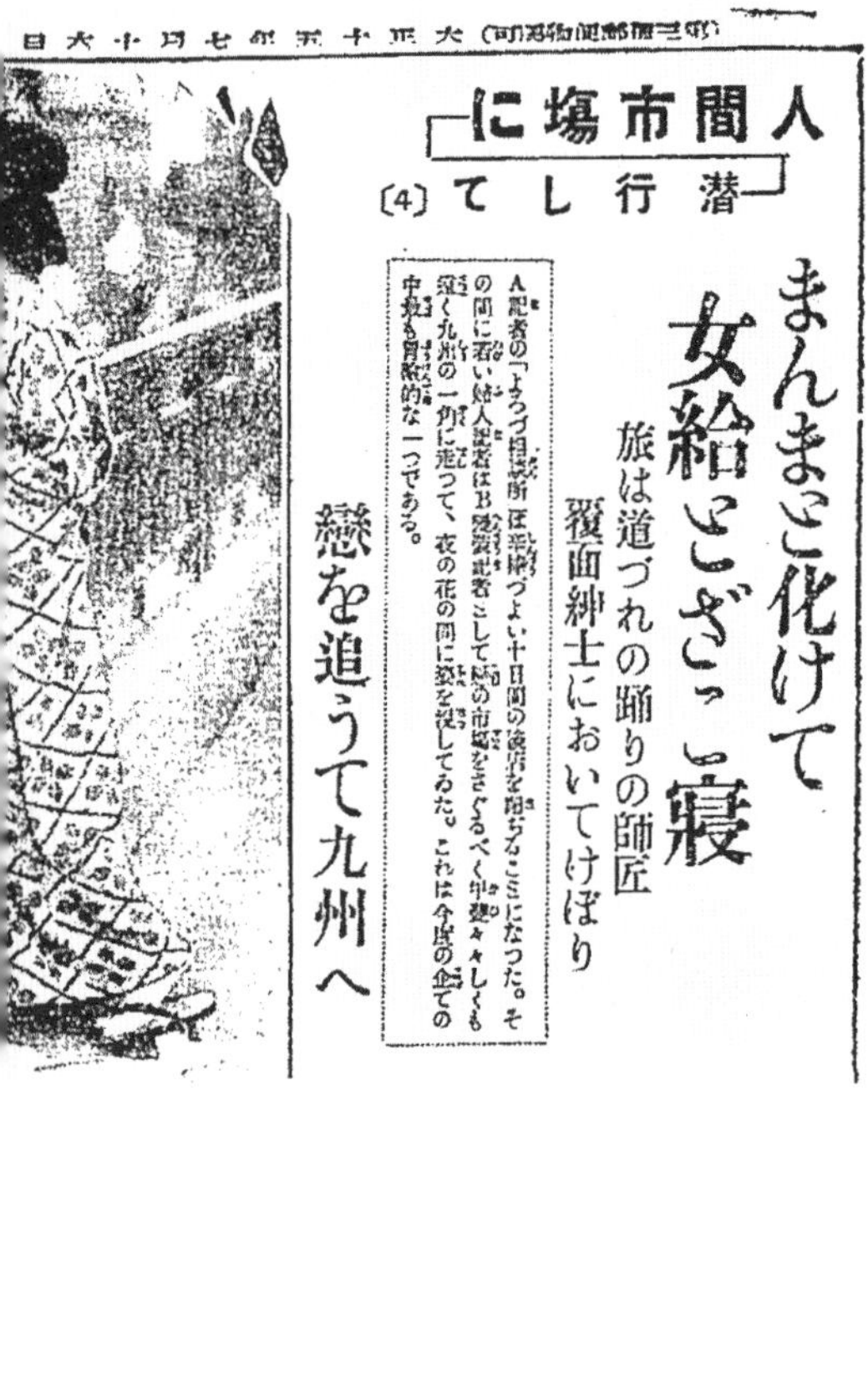

（第三種郵便物認可）　大正十五年七月十六日

人間市場に

潜行して〔4〕

まんまと化けて

女給とざこ寝

旅は道づれの踊りの師匠

覆面紳士においてけぼり

A記者の「よろづ相談所」は辛抱づよい十日間の役目を閉ぢることになつた。その間に若い婦人記者はB變裝記者として人の市場をさぐるべく単身々々しくも遠く九州の一角に走つて、夜の花の間に姿を沒してゐた。これは今度の企ての中で最も冒險的な一つである。

戀を追うて九州へ

大阪朝日新聞

かねて手はずのしてあつた淡路町の精養ビルに駆けつける、待ち受けた美容術師の山木さわ子さんが腕に撚りをかけて濃艶な扮装に仕上げてくれた。

その姿で舞を
一とさしなど

とからかふのを聞き流して小走りに走り出すと廊下で新新人社のＨさんに出逢つたのにＨさんは済ました顔をしたまゝ私を発見せずに擦れちがつてしまつた。まづしめた！　夜十時十分大阪駅発下りの寝台車へもぐり込む。お向ひの五十男が寝ながら鼾を立てゝ列車ボーイのチップを勘定しようと相談をもちかけたのが切かけで「御帰りですか、何処かへ働きに行かれるのですか」と問ふ、私自身はお嬢さんのつもりであつたのに働きに行くかとは怪しからぬと思つたが、さう見られただけでも変装が成功したのである、持ちものといつては絵日傘の外に小さいメリンスの包み――中には商売道具が約二寸の布に包んでしのばせてある――誘われに誘いのかけて、これではお向ひの紳士さんが

働きに行くと
見たのも無理

はない、実際は娘の出稼ぎ人である。[illegible]七三が[illegible]を感ぜしめる。頭が覚めるとＨは高く、宮島へ来たといふよりも宮島がポツカリ私の眼の前へ飛び出したのである。厳島の縁から食堂車で朝餐になつた大阪三津寺町の[illegible]の紳士さん、「あなたの荷物は？」「これだけ」と[illegible]を指すと「結構ですね、姿なんかは衣装をすつかり持つて行かねばなりません」といふ、聞けばこれから九州[illegible]へ踊りを教へに行くので七月一日には呉の検番にゐるから遊びに来いといふ。どうやら私を

芸者志願者と
見ての御親切

らしい、もしか目的地で失敗したら[illegible]として、この女に縋らうとの野心から、謹んで懇意になり話しつゞけたが門司で紳士さんを見送つてから異郷の淋しさを感じつゝ夕方五時四十何分かに博多へ着く。こゝで「覆面の紳士」が出迎へてくれた「君の変装は成功してゐる」といふ合図をしながら黙つて出て行くあとをつけ、駅前のひさやといふ旅館へ入る。九州の地での記者の仮の名は千葉秋子、大阪の住所はむにや〳〵、年は丙午を一歩さがつて二十歳、くたびれた身を指に休める間もなく、すぐ[illegible]な商売稼業の準備に取つかゝる「覆面紳士」はまだ一面識もなかつた上に言葉をかけてはならないといふので、[illegible]によつて指揮の[illegible]で待つてゐてくれる。汽車の中で長時間化粧室を占領して身仕度は大体出来上つてゐるので、[illegible]にしまつてあつた思ひ切つて[illegible]なな納戸色の

長い二尺四寸
といふ振り袖

の着物と着換て駆け出す、「覆面」が頭でしやくる暗示のまゝ電車に乗る、[illegible]の手違ひか、合図に任せて途中で電車から降りたもの[illegible]のんでゐる「覆面」は符

「人間市場に潜行して」第4回。（1926年7月16日付「大阪朝日新聞」）

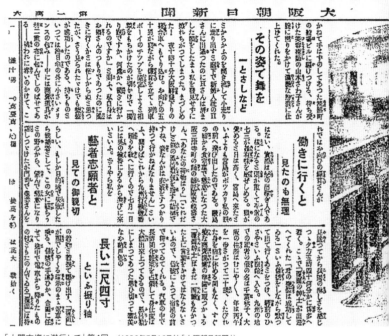

名はこゝから出た偽名だ」と、あくまで正体を見破ろうとする。今までの婦人記者には起こらなかった展開である。よほど兼子の利発さが際立っていたのだろう。二、三日でいなくなるという予言もまるで化け込みを喝破しているようである。その場は適当にごまかした兼子だが、果たしてこれが企画自体を脅かすことになるとはこの時点では気付かなかった。

翌日出勤すると、店の主人とちいちゃんが〈偽名の件〉で警察に呼ばれたという。兼子は化けこみがバレたかと思い逃げ出そうとするが、偽名の主はちいちゃんとのこと。

安心したのもつかの間、その後またも九大法文科の学生が来て、兼子の素性を聞き出そうとする。「九大の法文科は女子の入学を認めているから入学してもっと勉強なさい」「学資は失礼ながら何とかしてあげる、あなたほどの語学と才能があったら女の裁判官にでも弁護士にでもなれる、女給とは何ごとです」。

そして「僕は探偵的興味をもってあなたを飽くまで追跡する」と宣言、兼子を閉口させた。なにしろ兼子は九大生に学資を出してもらうまでもなく、この四年前に官立大阪外国語学校別科英語科に、三年前には関西大学大学部法律学科で女性としてただひとりの聴講生[*30]として話題になったほどの才媛。

今さら学生にお墨付きをもらうまでもないのである。

とはいえ、もちろんそんなことは言えるはずもない。兼子はどさくさに紛れて帰宅するが途中で学生に尾行され、タクシーに乗ってまいていたら午前三時になってしまった。

翌日は河岸を変えてほかのカフェーに出るも、お茶っぴきになって見切りをつけ、またもや「エジプト」に舞い戻る。するとおかみさんが言うには、学生の会の連中と、酔っぱらって「秋ちゃんを出せ」と大騒ぎをした客がいたとのこと。呆れていると、学生客がまたぞろやって来てなぜか兼子が今晩大阪に帰るつもりであることを見抜き「それは危険な仕事ですぞ」と忠告。駅や街角で見張っていると言い始める。彼らの暇人ぶりには恐れ入る。

翌朝、博多駅で学生を見かけた兼子は慌てて「エジプト」に戻り、女給と他のカフェーに行くなどしてから午後三時に駅に行って待ち伏せしていた学生と仕方なくデートをし、ようよう振りきって駅に駆けつけるとまた別の学生がいて一三分間のデートをしてなんとか列車に乗り込み、博多を後にした。まったく前代未聞の展開であった。

第二五回では、神戸は栄町の中華料理屋に現れた兼子、給仕は満員だと一

*30 **ただひとりの聴講生**　聴講生だった理由は女性は正規生として入学できなかったため。その意味では九州大学の方が進んでいる。なお、兼子は無事に修了し司法科の高等試験に出願するも「『女学校卒業者は男子中等学校卒業者と同等の資格と認めず』という」(H生「北村兼子一代記」『ひげ』、改善社）理由により、不許可となっている。

旦断られるが外国語ができることを見込まれ採用される。三〇分もすると船員四人を受け持つこととなり、飲むや躍るやの四時間に付き合わされる。次に来たのは老年のイギリス紳士、英語の出番かと思いきや日本在住四〇年の御仁で堪能な日本語で鉄道馬車が走っていた頃を懐かしがる。「カフェーは女給がエプロンなどかけないで前垂れで客すじもよかったが、今は女給と娼婦との見分けがつかぬ」と宣《のたま》い、後で女給たちを大いに憤慨させた。次に、日本人ながら日本語が話せない青年が現れた。ドイツ人に引き取られてドイツで暮らし、やっと帰国したものの本当の両親の行方がわからず言葉も通じず、困っていると泣き出す。兼子は「ある方法であなたの両親へあなたのことを知らせてあげましょう」と請け合い、彼の本名、両親の名前などを記事に掲載。港町らしい多種多様な客が登場し、たった一回分とは思えないほど盛りだくさんなレポートとなった。

第二六回では、ビリヤード場で「ゲーム取」*31と呼ばれる審判のような役目を担う。「フロック」「つっきり」「かぶり」などの技を判定しているとクラブの前を新妓《しんこ》のおひろめが通り、お茶屋の主人という男が兼子に「こんな球場にいるより出やはった方がよろしいぜ」と誘う。幸い三味線もできる兼子は芸者の手引きとはいかなるものぞとの好奇心から金のことや仕込み期間の説明を聞く。翌日には早速茶屋に紹介してもらうはずだったが、男は兼子を洋食屋の座敷に連れて行き「まア飲みなはれ、あんたのローマンスを聞かしてもらいまほ」とにじり寄り、手を蛇のように巻き付けてきた。とっさに兼子、柔道家に握り方を教わった拳で顔面を突き、相手が「痛い！」とひるんだ隙に逃げ出した。

記事はここで終っている。それまでの化け込みルポに比べると収穫は少ないが、ともあれオチがふるっている。それにしても、外国語や法律に長けているだけではなく、三味線も弾けて柔道家に拳の握り方も習っているとはいやはや多芸である。

兼子、アンチと闘う

兼子にとって、化け込みはキャリアのほんの一部に過ぎない。同年の一九二六（大正一五）年二月、『婦人』『週刊朝日』などに書いた論考やエッセイをまとめた最初の著書『ひげ』（改善社）が出版されるとたちまち版を重ねた。しかしこの辺りから嫉妬交じりの批判が出てきた。筆者の手元には第三版

＊31 **ゲーム取**　ビリヤード場で点数をカウントする職業。一人客のゲームの相手は男性スタッフが行うが、いない場合はゲーム取がする場合もある。澤田撫松『女の心男の心』（星文館、一九二〇年）には父が倒れて生活に困った若い女性が〈ゲーム取りと言う仕事がバーや料理屋の女中よりも幾等か品がよいと思っ〉て働く場面がある。しかし恋人の父親は「ゲーム取りの女といえば女郎淫売も同じ事じゃないか」と怒る。この職業に対する世間の目が窺い知れる。

があるが「再序」には兼子の筆で読者からの手紙が転載されている。

貴女はまだ若い、出版は早い、だが出たものは仕方がない、私も読んだ、面白く呼んだ結果として心からの貴女の嘆美者としてヒゲの売れないことを希望する、それはヒゲの評判が高いに比例して女に特有な慢心が昂ぶって研究向上の歩みが鈍る、天がモシ北村女史を大成させようとするならばヒゲの評判が悪く本が売れない方がいい

嫉妬にまかせたよくわからない理屈である。兼子は〈売れると売れないとによって研究心が水銀のように昇ったり降ったりする心配は御座いませんから〉とし、注文殺到でじきに四版が出ること、今後さらに二冊の出版が控えていることを記す。初版の刊行から一ヶ月後にやっと関西大学を修了したことを思えば異例と言えるだろう。

果たして、四月に『短い演説の草案及北村兼子演説集』（改善社）、五月に『竿頭《かんとう》の蛇』（改善社書店）を出版。化け込み連載企画「人間市場に潜行して」の取材はその翌月から始まり、一〇月には化け込み記事を所収した『恋の潜航』（改善社）も出て、入社二年目にして四冊の著書を上梓した。

それぞれ三、四〇〇頁のボリュームがあり、出張などもある記者の仕事の合間を縫って書き上げられ、どれもよく売れた。彼女の筆は、教育や政治における女性差別問題（「婦人問題を鷲攫みにして」「婦人運動の体系」）から、軍国主義（「吾邦財界を鳥瞰《ちょうかん》す」）、女性の問題点（「婦人記事の苦しい事」）、公私娼問題、家族制度、産児制限などあらゆるテーマに及び、それぞれ海外の事例や歴史をひも解きながらユーモアを交えて書くところにその真髄がある。エリート然と高みからものを見るのではなく、謙遜や自虐的な笑い、茶目っ気も含んでいて魅力的な人柄であることが読んでいて伝わってくる。それは化け込みなどという色物企画を面白く書けるところからもわかる。

しかし、この頃から兼子はひどいバッシングに遭い始める。『竿頭の蛇』には「『ひげ』の批評の批評」と題し雑誌や新聞に出た書評に対して兼子が批評を加えているが、書評の暴言ぶりには驚く。

賢い様でも女は女だすぐとそのオダテに乗って、天下の一流記者になったつもりでいる。

（出典不明）

これに対して兼子は、〈兼子申す、なか〳〵もって天下一流の記者になったつもりどころか、今が修業ざかりの油の載《（ママ）》ったところ〉と書く。似たようなひどい書評はまだあった。

それにしても「女史は哲学者である」との広告は一体何を血迷うているのやら兼子女史位が哲学者ならより以上の大哲学者は、新聞社の編輯《へんしゆう》局にゴロ〳〵している筈だ。（中略）大体、新聞記者を二年か三年しか勤めぬ癖に迷文を集めて大それた著書を出すなどからして、間違っている誰れか悪い奴にオダテられたのだろうが

「大阪日出新聞」

〈兼子申す、哲学者がお気に障わって相済みません、だれだって哲学観のないものはありません〉とする。

驚くことに社内にも敵はいた。大阪朝日新聞の「天声人語[*32]」（一九二六年六月二日付）に

この人誤って生を女身《によしん》に受く、ほこるがごとく、詛《のろ》うがごとく、怒るが

> ごとく、嘲《あざけ》るがごとく、毒龍、天に冲《ちゅう》して、今悪水を吐く、願わくば野郎が面上、三斗の塵を洗え、戦線婦人、挺身一番、火坑変じて大池《たいち》とならせ

と出た。兼子は間違えて女性に生まれた男性のように自信満々、怒りに任せて男性を呪うかのように嘲るかのように、毒の龍が天に昇って（調子に乗って）汚水を吐くかのように振る舞っている。どうかその水を男性の顔に吐き出して塵を洗い流し、勇ましく身を挺して火の坑に大池を作るがいい、といった意味になろうか。好きなだけ毒を吐けという皮肉である。

対する兼子は、

> 天声人語が天の声なら、竿頭の蛇は人の愚痴、N氏の文は国宝だ。私が初めて大朝へ入社した時に皆さんに紹介してもらったが、天声子は誰れかと聴いたら、あの人だと指してくれた、見れば国宝が頻《しき》りに筆を走らせていたことを想い出す。
>
> 「批評集」『恋の潜航』

＊32 **天声人語**　一九〇四（明治三七）年一月五日付「大阪朝日新聞」に掲載されて以来「朝日新聞」に現在まで続くコラム。「天声人語」とは中国の古典より「天に声あり、人をして語らしむ」から取られ「民の声、庶民の声こそ天の声」を意味する。執筆者は特定の論説委員で「天声人語子」という匿名となっており公表はしていない。なお、兼子を揶揄した「N氏」は永井栄蔵（永井瓢斎）と思われる。

せたのだ。

このように、兼子は批判されても逃げも隠れもしない。むしろ真正面すぎるくらい真正面から反論する。しかも内容はいちいちもっともとなると攻撃は一層過熱する。「赤新聞」[*33]とよばれる通俗紙が淫婦呼ばわりを始め、雑誌や新聞が一斉に兼子の品行問題を叩き始めた。男性と歩いていたとか、食事をしていたというだけで恋人が一二人いるなどと捏造記事を書き立てる。

そのメディアの数、実に二〇種とは兼子の弁。筆には筆で対抗するといきり立った兼子は一九二七（昭和二）年二月に『怪貞操』（改善社）を出版、それでも足りないとばかりに日東蓄音機商会から同名の語りのレコードまで出した。本のなかにも、

と書いた。つまり「天声人語」を書いている記者が誰か知っていると匂わ

一人の婦人記者を社会から葬るに、こう大勢の大根どもが入用なのかと社会の見物衆はあきれていらっしゃる。個性のあるものは異端者と見なされて、これを排撃するに貞操問題をかつぎ出し、型に嵌らぬものは突き落してしまう。日本は女に取っての監獄部屋だ

　同一の社会を形づくる細胞に差別をつけて社会組織の基礎を弱くすることは愚かで且つ不合理である

と書いている。『怪貞操』は二週間で三版を重ねた。兼子自身はあくまで戦うつもりだったが、家族をはじめ周囲の人々を不安にさせ迷惑をかけていることに苦しむようになり、結局この年の七月に退職。華々しい入社の経緯に比してわずか二年の記者生活だった。

　兼子がなぜここまで攻撃されたか考えてみると、若い女性が男性中心のマスコミのなかで特別に目立ったこと、教養も経歴も申し分なく、背負っている看板も大きく非のうちどころがなかったこと、批判を真正面から受けて反撃したことなどが挙げられる。さらに言えば「ひげ」「女の見た男」などの男性論も虎の尾を踏んだ。兼子が噂を立てられた直接の発端は男性の友人たちに協力してもらいながら行った男性研究だったというが、もとをただせば化け込みで女給たちに恋の手管を教授された際に〈男ってものは妙なもの〉と思ったことから〈持ち前の研究心が何でも徹底したくて〉始まったと『怪貞操』にある。これが事実ならば兼子バッシングの責任の一端は化け込み企画にあったということになる。それがこんな結果になるとは、化け込み元祖

＊33　**赤新聞**　ゴシップやエロなど扇状的な内容を掲載する俗っぽい新聞のこと。一八九二（明治二五）年に創刊した「萬朝報」がピンク色の紙を使っていたところからこの名が生まれたといわれる。

飛行機の横に立つ兼子。(『週刊朝日』79〈47〉、朝日新聞社)

の下山京子も想像しなかっただろう。

兼子、空を駆ける夢

「大阪朝日新聞」を退職した兼子はいくつかの新聞社の誘いを断り、英語や法律の勉強の傍らフリーランスとしてさまざまな媒体に寄稿。翌年、一九二八（昭和三）年には一月に『婦人記者廃業記』、五月に『私の政治観』（ともに改善社）を出版。この年の二月二〇日に第一六回衆議院議員総選挙が行われたが、これは三年前に公布された普通選挙法に基づく初の総選挙だった。兼子は民政党の応援に駆けつけるなど、奔走した。『私の政治観』は「この本は私が政治進出のため政海へ投げた一つの小石である」という一文から始まり、兼子の視線が政治に向き始めたことを感じさせる。

八月、ホノルルで行われた汎太平洋婦人会議に日本代表として参加、現地の新聞に寄稿し、ホノルル真言宗別院で講演を行う。一九二九（昭和四）年一月に『女浪人行進曲』（婦人毎日新聞社）を出版、次第に東京の新聞社でも書くようになり、寝台車で大阪と東京を往復する生活をおくる。また「婦人毎日新聞」の論説部長にもなった。四月に『情熱的論理』（平凡社）上梓。六月にはベルリンで開催された第一一回万国婦人参政権大会の委員会と本会議に日本代表として出席。兼子は「日本に於ける婦人運動と婦人公民権法案の否決」と題し英語で一回、ドイツ語で二回演説をした。また、大会終了後にはラジオ演説も行っている。帰るに際しスイス、フランス、イギリス、アメリカに寄り九月に帰国した。翌年の一月、「婦人文化講演会」講師を依頼され、基隆、台北、新竹、台中、台南などを巡った。活動の舞台が世界に広がり、兼子ものびのびと職務にあたった。この年も三冊の著書を発表している。

さらにこの年末、兼子は日本飛行学校に入学している。おりしもその三ヶ月前から羽田国際空港建設が開始。世界を見てまわった兼子は日本の航空事業が立ち遅れていることに警鐘を鳴らしていた。しかしあくまでそれは外的要因、実は内的要因もあったのではないだろうか。

というのも兼子、万国婦人参政権大会の帰りに飛行船グラーフ・ツェッペリン号乗船[*34]をめぐって一悶着あった。ドイツのフリードリヒスハーフェンから飛行船で帰国しようと考えた兼子は事前に予約金一〇〇ポンドの支払いを済ませていた。このことは日本のさまざまな新聞で報じられ、出発四日前には残金の三〇〇ポンドも支払った。しかしいざ蓋を開けてみたら、席がなかったのだ。その理由は「東京朝日新聞」北野吉内記者と「大阪毎日新聞」円地与四松記者が「航行中の通信は二社が握っているのだから」（北村兼子「ツェッペリン乗船争闘記」『新台湾行進曲』、婦人毎日新聞台湾支局、一九三〇年）として兼子の搭乗を拒否したからだった。実のところ飛行の三日前に兼子は妨害を知った。そこですぐにツェッペリン社に出かけ、エッケナー博士[*35]に頼み込み、博士夫人にも面会、船長夫人にも会って乗船の確約を得た。しかしその後、ホテルでとある日本人男性記者と出会い、面と向かって数時間にわたり暴言を吐かれた。さすがの兼子も情けなさに号泣、ボーイが驚いて飛び込んでくる騒ぎになった。噂が広まり、たちまち国際的な問題となった。兼子は有料で乗船する一般旅客であり、しかもツェッペリン社も乗船を認めているにも拘らず、乗客の言い分で乗せないのはおかしい。男性記者はその後も、同じ日本人で女性である兼子を拒否するのは心苦しいが「報道権という大切なものを擁護せねばならない責任がある」などと語った。兼子は彼らの社の重役に交渉しようと電報を打ったが「コウシヨウコンナン」という返信だった。妨害の手は日本大使館やベルリン大使館、エッケナー博士、ツェッペリン社にまで及んだ。飛行前日には男性記者が「いよいよ貴女が乗船するなら覚悟がある」と怒鳴り込んできた。兼子は再び夫人らを訪問し、座席でないところに座ることと三日間は報道しないことを条件に乗船を許された。しかし、乗船七時

*34 **飛行船グラーフ・ツェッペリン号**　ドイツ製巨大飛行船「LZ 127」のこと。「グラーフ・ツェッペリン」（グラーフは伯爵の意）は愛称である。全長二三六・六メートル、最大体積十万五千立方メートルと当時世界最大の飛行船だった。一九二九年八月八日、世界一周に向けて出発したLZ 127はフリードリヒスハーフェンへで燃料を補給し、シベリアを横断して一九日には霞ヶ浦に到着。迎えに出た観衆は三十万人とも伝えられる。

*35 **エッケナー博士**　フーゴー・エッケナー。一八六八年生まれ。ドイツの航空機技術者、実業家。新聞社の通信員だったがフェルディナント・ツェッペリンの宣伝担当から社員となる。飛行船の船長兼製造責任者だった。第二次大戦中は反ナチスの立場をとり会社の権限を奪われた。一九五四年に死去。

間前に再び覆され、結局乗ることができなかったのだった。せめて万国婦人参政権大会中であれば〈世界四十四カ国の代表一千人〉（『新台湾行進曲』）に訴えることができたかもしれないと後悔したが後の祭りである。人一倍勝ち気な兼子もこの時ばかりは何度も涙を流した。この一件が、帰国後に飛行機へと関心を向けるきっかけの一つになったのではないかと筆者は推測する。

一九三一（昭和六）年二月、日本初の「エア・ガール」（飛行機添乗員）が募集され、兼子は審査員を担った。そして春には単独飛行ができるようになり七月六日に待望の免許を取得。翌月には発注していた飛行機でヨーロッパに向かう予定だったが、免許取得の一週間後に盲腸炎に罹り、手術の予後が悪く腹膜炎を併発して二六日に急逝した。享年二七歳、あまりにも生き急いだ人生だった。

一〇月に一四冊目にして遺作となった『大空に飛ぶ』（改善社）が出版された。

なお、「大阪朝日新聞」時代の上司で、兼子の最初の原稿を掲載した翁久《おきなきゅう》允《いん》[*36]は兼子の死後に「日米新聞」に寄稿した「三宅やす子と北村兼子の死」（一九三一年二月一五日～二一日）のなかで彼女の野心家の一面を伝えている。

名士と言う名士の間は、それは実業家であろうが、政治家であろうが、軍人だろうが教育家だろうが、どこへでも縫って歩いた。（中略）彼女の眼界が広くなって来ると、小説家三上於菟吉《おときち》*37一人を護ることの愚かが彼女を反省せしめた。三上の懐から飛び[redacted]《(判読不明)》した彼女は転々とし、名士の懐を飛び歩いた。そして、今度は単身、ヨーロッパに旅行して、例のツェッペリン号に乗って日本へ帰り、世界的に北村兼子の名を印象せしめようとしたが失敗して、帰[redacted]《(判読不明)》すると、全国的に[redacted]《(判読不明)》[redacted]《(判読不明)》しながら、機会ある毎に自分の名を売っていた。

この記事を読む前と読んだ後では兼子に対する印象が少し変わる。短い期間に大量に出版された本人の著書にはどのようなトピックにも筋の通った考えが雄弁に開陳されているが、ジャンルを問わず何かで有名になりたいという野望があったことは不思議と窺えない。とはいえ、そのこと自体は悪いことではない。実際、兼子は優秀な女性であり、翁も〈将来婦人参政権でも確立されたら、イの一番に代議士候補なんかに立つと言ったようなタイプの女だった〉と書いている（この文章は兼子の優秀さだけを指しているのではないにしても）。

女性参政権の成立は太平洋戦争後の一九四五（昭和二〇）年一二月一七日のこと。翌年の春には女性初の議員が誕生している。兼子が生きていたら四二

*36 **翁久允**　一八八八（明治二一）年生まれのジャーナリスト。一九〇七（明治四〇）年単身渡米し、苦学しながら高校を卒業。邦字新聞に小説が採用されたのをきっかけに日系人向け新聞の主任を務める。一九二四（大正一三）年に帰国し東京朝日新聞社入社。『アサヒグラフ』『週刊朝日』を担当する。一九七三（昭和四八）年没。

*37 **三上於菟吉**　大正、昭和期の流行作家。小説家で雑誌『女人芸術』編集長の長谷川時雨が長年のパートナーだったが愛人も多く、兼子も於菟吉が泊まっていたホテルの部屋で寝巻きで腹ばいになって原稿を書いているところを翁に目撃されている。

歳、議員になる可能性は十分あっただろう。そうなれば、NHKの連続テレビ小説に取り上げられたり、それどころかお札になる可能性すら見えてくる。

バッシングのせいで功名心を強く煽られて無理をしてしまったとしたら、本当に惜しいことである。

S・O・Sの女、小川好子

一九三二（昭和七）年一月二四日付「読売新聞」夕刊の二面に、驚くべき社告が登場した。

曰く「明日の夕刊から連載する新読物　婦人記者の変装探偵記『貞操のS・O・S』身《み》みづ《（ママ）》から誘惑戦線に投じてエロ、グロ跳躍の裏面を描く」。


わが社は今回特に、社会部所属の婦人記者を採用して、すでにその任に就かしめた。場所と場合とに応じて変装した機転の婦人記者、これを、誘惑戦線の悪騎士は何んと見、どんなふうに近づいて、どういう危険にまで導いたか

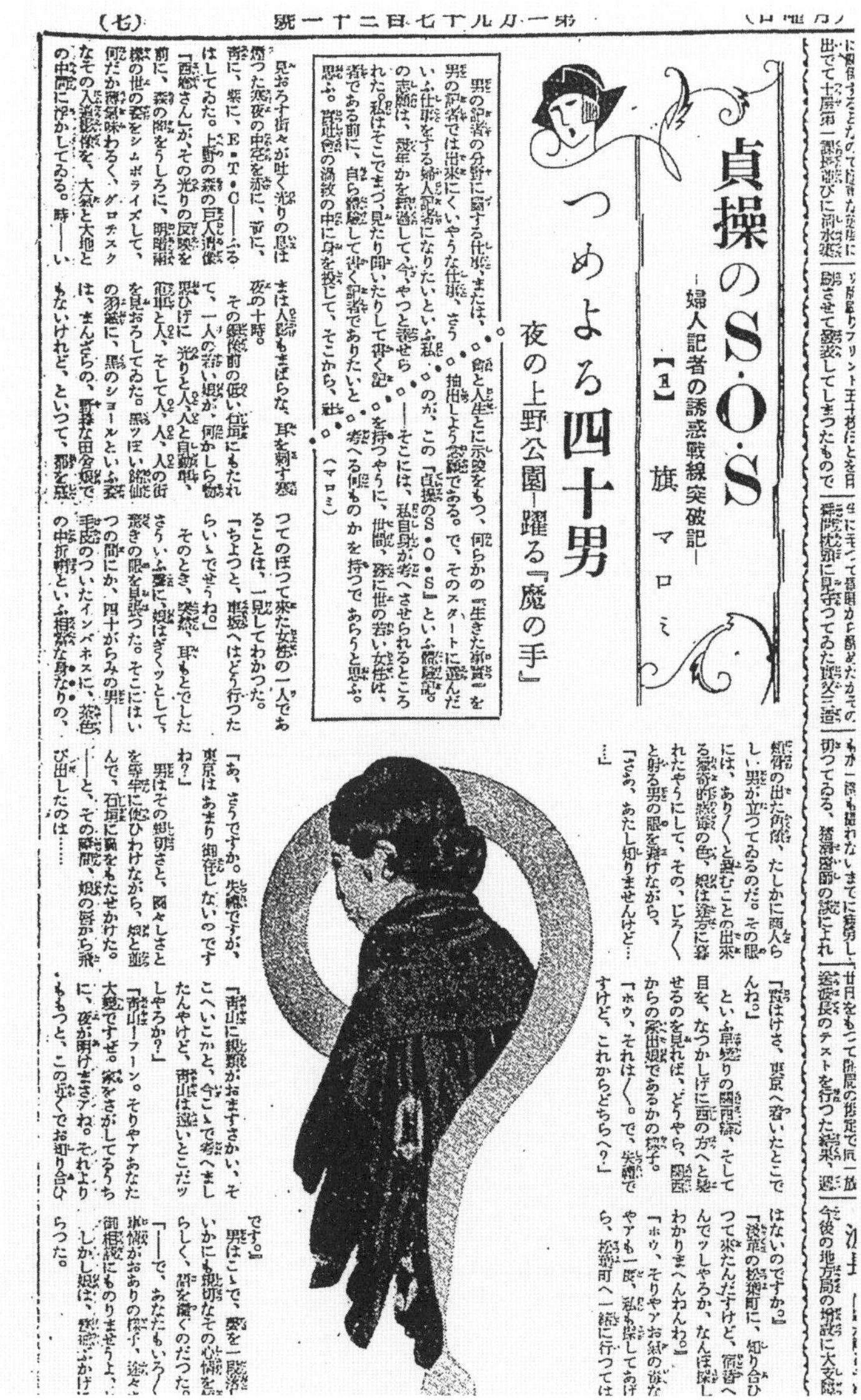

（月曜日）　第一萬九千七百二十一號　（七）

貞操のS・O・S

―婦人記者の誘惑戦線突破記―

【1】　旗　マロミ

つめよる四十男

夜の上野公園―躍る『魔の手』

男の記者の分野に属する仕事、または、男の記者では出来にくいやうな仕事、さういふ仕事をする婦人記者になりたいといふ私の志願は、幾年かを経過して、今、やつと達せられた。私はそこでまづ、見たり聞いたりして書く記者である前に、自ら体験して書く記者でありたいと思ふ。都会の渦紋の中に身を投じて、そこから、社会と人生とに示唆をもつ、何らかの『生きた事実』を抽出しよう意図である。で、そのスタートに選んだのが、この『貞操のS・O・S』といふ体験記。――そこには、私自身が考へさせられるところを持つやうに、世間、殊に世の若い女性は、考へる何ものかを持つであらうと思ふ。（マロミ）

見おろす街々が吐く光りの息は濁つた深夜の中空を赤に、青に、紫に、E・T・C――ふるはしてゐた。上野の森の巨人銅像「西郷さん」が、その光りの反映を前に、森の闇をうしろに、明暗両様の世の姿をシムボライズして、何だか薄気味わるく、グロテスクなその入道銅像を、大気と大地との中間に浮かしてゐる。時――いまは人影もまばらな、耳を刺す寒夜の十時。

その銅像前の低い石垣にもたれて、一人の若い娘が、何かしら物思ひげに 光りと人、人と自動車、電車と人、そして人、人、人の街を見おろしてゐた。黒ツぽい銘仙の羽織に、黒のショールといふ姿は、まんざらの、野暮な田舎娘でもないけれど、といつて、都会を慕つてのぼつて来た女学生の一人であることは、一見してわかつた。

「ちよつと、上野駅へはどう行つたらいゝでせうね。」

そのとき、突然、耳もとでしたさういふ声に、娘はぎくッとして、驚きの眼を見張つた。そこにはいつの間にか、四十がらみの男――毛皮のついたインバネスに、茶色の中折帽といふ相応な身なりの、額の出た角顔、たしかに商人らしい男が立つてゐるのだ。その眼には、ありありと読むことの出来る好奇的欲情の色、娘は途方に暮れたやうにして、その、じろ〳〵と射る男の眼を避けながら、

「さあ、あたし知りませんけど……」

「あ、さうですか。失礼ですが、東京はあまり御存じないのですね?」

男はその親切さと、図々しさとを半々に使ひわけながら、娘と並んで、石垣に腰をもたせかけた。――と、その瞬間、娘の唇から飛び出したのは……

「妾はけさ、東京へ着いたとこでんね。」

といふ京訛りの関西弁、そして目を、なつかしげに西の方へと馳せるのを見れば、どうやら、関西からの家出娘であるかの様子。

『ホウ、それは〳〵。で、失礼ですけど、これからどちらへ?』

『青山に親類がおますさかい、そこへいこかと、今こゝで考へましたんやけど、青山は遠いとこだッしやろか?』

『青山―フーン。そりやアあなた大変ですぜ。家をさがしてるうちに、夜が明けますアね。それより・もつと、この近くでお知り合ひはないのですか。』

『浅草の松葉町に、知り合ひつて来たんだすけど、宿替へんでッしやろか、なんぼ探しわかりまへんねんわ。』

『ホウ、そりやアお気の毒なやアも一度、私も探してあげら、松葉町へ一緒に行つては……です。』

男はこゝで、言葉を一段落いかにも親切なその心根を示らしく、語を継ぐのだつた。

『――で、あなたもいろ〳〵事情がおありの様子、途々御相談にものりませうよ、

しかし娘は、黙然ふかげにらつた。

「貞操のS・O・S」第1回。（1932年1月24日付「読売新聞」）

新宿ムーラン・ルージュでレビュー化した際の新聞広告。（1932年2月20日付「読売新聞」）

云々。つまり、女性が遭遇する危険を暴くという崇高な使命のために社内の婦人記者を囮《おとり》にするというのだ。度肝を抜くような企画である。

果たして、翌日の夕刊から「貞操のS・O・S―婦人記者の誘惑戦線突破記―」が始まった。署名は旗マロミとあるが本名は小川好子、本人曰く入社なんと一日目に下された部長命令だった。

素人同然の婦人記者が始めたこの連載は大ヒット。夕刊の売行が急上昇し、販売からの要請もあって一ヶ月もの長連載となった。一九回続いたうえ、さらには新宿座ムーラン・ルージュでレビュー化[*38]されるという斜め上の展開を見せた。ルポルタージュのレビュー化とはいまいちピンとこないが、前年に掲載された中村正常[*39]「ウルトラ女学生読本」[*40]（一一月二六～一二月六日、全一〇回）レビュー化という前例（ただしこちらは創作）があったようだ。

ではまず、そのモンスター企画「貞操のS・O・S」をじっくり見ていこう。

好子、戦慄の誘惑戦線

第一回、つけ髷《まげ》に地味な和服姿で上野公園に現れた好子は、西郷隆盛の銅像の下で獲物を待ち受ける。関西から家出して青山の親戚を頼って上京してきたおぼこい娘の設定である。

すると早速四十絡みの男が現れ、青山行きの電車の駅まで送るといいながら、なぜか公園内の森の方に連れて行く。そして今夜は遅いから一晩泊まって翌朝から青山に行けばいい、ひとりで宿に泊まると怪しまれて通報されるから自分と泊まろう、などといいながら帯に手をかけて寄り添ってくる。挙句に「それともいッそ、私のこのトンビ[*41]にくるまって、こういう工合にして、（と彼れ氏は私を、トンビの袖で包んで……）公園の中で、一夜を過ごそうじゃありませんか」などととんでもないことを言う。

＊38 **レビュー化**　一二月一八日付「読売新聞」には二〇日より七景（広告では八景）に脚色して上演すると出ているが具体的な内容まではわからない。なお、ムーラン・ルージュは一九三一（昭和六）年、淀橋区角筈（現新宿区新宿三丁目）に開館した大衆向けレビュー劇場である。

＊39 **中村正常**　一九〇一（明治三四）年生まれの劇作家・小説家。一九八一（昭和五六）年没。

＊40 **「ウルトラ女学生読本」**　中村正常が読売新聞で一〇回連載したコラム。「ミス・ラグビー」「ミス・左翼」というように流行と女学生を組み合わせた内容で、レビューは五景から成るという。

＊41 **トンビ**　ケープ付きの男性用の外套。

好子は慌てて宿に泊まると嘘をつき、駅に向かったところ客引きが現れ、ふたりは案内されるままに上野の連れ込み宿[*42]に入った。明るいところで見た男の額には斜めに走った刀傷があり気味が悪い。男が女中に床を言いつけたためこのままでは逃げられないと感じた好子は風呂に入りたいと訴え、その隙に宿から出ようとする。

が、扉には鍵がかかっていた。帳場の主人に開けるよう言うと「さァねえ。お連れさんにおたずねしてみなければ」などと言を左右にする。たまりかねた好子、「女だともっ《(ママ)》て馬鹿にしなさんな！　これでも私はね……」と名刺を出して企画を説明したところ「あ、そ、いや、これはどうも、へい。……ではどうぞ、商売の迷惑にならぬように、へい、一つお手軟《てやわら》かに……」ということで辛くも難を逃れた。なお、記事には宿屋の玄関の写真が添えられているが、これがこの曖昧宿の「商売の迷惑」になったかどうかは定かではない。

好子は『S・O・S』に応じて私を救ってくれたものは、私自身の名刺にほかならない。これが一般普通の場合だったらどうなるか、考えてもぞッとする」と締めくくっているが、この任務自体にぞっとする筆者である。好子は後述の「点と丸」で〈私の後から見えつ隠れつつき添うカメラマン〉がいたというが、この記者は写真を撮る以外のことはしないのだろうか。とても二〇歳そこそこの婦人記者が携わる任務ではない。

第四回の舞台はところ変わって銀座のダンスホール[*43]である。三日間で速習したダンスを武器に繰り出した好子、ホールで見物していると五、六人連れの学生が現れて次々にダンスを申し込んできた。いかにも小金を持った遊び慣れた連中で、しばらくするとホールを出ようと誘われる。連れてこられたのは近くのカフェー。意外にも酒に強い好子は酔っぱらって女給に絡む学生たちを冷静に観察している。すると、背広姿の学生がしきりに横浜に行こうと口説いてくる。深夜〇時から行くことにためらって答えないでいると、みんなで喫茶店に行ってそこから帰るふりをして新橋駅で落ち合って横浜に行こうと執拗に訴えてくる。会計している間に逃げようと路上でタクシーをさがしているうちに追いつかれたが、いきなりキスをされそうになった好子、慌てて突き飛ばしてタクシーに飛び乗って今回もギリギリ助かった。

第七回では銀座裏のバーに現れた好子、女給はもう満員だという主人《マスター》に「ねえ、いゝでしょ」と媚びを売って置いてもらった。最初に来たでっぷりとし

*42 **連れ込み宿**　情事を目的とした簡易宿。

*43 **ダンスホール**　昭和初期、ジャズ・社交ダンスのブームとともに数を増やした。

た実業家風の客は「君の一晩の相場はいくらだい?」と呆れたことを宣《のたま》う。思わず心のなかで「このブルジョア豚!」と叫んだ好子である。すると二人連れの会社員が現れ、そのうち一人がやたらとご執心で帰りに家まで送ると話しかけてくる。その場をごまかしていたが待ち伏せされて一緒に帰ることに。ところが好子はこともあろうに自分が住むアパートまで送らせてしまった。

それっきりバーに行かないでいたところ、アパートに好子の源氏名で訪ねてきた人物が。見ると例の会社員と一緒にバーに来ていた男。あれ以来、好子に惚れた男が発熱で唸っているからアパートに来てほしいと頼んでくる。好奇心も手伝って行ってみると、元気にベッドから飛び出た男、いきなり手を握ってくる。振り払うと今度は両腕に抱えてベッドに引きずっていく。「助けてえ!」と大声を上げた好子、「さァ、おとなしく帰して頂戴。でないと、アパート中の人を呼んでやるわよ!」と睨むと、男は「馬鹿だね、君は。何もしないのに大声をたてたりして、僕、とんだ恥をかくじゃないか!」「君みたいなひどい女には二度とお目にかゝらないよ」と捨て台詞を吐くのだった。

第一〇回は、浅草公園の瓢簞池のほとりである。〈こゝは香具師《やし》と不良少年と、浮浪者の世界――〉とある通り、盛り場と私娼とホームレスの根城が同居する危険な地域である。何しろベンチに座るや否や「周囲のベンチや木蔭からは、文字通りに一匹の小羊をねらう狼ども――数名の与太者が、相互を牽制しながら」こちらをじろじろ見ているという治安の悪さ。

見かねたある紳士が公園を出た方がいいと教えてくれ、出たところで別の男に声をかけられた。家出をしたと言うとざっぱりとした蕎麦屋の二階に連れて行かれたが、男をよく見るとまだ二七、八歳の職人風。鳥鍋二人前に酒を注文し、自分よりも好子にばかり勧める。これから女中奉公をするつもりだというとバーやカフェーに出た方がいい、紹介すると言いつつ、独身アピールを忘れない。

そのうち突如「ね、あなた、あなたは僕をどう思います？　マンザラでもないでしょう？」「あなたがその気なら、先きで一緒にもなれるのだから、今夜これから、二人でどっかの宿屋へ泊ろうじゃありませんか。ね？　どう？」などと突飛な論理で口説きだす。隙さえあれば宿屋へ連れ込もうというこの時代のナンパは一体どうなっているのか。もちろん好子はネタを求めてついていくわけだが、この男の場合、上野公園のときと違って金離れがいい。また、宿を選ぶ際にも一応意見を聞いてくれる。だが〈驚いたことには、極めて執拗に、同浴を主張して譲らない〉。困った好子、頭痛がすると苦し気にすると男は先に入るから後からおいでとのこと。その隙にさっさと逃げてなんとか今回も助かった。

第一二回は新宿の遊郭付近にて、出張で東京に来た青森在住のサラリーマン二人組に「君の『縄張り』はどこだね？」と私娼扱いをされた好子、怒って立ち去るも、再び遭遇し彼らの宿に連れ込まれる。三人で話しているうちに深夜〇時になり、帰ろうとすると引き止められる。また明日にでもとごまかして逃げるが「おといい、いお出で」とつぶやく好子だった。

第一四回は、浅草の映画館にて。上映中だったために休憩室という小部屋で座っていると、三七、八歳の口髭を生やした男性がのぞき込み、好子に目を止めて周囲を警戒しつつ入ってきた。おもむろに向かいの椅子に座って煙草に火をつけ、手招きをする。コーヒーでも飲みに行こうという誘いのはずがなぜか次第に「ねえ君、これから僕と、待合へ行かない？」と言い始める。「待合って、どんなとこ？」と聞くと、「待合[*44]って、料理屋のことさ。うまいものを食わす家だよ」との返事。承諾すると男はしきりに時間を気にしながら千束町[*45]の待合街へと好子を連れて行く。実は男、同僚三人と映画に来たが抜け出してお楽しみの後は何食わぬ顔で映画館に戻ろうという寸法でとにかく時間がないらしい。

到着した宿はなじみらしく、女将に「しばらくでございますのねえ」などと言われている。また客と宿屋で共謀して入口を閉められたらかなわないと思った好子、「お支度ができましたから。……」の女中の声に無理に別室に引っ張ろうとする男に対し、「私をダマシたんだね。死んでもいやだよ！　さあ、帰してくれなきゃァ、声一ぱいわめきますよッ！」と騒いではねのけた。辛くも魔の手からすり抜けたのだった。

第一六回は電車の中から始まる。上野行きの省線電車に乗っていると横浜駅で飛び込んできた酔っ払い。好子に目をとめて手招きや変顔で歓心を買おうとする。新橋で降りるとついてきて、変なことはしないと約束して高級おでんの小料理屋に行く。男は最初こそ「妹をつれてきたよ」などと言っていたが、杯を重ねるうちに「今夜は僕のいう通りになり給えな」などと言って抱きすくめるので、好子は即座に店を出た。

＊44　**待合**　もともと「待合茶屋」といい芸者と客が待ち合わせる場所だったが、明治以降は遊興（酒や余興を楽しむこと）をしたり男女が密会する場所となった。なお、待合は料理を出さず料理屋から出前を頼むため、男性の言うことは嘘である。

＊45　**千束町**　浅草区千束町二丁目（現台東区千束）辺りを指すが、は関東大震災までは私娼窟として有名だった。震災で壊滅した後もカフェーや銘酒屋、待合などはあったが活気がなくなった。

歩いていると、今度は道を尋ねる三〇歳前後の男に捕まった。「失礼ですが、あなたは、京都の阪妻《ばんつま》プロダクション*46にいらっしゃったでしょう?」と女優扱いをしてくる。人違いだというと自分は映画関係者に知り合いが多い、あなたを紹介することもできる、これから谷津《やつ》*47のプロダクションに行ってみよう、と強引に好子を電車に乗せた。

しかし、乗ってみると行先は市川真間だという。男のなじみの旅館があるらしい。着いたのは午前一時半、二、三軒も断られてやっと入った一流旅館で、どうやって逃げようか考える好子。支度ができたという女中に好子は突然「ね、あなた、今夜はお家へお帰りになって、あすの朝、十時ごろにでもいらっしてよ、ね」「さ、私も、お玄関までお送りしますわ」「じゃ、あすはきっとね! 待っていらっしゃいよ」と矢継ぎ早に言って男を追い出し、翌朝一〇時を待たずに「昨夜の人がきたら、どうぞよろしくっていって頂戴ね」と女中に言伝《ことづて》して帰宅したのだった。

第一八回は隅田川にて。夜八時ごろに川面を眺めているとベンチの隣りに座って話しかけてくる男が。とっさに女中奉公になり切る好子、休日に浅草をぶらついた帰りだと話す。男はすかさず、もっと稼げる仕事があると言うが、「まず、亀戸《かめいど》や玉の井ってところには、銘酒屋というのがあってね、お客のお酒の世話さえしてりゃ、一晩のかせぎ高が、まァ十円は下るまいってんですよ」と言う。亀戸、玉の井といえば最下層の私娼窟である。そしていきなり着ていたインバネス*48で好子を包むと「ねえ、悪いこたァいわない。若いうちが花——面白いめに会ってお金がたまるってんだから、それで花が咲かなきゃ嘘ですよ」と甘言を尽くし、好子の着物の裾に手をやったのでいよいよか、と思った好子は「おもちゃにされて、そのあげく売り飛ばされて、そんな花の咲き方があるかッ！　馬鹿ッ！」と席を蹴って立ち上がった。男は「この女、何もかも知ってやがらァ」と舌を巻いたのだった。

最終回の舞台は神田神保町。通りすがりの学生がウインクをしたと思うとUターンをして尾けてきた。フルーツパーラーに誘われて映画の話をするうちに、寄宿舎の部屋に俳優のスチールがたくさんあるから見に来いと言う。ついていくと金持ち学生らしく家具調度も高級なものばかり。大島の着物に着替えた学生、グレタ・ガルボやマレーネ・ディートリッヒの写真を見せていたうちは無事だったが、濃厚なラブシーンの写真を見せると急にキスを迫ってきた。逃げる好子を押し倒そうとしたそのとき、学生の友人が部屋を

*46 **阪妻プロダクション**　端正な顔立ちの二枚目として人気を誇った、歌舞伎俳優の阪東妻三郎が立ち上げた、日本初のスタープロダクション。

*47 **谷津**　千葉県習志野市谷津。当時、坂東妻三郎が設立した「大日本自由映画プロダクション」の所在地。

*48 **インバネス**　着脱可能なケープがついた男性用の外套のこと。スコットランド北西部のインバネス地方に由来する。

ノック。好子は渡りに船とドアを開け「あんまり女をアマクみるもんじゃあなくってよッ！」と啖呵《たんか》を切って抜け出した。

好子の化け込みの背後にあるもの

さて、一読してみてどう感じるだろうか。率直に言って、あまりに安易といおうか、あまりに類型的といおうか。若い女性がいかにもな繁華街に赴くだけで面白いように男性が寄ってきてすぐにホテルに連れ込もうとする。なにやかやあって最後は逃げるというただその繰り返しである。途中からは「おとといお出で！」（第一三回）、「お約束がちがうわ。では、さようなら」（第一六回）、「そんな花の咲き方があるかッ！　馬鹿ッ！」（第一八回）など好子の決め台詞で終わるパターンもできていて、溜飲を下げるためだけに消費する読み物に見える。化け込みの面白さのひとつは思いもよらない展開なのだが、型ができてしまってはつまらない。残念ながら先達、下山京子にはとても及ばない。しかし、これは好子のせいばかりとも言えないのだ。

この頃のことを本人が書いた記事「点と丸――婦人記者の草分け的存在たる筆者が綴る駆け出し時代の哀歓――」（『日本及日本人』爽秋、通号一五〇一、日本及日本人社、一九七一年）によれば、社会部長の宮崎光男に入社一日目で小手調べのようなかたちでこの企画を言いつけられ、一回目の原稿を見せに行くと真っ朱に直され、〈ああ、私の原稿、私の文章はどこにある。同じ人間が、異った化粧や衣裳によって別人のように変貌させられることがある。私の原稿も内容は変らないのに、その表現はすっかり変えられている〉と苦悩する羽目になる。追々修正は減っていったが、あるとき同僚にそのことを話すと「でも、あなたの書いた文章がいくらかでも残っていたなんて例外じゃないかな。（中略）ともかく誰が書いても残るのは、（点）と○（丸）だけなんだからなあ」と言われたとか。好子は部長の直した後の原稿を〈しかも面白い。生々《いきいき》している。ムダがない。口惜しいッ。けれど巧い〉と続けるが、その「ムダ」こそが婦人記者らしい観察眼であったり、成り行きに直接関係がないけれど面白い寄り道描写だったりするのではないか。もちろん、駆け出し記者の原稿がそのまま掲載に至るほどのレベルに達するとは思わないが、しかしこれが女性の上司だったらまた違った手の入り方があったかもしれないと思わないでもない。ちなみに、筆者は男性の書くものと女性の書くものに違いがあると言いたいわけではない。ただ、下山京子、中平文子、北村兼子の三人は女性の職業に化け込むことで彼女たちの境遇にときに寄り添いときに皮肉りながら、その苦労や楽しみを同性目線で描き出した。が、小川好子の化け込みは女性を囮にして男性を描く、男性目線の企画である。企画自体が明らかに男性のもので、そのうえ男性上司が真っ朱に直したとすると婦人記者としてのアイデンティティを求めて始まった化け込み企画が事実上、骨抜きになってしまう、そのことが少々残念なのだ。

とはいえこれはあくまで化け込み記者や化け込み企画を主にした物言いである。新聞社にしてみれば、面白くて受ければ成功だ。その意味では「貞操のS・O・S」はまぎれもなく大成功だった。

この連載の約四ヶ月後、「読売新聞」では六月二二日から七月三日まで同じく旗マロミの新連載「S・O・Sの女を乗せて」全一〇回が掲載されたが、こちらは職を探して上京した女性たちの危機を婦人記者が救うレポートで化け込みではない。しかし、旗マロミ＝S・O・Sという図式を新聞社が定着させようとしたことが察せられる企画名ではある。

また、別の媒体では「貞操のS・O・S」の焼き直しのような企画がいくつか持ち上がった。また「読売新聞」中京版でも探訪ものを行っている。

好子の素顔は霧のなか

小川好子について生年月日などのまとまったプロフィールを見つけることはできなかったが、「貞操のS・O・S」が入社一日目に命じられた企画であることから、読売新聞社会部には一九三二（昭和七）年一月に入社したと思われる。

小川好子。（『日本及日本人』、J&Jコーポレーション、1968年3月）

　前掲「点と丸」によると、本人は〈別に新聞記者に憧れていたわけでもなし、婦人記者として名をなそうなんてけなげな夢や望みを抱いたこともない。ただ、結婚する気はなし、といって学校やおかたい会社に就職するのはイヤ。まあ新聞記者が一番自分の性にあっていそうだと思ったまで〉で、〈大阪毎日新聞の社会部長平川清風氏の紹介状をもって〉「読売新聞」を訪ねたところ、社会部長宮崎光男に一瞥され、「女なんか使いもんにならんがネ。しかし命がけでもやる気があるなら、ともかく今夜から探訪に出てみ給え。使いものになるようなら入れてやる。ダメならダメ」と言われて内心驚いたが「もちろんそのつもりです！」と答えたという。

これが本当なら入社試験はなかったということか。腕試しの結果は大当たりだったわけだが、好子自身は今日こそはクビになるのではないかと戦々恐々だったらしい。その理由は原形をとどめないほどに原稿を修正されたからである。実は好子、小学生時代から作文には自信があり、出版社が発行する雑誌などにも短い読物などを寄稿していたという。文学少女のいわば初めての挫折だった。

さて、「S・O・Sの女を乗せて」（一九三二年六月二一日〜七月三日、全一〇回）の後は、「不良から観た現代娘気質　札付の不良と語る」（一九三四年九月三日〜六日、全四回）、ジャーナリストで新聞記者でもあった千葉亀雄が編集する『教育・国語教育』（厚生閣）に「現代独身女風景」（一九三三年四月号）、「辻君女教員を語る」（同年五月号）、「当世モダンガール行状記」（同年八月号）、雑誌『話』（文芸春秋社）で「深夜の東京を女が歩けば」（一九三四年七月号、八月号、全二回）を書くなどしたが、一九三八（昭和一三）年に退社[*49]して資生堂美容部に移る。

昭和三〇年代には「東京新聞」に移り（嘱託）、後に東芝が主婦向けに料理や教養を教えるカルチャースクール「東芝リビングサークル」の所長となるなど、いわゆるキャリアウーマンとして活躍した。

東京新聞社会部だった神田美貴子は『内幸町物語　旧東京新聞の記録』（内幸町物語刊行会、一九八〇年）のなかで小川好子のことを

濃い化粧でいつもスーツ。読売でならしたシャープな発想は部内でもピカいち。連載「こうして十年」は戦災で丸裸になった主婦が十年間の社会活動のすえ保護司になる話など、荒廃した戦後の復興期を、忍耐と努力で成長する女性像の描写で、読者の反響を呼んだ

としている。

ある意味で好子は、男性中心のマスコミ界にうまくはまったのだろう。それだけに、連載自体は受けたものの化け込みとしての独自性はあまり際立たなかった。やはり際物企画ははみ出し者の方が向いているのかもしれない。

*49　**退社**　時期を一九四〇（昭和一五）年とする資料もある。

化け込みブームとその後

下山京子から始まる化け込み婦人記者の系譜のなかで、筆者の考える代表的な三名の記事と経歴を見てきた。

連載開始時期はそれぞれ一九〇七（明治四〇）年、一九一五（大正四）年、一九二六（大正一五）年、一九三二（昭和七）年と一〇年程度の間が空いている。時代や記者の個性、媒体の特徴によって違いがあることは見てきた通りだが、忘れてならないのはこの間、化け込み企画が受けると知った他の媒体が我も我もと真似をし出した点だ。

本書の巻末（二七三ページ）に調べ得た記事一覧を掲げてみた。これらは氷山の一角と思われるが、それでも地方紙や言論誌、主婦雑誌、風俗雑誌、果ては映画雑誌までが化け込み企画に手を出していることがわかる。

気がつくのは、男性記者の化け込みが圧倒的に多いこと。分母が大きいとはいえやはりここでも男性が中心になっている。そして男性記者お得意の真面目なスラムルポも時を追うごとにエンターテインメント性が強くなっていることが見てとれる。

例えば「神戸新聞」の木工冠者「貧民窟探検記」（一九〇六年一二月六日～一二

＊50 **安達原の鬼婆**　八世紀頃に安達ヶ原（阿武隈川東岸）に棲んでいたという伝説の人喰い鬼婆のこと。この話は「黒塚」（観世流では「安達原」）という能にもなっている。

＊51 **「探検」気分**　この年に『探検世界』（成功雑誌社）が、二年後に『冒険世界』（博文館）が創刊されるなどし、またチベットに密入国し六年在住して帰国した河口慧海、千島や南極を探検した白瀬矗、自転車で世界一周無銭旅行をした中村春吉など多数の冒険家も生まれた。

＊52 **村上助三郎**　生年不明。著書『東京闇黒期』の序文によると障害（右手欠損？）を持って孤児として生まれ、思いつめて自殺を試みたが漁師に救助され、『新公論』（新公論社）、『冒険世界』『女学世界』（ともに博文館）などに変装スラムルポを連載し『東京闇黒期』（京北社出版）、『東京闇黒期 続編』（興文館）にまと

日、全一三回）は不謹慎なまでにコミカルな筆致が目立つ。冒頭に、

世に貧民窟探検を公にするものあり乍《なが》ら彼等《ら》は身自ら其《そ》の境に入りたるにあらずしてただ一塊の黄白を以て精之が事情に通ぜる者を買収し筆を以て恰《あたか》も其の堺にありたるが如く書す

とし、自分はボロボロの上着などを用意して変装して潜入することを明記している。が〈恐しい様な将又《はたまた》面白い様な感を抱いて二十九日の日没を待ち兼ね〉て貧民窟に向かったり、貧家の母を〈安達原《あだちがはら》の鬼婆[*50]を想像する〉と描写するなど異空間への「探検」[*51]を強調する。

また、「仮想隊の探検」（「読売新聞」一九〇九年四月二一日〜二三日）、「変装記者の出陣」（「報知新聞」明治四二年）などは記者の変装、仮装が主テーマにすり替わっている。

とはいうものの、村上助三郎[*52]や知久峡雨[*53]、北浦夕村[*54]など真面目な化け込みスラムルポが消えたわけではない。明治末期から大正にかけて「時事新報」、『新公論』（新公論社）、『冒険世界』（博文館）などに発表されたそれらは、それぞれ『東京最闇黒記』（村上助三郎、興文館、一九一二年）、『東京最闇黒記 続編』（村

めた。その後雑誌『労働と経済』の発行人となる。

*53 **知久峡雨（泰盛）** 一八八二（明治一五）年、茨城県古河市生まれ。本名政太郎。同窓の小林正盛が経営する真言宗の雑誌『加持世界』（加持世界社）を手伝った後、『新公論』で化け込みスラムルポを書く。しかし酒乱のためにいられなくなり剃髪。京都に行き、明治末から一九一四（大正三）年ごろまで真言宗の機関誌『六大新報』を編集した。一九二一（大正一〇）年ごろには「國民新聞」などの記者として静岡、大阪や大分に住む。結婚後は広告文や著作代筆などを行なう。一九二五（大正一四）年死去。

*54 **北浦夕村** 一八八六（明治一九）年生まれ。いくつかの夜学に通い三〇歳で「大阪時事新報」社会部に入社。「東京時事新報」青島従軍記者の後、一九二二（大正一一）年に大阪市嘱託となる。

上助三郎、興文館、一九一二年）、『記者探訪　裏面の東京』（知久桟雲峡雨、山形屋書店、一九一三年）『変装探訪　世態の様々』（知久桟雲峡雨、一誠堂書店、一九一四年）、『東都浮浪日記　附就職難』（北浦夕村、崇文館書店、一九一三年）にまとめられ、いわば第二次スラムルポブームを形成した。

村上助三郎は「自序」に孤児であったところを漁夫に拾われたという来歴を記し、「一命を捧げて貧民の消息を研究せり」と下層社会に迫る必然性と自負を強調している。とはいえ、先達の桜田文吾や松原岩五郎ほどの気迫は薄れ、多分に読み物的ではある。

その他、目に付く企画をざっと挙げてみると、花水「楽屋の裏表俳優修行日誌」（「大阪時事新報」一九〇八年四月八日〜八月一八日）は記者が駆け出しの俳優に化けて劇団に潜り込む企画だが、俳優生活二七日間、連載の続くこと実に一二五回、もう記者なのか俳優なのか本職も分からなくなりそうだ。また、有名記者を仮装させて街中に紛れ込ませ、見つけた読者に賞品を出すという「新聞記者の化け比べ」（「神戸新聞」一九〇八年二月二一日〜二月二八日）は派生形もしくは亜種。化け込みが当たって以降、記者を街中に放つだけで経費いらずのワンアイディアものも増え始めた。記者が一般人を尾行する「尾行記」

（「読売新聞」）、記者が変装して旅をする「忙中閑　一与太ニ茶目変装旅行記」（『支那と日本』第二年〈五〉、中国民国通信社）など枚挙に暇がない。また、風俗誌『うきよ』（楽文社）は多数の化け込み企画と同時並行で記者が繁華街を「征伐」「点検」「横行」するレポートをほぼ毎号掲載。「婦人記者市中夜行記」（第一九号、一九一四年九月）などは変装こそしないものの一般女性を装って歩き回り、怪しい男が渡してきたメモや名刺の現物を掲載するなどした。なお、誰に頼まれたわけでもない「征伐」をやりすぎたか「臨時増刊 大征伐号」（第三四号）が風俗壊乱[*55]で発禁になったのはご愛嬌である。

もちろん、婦人記者の化け込みも続いた。

英美子《はなぶさよしこ》の「美貌も美服も金も学問もない　プロ女の新商売　変装労働の体験記」（「読売新聞」一九三〇年八月一八日〜八月二九日、全一〇回）はヤケクソ気味のタイトルが目を惹くが意外にも真面目な化け込みである。プロ女とはプロレタリア女の意味で、文学、映画、演劇など労働運動が芸術の分野にまで波及した一九三〇（昭和五）年らしいタイトルである。美子が化け込んだのは〈手不足なお家庭廻りの洗濯屋。故郷を遠く離れて勉強している学生さん達の、お母様やに《ママ》成り替る親切な洗濯屋―靴下もついで上げたり、綻びも繕って上

＊55　**風俗壊乱**　社会の風習、風俗を壊し乱すこと。出版法の発売禁止理由には思想的に危険とされた場合に適用される「安寧秩序紊乱」と、性描写が過激な場合に適用される「風俗壊乱」の二つがあり、後者は地方長官が判断するため基準が曖昧だった。

美貌も美服も金も学問もない

プロ女の新商賣(一)

変装労働の体験記

まゝよ頑ばれ々々

鬼が出るか蛇が出るか

英美子

資がなく、腕力がなく、年齢も若くなく、容貌も麗しくなく、他所へ住み込みでない――斯う無いものづくしの上に今一つ、前例の無い仕事で……ときました。有る、のは、健康な二つの腕と、二本の足、興覚め證一つを頼みとして、女性の生きてゆく道《みち》――といふ難問題を「よろしうございます」と、引受けたものゝ、いざとなると、全く記者も前を捻つて了つたのでした。

〓世相の表を

そこで考へてみる〻に、兎《と》にも角《かく》にも明るい太陽の下《した》にどこまでもうしろめたいことなしに、人に問はれて胸を突き出して話せるやうな、正々堂々とした仕事《しごと》で「無いもの盡し」がどこまで、失業失業、生活難々々の聲の姦しい現在の世相の裏をゆくことが出来得るものか。まゝよ。

〓變裝で見參

廉恥を捨て〻骨惜しみをしないでやつたなら、何か一つや二つ女性の得る仕事の無いこともあるまい。「働かざる者は喰ふ能はず」といふスローガンもさることながら「働く仕事はなくとも喰はねばならぬ」人間の、其の境遇に成り切つて、明日の紙上から暫時の間、讀者諸姉の前に、私は變裝でお目にかゝらうと思ひます。案外善良で、太ッ腹のくせに心性で融通のきかない私が、何をやり始めるか?

〓やく手は?

もの〻見事に失敗《しつぱい》に歸するか、何處に如何に働きかけるか、どこまで酷使と抵抗してゆけるか――ひたすら、讀者諸氏の叱咤と、激勵と、あたゝかな聲援とを心から希つて――(寫眞は變裝前の英記者)

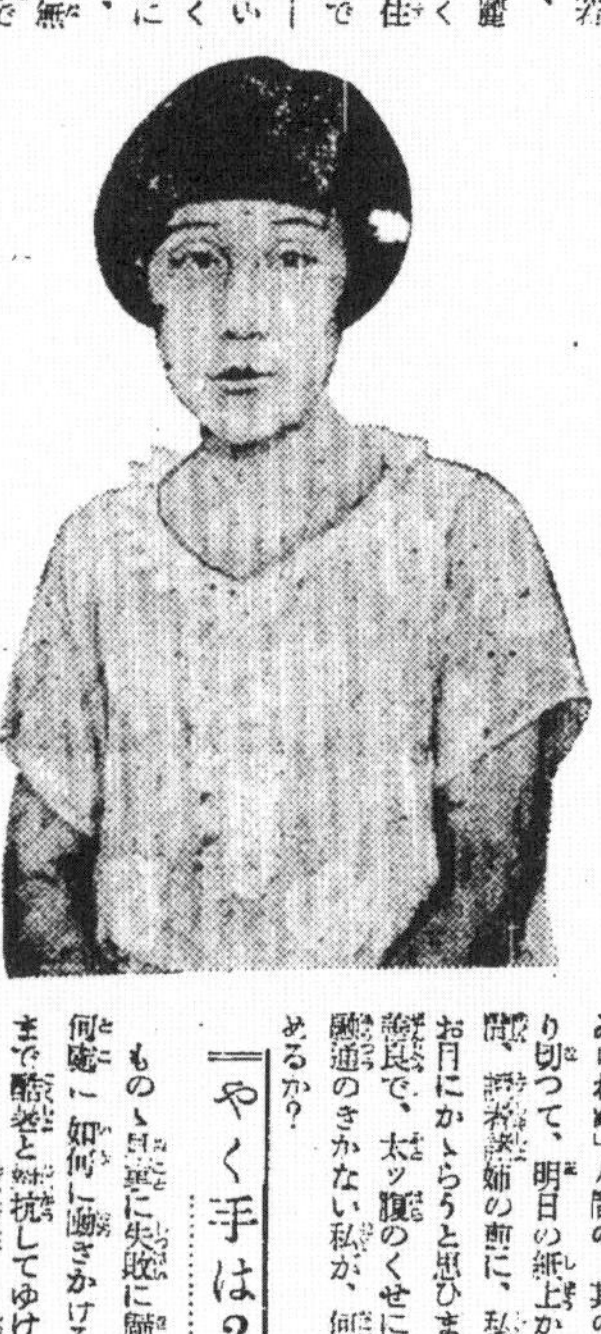

「美貌も美服も金も学問もない プロ女の新商売 変装労働の体験記」第1回。(1930年8月18日付「読売新聞」)

げたり―〉という新商売で、いわば流し[*56]の洗濯屋。特別な資格や技術もない女性が〈正々堂々とした仕事で〉どれほどもらえるかを検証するという。チラシを配って家庭を訪問するも断られること幾数回。立教大学の学生寮と最終回から二番目に行ったカフェー・オーロラの二ヶ所でやっと洗濯物を預けてもらえた。最終回にはプロ女らしく洗濯物の種類、品数、賃金の一覧を掲載。売上は一三日間で一七円六一銭、一日純利益平均一円三五銭、ただし市価の半額で請け負ったため本来はもっと稼げるとも書いている。

英美子は女性詩人の先駆者の一人である。本名は中林文、一八九二（明治二五）年に旧家の一人娘として静岡市に生まれた。結婚して一男[*57]をもうけるも離婚。記者や文筆業などをしながら詩作に励み、左翼作家の井東憲と一男[*58]をもうける。日本現代詩人会に所属し、九〇歳で亡くなるまで精力的に活動した。子供を女手ひとつで育てながら懸命に働いた美子にとって、「プロ女」は実感のこもった言葉だった。

それにしても、明治末期には下層社会に潜り込んで彼らに同情していた婦人記者が、昭和初期には女性の自活の研究のために化け込むとは、時代も変わった。だが、評論家の千葉亀雄が欧米の婦人記者を評価した際の言葉、〈社会建設に役立つ〉化け込みの本当の姿がここにあると言えるのではないだろ

*56 **流し**　客を求めて移動する形態の仕事のこと。

*57 **一男**　離婚の際に生き別れたが一八年後に海軍中尉として戦死した後に対面した。

*58 **一男**　クラシックギター奏者の中林淳真。

うか。

ブームも下火に

一九三〇年代末ごろから化け込み記事は次第に姿を消す。筆者の調べ得た限り一九三七（昭和一二）年五月の「記者の労働体験記　俄か仕込みの店員に化けて百貨店の売り場に働く」（『婦女界』五五〈五〉）が最後である。

一九三七（昭和一二）年といえば日中戦争開戦の年、時世的に化け込みどころではなくなったのだろう。翌年には国家総動員法が成立し、新聞や雑誌など出版物の検閲、指導、制限が強化されることとなる。また、この年から弱小紙の整理、統合が開始され、一九四二（昭和一七）年に「一県一紙」となった。では、婦人記者の動きはどうか。

一九四二（昭和一七）年に言論統制団体である日本新聞会が設立され「新聞事業令」が施行される。記者資格銓衡《せんこう》に合格した者だけが活動できるようになるが、登録された婦人記者は三九名（登録記者は八八〇〇名）である。多くは婦人欄、家庭欄を担当したが、内容は節約、勤労奉仕、生活の工夫など戦時下らしいものとなる。もちろん化け込みなどは望むべくもない。

＊59　**CCD**　第二次世界大戦後、日本に置かれたGHQ（連合国軍最高司令官総司令部）の

一九四五（昭和二〇）年に太平洋戦争が終わると、出版物もGHQの管轄下となる。検閲機関「CCD」[*59]と啓蒙機関「CIE」[*60]（非公開組織）が直接統制する体制は一九四九（昭和二四）年まで続いた。

戦後には化け込みの歴史が終わるかといえばそんなことはない。舞台は週刊誌に移り、一九五〇〜六〇年代にはキャバレーや温泉街、風俗店の接客など男性読者をターゲットにしたセクシー路線になっていく。書き手も記者というより女性のライターや官能小説家などに様変わりする。こうなるとほとんど別物である。

この時代はいわゆる「ウーマンリブ」[*61]前夜、「売春防止法」[*62]前夜にあたる。戦後、民主主義の世の中となり解放された出版界に性的な記事が大流行。化け込みもその文脈に巻き込まれたのだろう。しかし、一九七五（昭和五〇）年には、上司からポルノ路線の記事を強要されたスポーツ紙のベテラン女性記者が退社、「東京新聞」の女性記者九人が連盟で糾弾ビラを配るという事件が勃発している。男性の総局長は労組に追及されたと『週刊文春』（文藝春秋社、一九七五年九月一八日号）にはある。明治は遠くなりにけりである。

さて、ここまで婦人記者たちの経歴や化け込み記事を追いながら、その変

民間検閲支隊。

*60 **CIE**　GHQの民間情報教育局。文化面の情報収集と行政指導、教育制度改革などを担った。

*61 **ウーマンリブ**　女性解放運動「Women's liberation movement」のこと。男女同権、職業や生き方の選択の自由などを求めてアメリカで始まり、日本では一九七〇年（昭和四五年）に第一回ウーマンリブ大会が開催。八五年の通称「男女雇用機会均等法」制定に大きな役割を果たした。

*62 **売春禁止法**　一九五七年（昭和三二年）に制定され、翌年施行された、売春を助長する行為の処罰、性行または売春を行うおそれのある女子に対する補導処分及び保護更生、売春の防止を図ることを目的とする法律。これにより、貸座敷、カフェーなどが営業する「赤線」地帯が廃止された。

遷を辿ってきた。

婦人記者の限られた職分を打破するために（そして多少の功名心を慰撫するために）下山京子が始めた化け込みは大きなブームとなり、破格に逸脱した中平文子や、特別に優秀な北村兼子、順応性の高い小川好子らを巻き込んで台風のように過ぎ去った。

ジャーナリズム史にとって婦人記者の化け込みは、キワモノ、泡沫企画であるかもしれない。

しかしながら、にも拘らず、彼らの残した意義や魅力を感じて取っていただけたのではないだろうか。

次の番外編は「化け込み記事から見る職業図鑑」とし、取材対象に焦点を当てる。社会の変化や技術の進歩により消えてしまった職業もあれば、今も脈々と続く会社もある。

化け込みを通して当時の生活や文化をあらためて知るよすがとなることを望む。

化け込み記事から見る職業図鑑

番外編

職業婦人を描いた「職業婦人三十態」。（『婦女新聞』〈1561〉、婦女新聞社）

三味線弾き

「三味線弾きとなって細民窟と花柳街を歩くの記」
新公論社『新公論』二七（一一）、
一九一三年

三味線弾きへの化け込み

夫に三味線弾きとして裏道を流してくれと言われた記者は「でも私にそんなことが出来よう筈がないじゃァありませんか、乞食みたいな……」と反論する。しかし「自分だって平生云うことじゃないか色々細民について学者や職掌ある人が調べたのを見ても私等《ら》のように実際貧乏で其仲間に触れて見《み》ないと矢張《やっぱ》り解らないんだと」と言われ何も言えなくなる。幸い、芸事が好きな父親に仕込まれて清元[*1]ができる記者、見よう見真似で紐を輪にして三味線を通して持ってみた。その姿のまま本所に着いて試しに少し弾くと途端に三味線が紐から外れてしまう。荒てていると「オヤ〳〵流しの姐さん、まご川しないネ」と声がかかる。「俺のうちへ来て一ツ弾いてくんな……つい此先《このさき》だから……」。見れば職人風の男、言われるがままに後ろを歩くと馬肉屋の脇を入っていく。

格子を開けて「一人引張って来たよ親方ッ」。奥から主人らしい男性とおかみさんが出てきた。六畳の茶の間と八畳の座敷、仕事場らしきところもある。「おー亀さんも初さんも兼《かね》も出ておいでよ」の声に三、四人の職人が席につく。食事の時間らしくお銚子が行き交う。女性は女将さんと記者だけとあって「流し屋さんお酌の手伝いもしておくれな」と言われる。「ハー」と立とうとすると「頭の手拭いをとりネーな」とまた注意される。取ると「オヤ高襟《ハイカラ》だ」と髪型を笑われる。堪らなくなって帰ろうとすると「マヽ待ちネー一体お前さんは何か芸が出来るのか、三味線持って淫売《ひっぱり》*2に出たんなら引張りで相談は別にあらア、ザックバランにやって呉《く》んなよ」。主人は「姐さん怒ちァイケない、お前さんモー些《ちっ》とサバケなくちゃア、余り済《す》ましこんで居るもんだから職人は口が悪くつてネ……腹も立とうがマー少し辛棒してお呉《く》れ、御祝儀は必ずしますからネ、今日は引越《ひっこし》の祝でネ」と慰めるので記者は座り直した。そして請われるままに清元の「明烏《あけがらす》」下の巻*3や「喜撰《きせん》法師」、端唄《はうた》*4の「宇治茶」「秋の夜」など次々に演奏。帰り際に五〇銭を受け取った。

　次に声をかけられて向かった家は狭い平屋。六畳一間におかみさんと四五、六歳の労働者と一〇歳くらいの娘の三人家族が暮らしているらしい。床にはおかみさんの内職の麻屑が散らばっている。膳に鯵が五つ六つとお新香が載っている。ひとしきり演奏し、一〇銭銀貨をもらう。この辺りはいわゆる貧民街で二銭分やってくれとか一曲一銭でやってほしいという要望が多い。奮発してたくさん歌うと「金のある時是非また来てお呉れよ」と頼む者もいた。

　柳橋から両国公園に着き、一休みしているとこざっぱりした男性に声をかけられた。聞けばワイロ屋（声色使師《こわいろづかい》）で伴奏者を探しているという。やったことがないと一度は断るが「主に柳橋、新橋、赤坂、神楽坂、下谷とあらゆる花柳街を稼業ん《（ママ）》ですから」と言われ好奇心が湧く。

　翌日の午後七時に池之端で待ち合わせ、待合に行くと芸者たちが腕車から降りてくるところに行き合った。どうも先に座敷に出ている芸者たちが友達

三味線弾き

の芸者を呼び寄せたらしい。声色屋は部屋に入るなり声を張り上げて、

エー御機嫌様――○の家《や》さんのお表二階をなしただ、ア、サア、（旦那様の意）エー過日御覧の歌舞伎また帝劇明治市村新富お近間本郷座[5]などお耳新らしい所を伺います、エー姐さん日外《いつぞや》は有難う存じます、――（二階ではお客の笑声やら三四人の芸者の取り持ちで大陽気である）――エーダナサアお笑《わらい》で御座いましてエー御機嫌のおうるわしい処を一ツ…カチ〱（拍子木《つけ》の音）エー何かお好み遊ばして……エー誰《だれ》伺います帝劇の幹部松本幸四郎紀之国屋六代目音羽屋播磨屋吉右衛門[6]、伊井河合喜多村抔《など》[7]御贔屓《ひいき》お好み遊ばして、カチ〱お座敷の御余興に――エー宜しう姐《ねえ》さん」カチ〱

「紀の国屋[8]」とリクエストを受けて早速真似を始める。芸者が紙に包んだものを投げると、「これは姐さん有難う旦那サ只今《ただいま》有難う」と言いながら包みを見て続きをやり終わり、「どうも有難う、姐さん有難う」と言って次の待合に向かう。ふと二階から「伊井ッ」と注文が来て紙包が落とされる。誰

三味線弾きに化けた婦人記者と声色屋。（「三味線弾きとなって細民窟と花柳街を歩くの記」『新公論』27〈11〉、新公論社）

三味線弾き

の声でも自由に出る芸人に感心しながら三味線を弾く記者。すると次の待合で「音羽屋[*9]をと仰しゃいますよ」と女中が紙包を持ってきた。声色屋、少し菊五郎の真似をしたと思うとやめてさっさと行ってしまった。芸者と旦那も「アラ行って了《しま》ったわ――」「何かやらないのか」と不思議そう。記者が追いかけて聞いてみたところ、「なにお客は金を出したんですけれど……アノ注文なら少なくも三十銭は出たんですが、女中が途中でネ……お客には気の毒だが唯《た》だやる訳には行きませんよ」。つまり女中がピンハネしたと言うのだ。では芸者はしないのかと聞くと、芸者は好きな役者の声を聞くためなら自腹を切ってでも出すそうな。もう一軒回ったところで歩いていると同業者に出会った。後で聞いたところでは三味線を剃刀《かみそり》や卵で弾いたり頭の上で弾いたりする曲弾き名人らしい。記者はあらためて、

私は今迄《いままで》大道芸人と高を括って居ましたが、此《この》仲間を観て驚いたのは一種の天才であることで、聞いてみるとコワ色とて誰《だ》れも教える師匠があるのでなく、皆自分等が芝居好きで覚えたのでありますから、真似よ

うって真似られる訳では無いのであります、

と感心する。そして彼らは実は財産家かその息子で、一身代すって芝居道楽をした末に声色屋を始めたということを知り、さらに驚く。帯同している彼も魚河岸《うおがし》の魚問屋の息子で芸名は森松であると言い、鑑札[*10]まで出して見せた。

二人で歩いていると突然、「こんな処で邪魔しちァ行かん――うーん」と言いながら去っていく人がいた。驚いて声色屋に尋ねると刑事だという。曰《いわ》く、待合で〈非常通信《しらせ》〉のお礼をもらった帰りがけについでに注意したのだろうとのこと。非常通信とは何かと聞けば、警察から抜き打ちで手入れがある時に事前に情報を漏らすことを指し、後で待合からその対価をもらうらしい。そうこうするうち、また「コワイロ屋さん二階へ登って頂戴なー」と芸者の声が二階から聞こえた。

行ってみると五〇代の洋服の男性と三〇歳くらいの和服の男性がいずれも二〇歳前後の芸者の膝枕で寝転がっている。声色屋は「ダンサー有難う存じ

三味線弾き

ます、姐さん毎度有難う存じます」とお辞儀をし、黙っている記者に目配せをするのでやむなく「毎度……」と言ってみるものの不愉快さを禁じ得ない。客は半分眠りかけたような目で「ウー」。芸者が「旦那幾何《いくら》上げて?」「五十銭で可《い》いだろう」「二人なんですもの二円位は可いでしょう」「よし〳〵」芸者に言われて嬉しそうに頷く。その姿を見た記者は、〈この方の奥さんは今頃何をして入《い》らっしゃるだろう、御針仕事か、ピアノか、琴か、まさかに芸者の膝枕にういた鄙猥《ひわい》な言葉にうんでコワ色を聞こうと思召《おぼしめ》さる迄に遊蕩《あそび》疲れたとは御存じあるまい〉と考える。

外へ出ると同業者の金さんに出会う。曰く「今日はさっぱり抜けない、おまけに今〇〇家で河合さんを好まれたから初(ママ)めると、どうだい森さん聞いてお呉れよ、それが河合さんの神さんでネーうちの人はそんな下手じアない筈だがネーモー少し勉強してお出《い》でとよ。——僕は男泣きに泣いたよ、こんな商売はモーよしだ」。

深夜一二時近くになって声色屋から報酬として一円札を渡された。お座敷があったからとのことで日当だけでいいと言うのに無理に押しつける。帰宅

三味線を演奏する旅芸人。（小沢昭一『日本の放浪芸 オリジナル版』、岩波現代文庫）

すると夫に「その一円で牛でも驕《（ママ）》れ、その苦心談を聞こう」と言われた。一夜の経験を話すと「浅薄で材料にァ無《（ママ）》らないよ、アハゝゝゝ」と悪口を言われて終わった。

遊芸人の仕事

記者が三味線弾きを体験する前に「乞食みたいな（ことはできない）」と蔑むがこれには少し説明が必要となる。江戸時代、乞食は非人とも呼ばれ、被差別地域出身者以外の、貧困者や心中などを含む事件を起こした者も含まれていた。過去に町人だった非人はそれなりに文化に親しみ楽器の演奏も可能だったため、生まれた土地を離れて浮浪し、芸人として流れ込んだ。

一八七一（明治四）年にいわゆる「賤称廃止令」が布告され、「辻芸門芝居等賤敷遊業ヲ以テ渡世イタスベカラザル筈ニ付、以来町村ニ於テ厳重停止致

三味線弾き

可事」とされたが実態はとくに変わらず。政府は彼らを安価な労働力である工員として働かせようとしたり養育院などに収容しようとしたが、あまり成果も上がらなかった。むしろ、松方デフレ政策（一八八一年）などの影響で農村はますます困窮し、貧民は都会に出るしかなくなった。

人の家の前に立って演奏する門付芸人や大道芸人にはさまざまな種類がある。正月に来る獅子舞、猿回し、鳥追いのほか、歌を歌って踊る飴売り、祭文《さい》語《もん》り、月琴などを演奏する法界屋、世相や事件を歌って唄本を売る演歌師、盲目の三味線弾きの瞽女《ごぜ》、三味線ならぬ琴をかついでかき鳴らす者、その他自分で考えたあらゆる芸を行う芸人がいた。いずれも暮らしは楽ではないだろうが、演歌師などは「彼等には遊女、工女、女掏摸《すり》などという極めて金離れのいい常連客があって、一回そのお望みのお座敷にでも出れば、其の時の話っ振り或は又唄い振り等で、莫大なチップが貰えるのである」（和田信義『香具師奥義書』、文芸市場社、一九二九年）。これは化け込み記事の声色屋を見てもわかる。といっても独り者ならいざ知らず妻子や母を養っている者は楽な生活とは言い難い。また、声色屋は団体を組み、病気や事故の際に使うための積立金をしたり、収入の良い者が悪い者に分けたりと助け合う義務もあるという。小沢昭一によれば、声色屋は一九七〇年代の新橋にもいたようだ（『日本の放浪芸　オリジナル版』、岩波現代文庫、二〇〇六年）。

DATA

数字で見る遊芸人（一九一三年）

鑑札代：一等は年に三、四〇円
正月、盆などの一月の収入：一、二流で五〇円、三流で三〇円
二月、七月、八月、一二月の一月の収入：二〇円弱

三味線弾き

*1 **清元**　清元節。三味線音楽の一種。一八一四（文化一四）年に江戸で清元延寿太夫が始めた浄瑠璃の一派。歌舞伎や歌舞伎舞踊の伴奏や音楽としても演奏される。明治から昭和にかけて浪曲や端唄同様、庶民の誰もが知っており習い事の一つともされた。一三ページも参照。

*2 **淫売《ひっぱり》**　街娼の隠語。道に立って通行人の袖を引っ張るところから。

*3 **「明烏《あけがらす》」下の巻**　正しくは「明烏花の濡衣」。一七六九（明和六）年に起きた花魁と客の心中事件をテーマにしていてもとは新内節（浄瑠璃の一流派）。上の巻「花魁浦里の部屋」と下の巻「山名屋奥庭の段」があり、上の巻では男女の逢瀬と別離、下の巻は楼の遣り手婆に男と別れろと雪の中で折檻される場面を描いている。

*4 **端歌**　数分の短い三味線歌曲。作者不明が多く言葉遊びや風刺の効いた歌詞が多い。劇場ではなく家庭で演奏された。

*5 **歌舞伎また帝劇明治村新富お近間本郷**　当時の劇場の名称。

*6 **松本幸四郎紀伊国屋六代目音羽屋播磨屋吉右衛門**　松本幸四郎は七代目松本幸四郎、紀伊国屋は七代目澤村宗十郎、六代目音羽屋は六代目尾上菊五郎、播磨屋吉右衛門は初代中村吉右衛門のこと。それぞれ当代きっての歌舞伎役者である。

*7 **伊井河合喜多村**　新劇役者の名前。伊井蓉峰、河合武雄、喜多村緑郎。新派三頭目と呼ばれた三人。

*8 **紀の国屋**　歌舞伎役者、澤村家の屋号。

*9 **音羽屋**　歌舞伎役者、尾上家の屋号。

*10 **鑑札**　市町村など公的機関が発行する許可証。おもに地方税徴収のために定められた法に基づく。

電話消毒婦

「婦人記者　電話消毒女になる記」楽文社『うきよ』一八号、一九一四年

電話消毒婦への化け込み

　風呂敷に包んだホルマリン液の瓶を抱えて赤坂の花柳街を歩く婦人記者。田町の大看板「林家」（置屋）に行き、表にいた一五、六歳のお酌[*1]に「今日《こんにち》は」「お電話の消毒に参りましたが何方《どちら》から伺ったら可《い》いでしょう」と声をかけると勝手口の隣りの木戸を示された。入ってみると寝転んで新聞を読んでいる二代目林子《りんこ》が慌てて起き上がる。再び用件を告げると横柄に頷き、「一寸《ちよいと》愛ちゃん、さアちゃん電話の消毒屋が来たわ」と奥に向かって怒鳴った。愛子が奥から二つの消毒器を持ってきたので記者は薬液をさして巡回証のカードを出し、認印を押してもらった。

次に出かけたのは待合「千鳥」。ここでは電話室に案内された。「金林《かねばやし》」ではおきんという芸者が歌舞伎役者市村羽左衛門との間にできた[*2]五歳の女児を遊ばせているところを見かけるなどし、その他待合を二軒回ってから神楽坂の花柳街に移動する。

置屋の「蔦永楽《つたえいらく》」では女将《おかみ》が「家じゃ卓上だから消毒器なんか不用《いら》ないんだけれど折角《せっかく》廻ってくれるもんだから断るのも気の毒と思ってつけておくのよ」と言いつつもお茶を注いでくれる。「暑いのに大変だね、然《そ》うやって一日外を歩いて何《ど》の位貰えるの」「幾らにもなりませんの」「日当一円位かえ」「什《ど》う致しまして其《その》半分も頂けないんです」「おやまア」と驚く女将。「嫌だねえ、家の妓《うちのこ》の一日のお小遣いにも足らないんだよ、それよかお前さんなんか芸妓《げいしゃ》にでもなっちまえば可《い》いのに」「全くだ此姐《このねえ》さんなんかラツも拝める[*3]んだから外なんぞ歩かせるのは実際惜しい」。若い女性を見ると割のいい仕事として芸者を勧めるのはこの業界のお決まりである。

外に出ると「千松葉《せんまつば》」の呑子《のんこ》が一五、六歳の内箱《うちばこ》（芸者のお世話をする者）とパラソルで顔を隠して立ち食いをしているところに遭遇。また、中年増《ちゅうどしま》の芸者が「和合」（待合の名前か）に入っていったので近くにいた一二、三歳の女の子に今のは誰かと聞いたところ、「川松葉の濱次《はまじ》姐さんよ」と言う。客の名を聞くと「知らない」とにやにや。仕方なく十銭銀貨の賄賂を渡すと「区長の古本さん」と一言。風俗街に住む子どものしたたかさに驚かされる。

富士見町の置屋「千代本《ちよもと》」では団扇《うちわ》を勧められ、「貴女《あなた》のところじゃ廻ってくる方がよく変るのねえ」と言われる。

待合「梅川」にも顔を出し、電話消毒婦に身をやつして花柳界を覗き見した記者のレポートは幕を閉じた。

電話消毒婦の仕事

日本に電話機第一号がやって来たのは一八七七（明治一〇）年、A・グラハム・ベルが実用化した翌年のこと。一八九七（明治三〇）年には加入登録制度が開始され、高価にもかかわらず希望者が殺到。一九一六（大正五）年までに三回の拡張計画を経て次第に都市と地方に普及した。といっても各家庭に

電話消毒婦

逓信省認可の電話口消毒器。（さえきあすか氏撮影・所蔵、「まぼろしチャンネル　ガラクタ共存記　明治・大正・昭和の古物案内」
http://mabochan-saeki.blog.jp/archives/34781212.html）

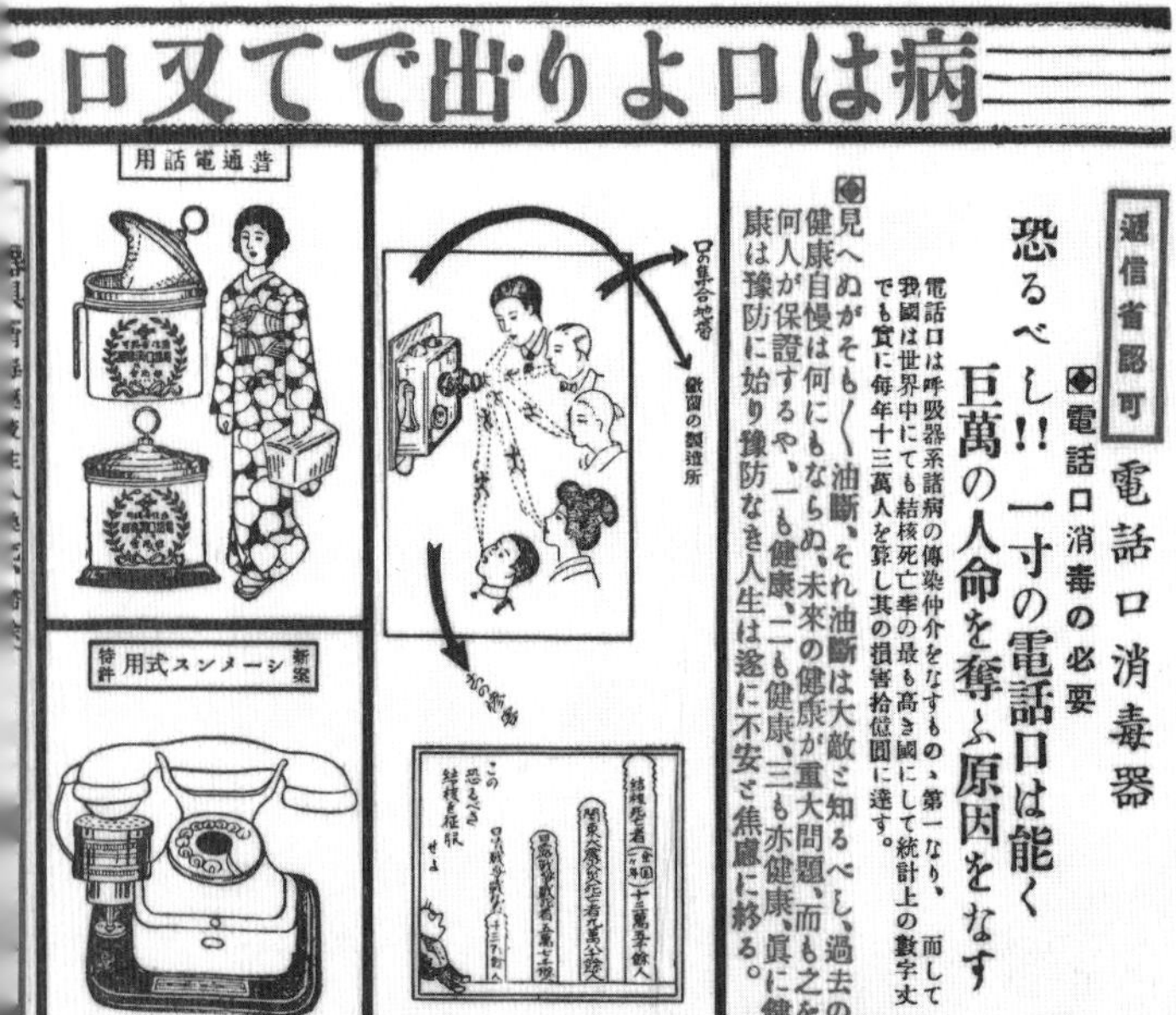

電話消毒婦の宣伝チラシ。(「電通セントラル株式会社」所蔵)

電話消毒婦

電話機があるわけではない。実業家や政治家など一部の家庭、官公庁、新聞社、株式仲買、工場やサービス業などに設置されていた。貴重なものだったことや周囲の雑音によって聞き取りにくいなどの理由で電話室を設けているところもあった。

電通電話消毒の歴史は電通セントラル株式会社社史『50年のあゆみ』に詳しい。それによると一九〇一（明治三四）年、不動貯金銀行（りそな銀行の前身）に勤務していた薗田要次が電話機送信口の不衛生さに気づき考案したものという。明治半ばから昭和にかけては結核、コレラ、ペスト、赤痢、チフス、

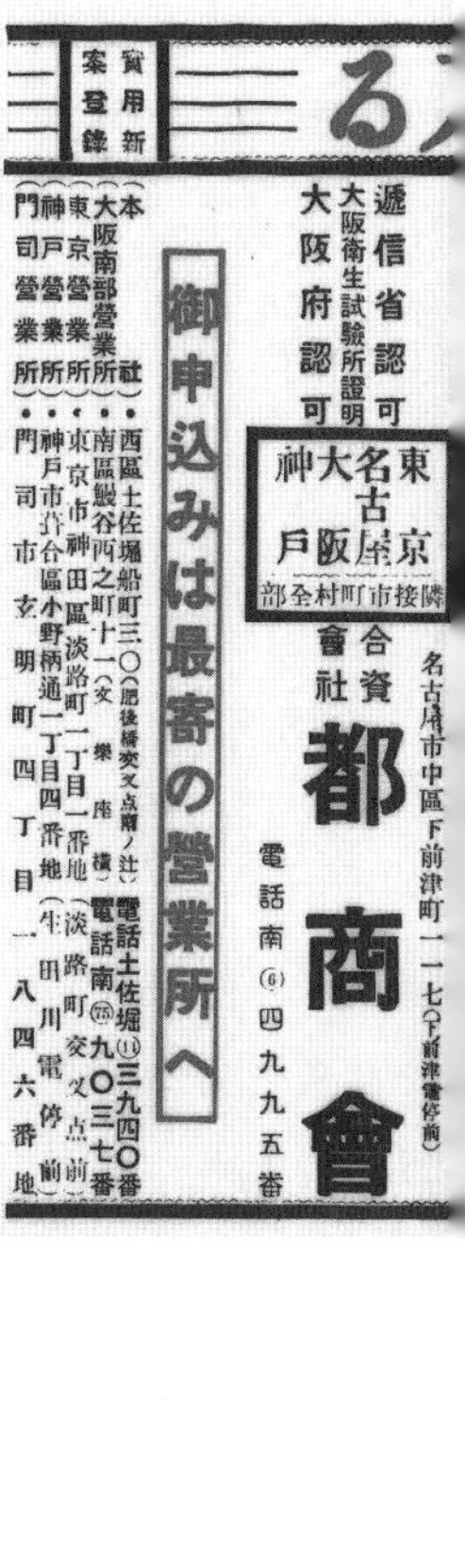

インフルエンザなど伝染性疾患が猛威を振るっていたのである。時の逓信大臣大浦兼武に陳情すると逓信省はこのような機器は欧米に存在しないという理由で許可を保留にしようとしたが大臣が一喝、逓信省許可第一号として商品化された。

薗田は一九〇三（明治三六）年に大阪四ツ橋（現四ツ橋駅付近）に「浪花商会」を創設、電話消毒事業を始めた。開業当時の消毒婦たちは島田髷《まげ》に髪を結い袴姿でバスケットを持って歩いており「時代の先端をゆくモダンガールとして、市民の羨望の的とな」ったとは『50年のあゆみ』の言葉である。翌年には横浜で二社、東京で一社が開業するなど電話消毒の習慣が瞬く間に広がった。当時の換剤（薬剤交換作業）の値段は月三回、四〇銭だったという。明治末期から大正にかけては都商会、八千代商会など同業者が二〇社近くに増えたが、東京では一九二三（大正一二）年の関東大震災で公衆電話の三割が消失、多くの家屋も被災したため苦難があった。

消毒婦の仕事は各所に設置されている円筒形の消毒器に薬液を補充して廻るもの。消毒器は蓋の部分に円錐形のスポンジがついていて受話器部分を拭う。なお、一九一四（大正三）年の化け込み記事によれば給料は日当五〇銭、現在の約二〇〇〇円に当たる（小学校教員初任給で換算）。お小遣い程度ということがよくわかる。

DATA

数字で見る電話と電話消毒業（一九一四年）

東京市内電話加入者数：四万一二四八件（およそ六八人に一台）
薬剤交換料：一ヶ月三回、四〇銭
電話消毒婦の日当：五〇銭

*1 **お酌**　京都では舞妓、関東では半玉ともいう。芸者になる前の見習いで一二歳〜一七歳くらいの少女。

*2 **市村羽左衛門**　一八七四（明治七）年生まれ。本名は市村録太郎。フランス系アメリカ人の外交官の父と日本人の芸者の母の間に生まれ、四歳で一四代目市村羽左衛門に養子に出される。初舞台は一八八一（明治一四）年。一九〇三（明治三六）年には一五代目市村羽左衛門を襲名した。美貌が有名で「花の橘屋」と呼ばれ数々の浮き名を流した。一九四五（昭和二〇）年没。

*3 **ラツも拝める**　顔がいいの意。「ラツ」は「面」を音位転換した隠語で顔のこと。

電話消毒婦

女中奉公

「紳士の家庭へ仲働きとなるの記
其一」「同其二」
新公論社『新公論』二八(一〇〜一一)、
一九一四年

女中への化け込み

記事は婦人記者が桂庵《けいあん》(職業紹介所)に行くところから始まる。〈御承知の通り桂庵には軟派と硬派とあって軟派は俗にヤワ組と称え、多く婦人誘拐を目的とするものが尠《すくな》くありません、私は注意に注意をして出来得る限り此《この》ヽヽヽヽヽヽヤワ組を選《え》らんで〉浅草馬道一丁目(現浅草一、二丁目辺)の暖簾をくぐった。入ると小さな机に五五、六歳の色のつやつやした太った女主人と二三、四歳の番頭がいる。奥では東京出身らしい女性が三味線を練習中で、上がり框《がまち》には地方から出てきたか女工らしい二人組が番頭と話している。番頭は「工場《こうば》などで若いお方が働いたって馬鹿々々しいじゃアありませんか、宜《よ》い時に気がおつきなすった。何《な》に手前共では極《ご》く手堅くやって居ますよ、此《この》通り警察からも立派に許可《ゆるし》になって—、他の桂庵とは違いまして、へ……」と言うと女性たちは、「私達の行き度《た》いのはお屋敷みたいな処で初めはお飯炊きでもだんくに行儀でも覚えたいと思うですよ、工場に居たって食べて通る丈《だけ》で幾何《いくら》働いたって、どうなる目当もないんですもの」。番頭は「イヤ全くなんで、へイ、お最《もつと》も処《どころ》じゃアありません、へ……」というわけで、手荷物を置いて二人は番頭に案内されるままに安い宿屋に向かうべく出て行こうとすると、別の女性がやってきて奥の三味線を弾いている女性に「どう？　モー大分出来るでしょう」と声をかける。なんでも奥の女性は芸者になりたいとかで番頭が稽古《けいこ》のためにお師匠を呼んだということだった。

しばらくすると女主人が記者に向かって「どうもお待たせしました、此通《この》り手前共じゃあ忙しいものですから、何《な》にしろ商売は手堅くにやるに限りますよ、正直の頭に神やどるでね」「姐《ねい》さんはどこか意気な処がお在《あ》んなさるわ、もしや芸者にでもお成りなさるならまた、お出なされないお年でもないで

女中は重い荷物を持たされ、主人の透明な汗とは対照的な澱んだ汗をかいている。（近藤浩一路『嫁さがし』、磯部甲陽堂）

しょうホヽヽヽ」などと軽口をたたく。記者は「私はどこか固い家の……お飯炊きは厭《い》やですが奥の方の用向きを勤めたいと思って居るんですが、ありましょうかね」と言い、家に借金があると付け加えたが、女主人はすかさず「左様《さよう》ですかそんな訳なら田舎の芸者にでもお成りなすった方が直《す》ぐお金にもなりますし奇麗にして暮らせるじゃアありませんか其方《そのほう》が当世ですよあなた、——お三味線位は弾けるんでしょう」と油断も隙もない。しかし記者はあくまで女中志望を主張、帰ってきた番頭が話をつけて、新橋の大きな運送屋の家に決まった。「お金には不自由のない旦那で店は番頭任せ、奥さん丈《だけ》じゃアお客の対手《あいて》にも困るから、あまりガサツでなさそうな中年増が欲しいという御注文なんで」とは番頭の言。

女中奉公

四日後、再び桂庵を訪れると五〇歳くらいの白髭、目じりの下がった紳士風の男性がおり、女主人と番頭が茶などをすすめている。さては、と思うとやはり運送屋の主人らしい。先方はにこやかに「私の家は大勢奉公人も居ますから何分注意して働いて下さい、出来る丈《だ》け気を附けても上げるし悪るい様には計らいませんから」などと言う。記者は〈女中位《くら》い雇うに何も旦那が見に来ずとも〉と内心考える。旦那は主人と話があるとかで、先に記者と番頭だけでお屋敷に向かうこととなった。玄関で番頭が「旦那様からの御依頼で……」と挨拶するとお屋敷の番頭や若い雇人らが〈異様な目で〉記者を見る。奥から五六、七歳くらいの女性が襷《たすき》掛《が》けで出てきて二階に案内してくれた。その後、旦那が帰宅し番頭が去ると旦那は「今日桂庵からも聞いたけれど色々不幸が続いたそうでネ――」と記者に〈切《しき》りに歓心を買わんとする態度があり〱と見える〉態度で接してきた。

この家にいる女中は、高齢のお飯炊きの女性と一二、三歳の小間使いが一人。なお、奥様は実父の様子を見に帰省中とのこと。

夕方、同業者が訪ねてきたので茶や酒肴を整えてお酌をしながら聞き耳を立てる記者。同業者は「併《しか》し君も遣手《やりて》だ、今度の女中さんは中々左様然《しか》らばだネ…併しよく君は探《さ》がして来るね――」などと含むところがあるようなことを言う。旦那は「そりゃア君まだ〱若いつもりだからナ」「余りいじめると又後足で砂をかけられるぜ」。旦那は〈『ふふん』と主人は嘲った様な笑い方をして〉「ちゃんと今度のは整理[*1]してあるよ」。「その方が可《い》いよ、君のやり方は余り略式だから失敗するよ、人間万事金の世の中って、金をかけることの嫌いな男は困るよ…アハヽ」「馬鹿云えそんなつまらんこと」「ヤ失敬」。記者は聞こえないふりをしてお銚子を下げようとすると、「お前は途中で引込んで仕まっちゃアいけないじゃないか是《これ》からもそうだよ、お客様の時には傍に居てお酌をしなけりゃいけないよ」と叱られる。

客が帰ると旦那の布団を敷く。旦那からは頭痛がするからと言われ頭を叩かされたが、その間にどんな着物が欲しいかとか、お金はいくら入用なのかなど甘言を聞かされた。使用人が寝静まった一〇時ごろに「お梅さん休[*2]みましょう」とお婆さんが声をかけてくれて解放。記者はお婆さんと小間使いと枕を並べたが、その際〈色々の話を色々の方面から聞いてみました〉。

女中奉公

突然、記事はここで伏せ字になり、そして〈編輯《へんしゅう》局の合議にて以下一千二百二十三字省略〉という文言が入る。以降の文章は以下の通り。

九月十五日午前十時頃

件《くだん》の紳士は今迄《いままで》の景気はどこへやら青菜に塩と云った顔で、

「イヤ私が悪かったです、どうか此《こ》の事は秘密にして頂きたい。私も多少社会的体面と云うことがありますから、何卒《どうぞ》秘密にして下さるよう……」

と謝するのであります。

「解りました、必ず秘密にして上げましょう。併《しか》し今後もしも貴郎《あなた》がこんな乱行為*3を行ったと聞いたなら其時《そのとき》は更に改めて貴郎を葬ると云うことを條件に致しましょう。此《この》條件を承諾が出来ますか……」

「宜敷《よろし》うございます……」

と堅い誓言を手土産として私は此《この》家を辞しました。

住所氏名丈《だ》けは本人の誓言によって発表することを見合せましょう。

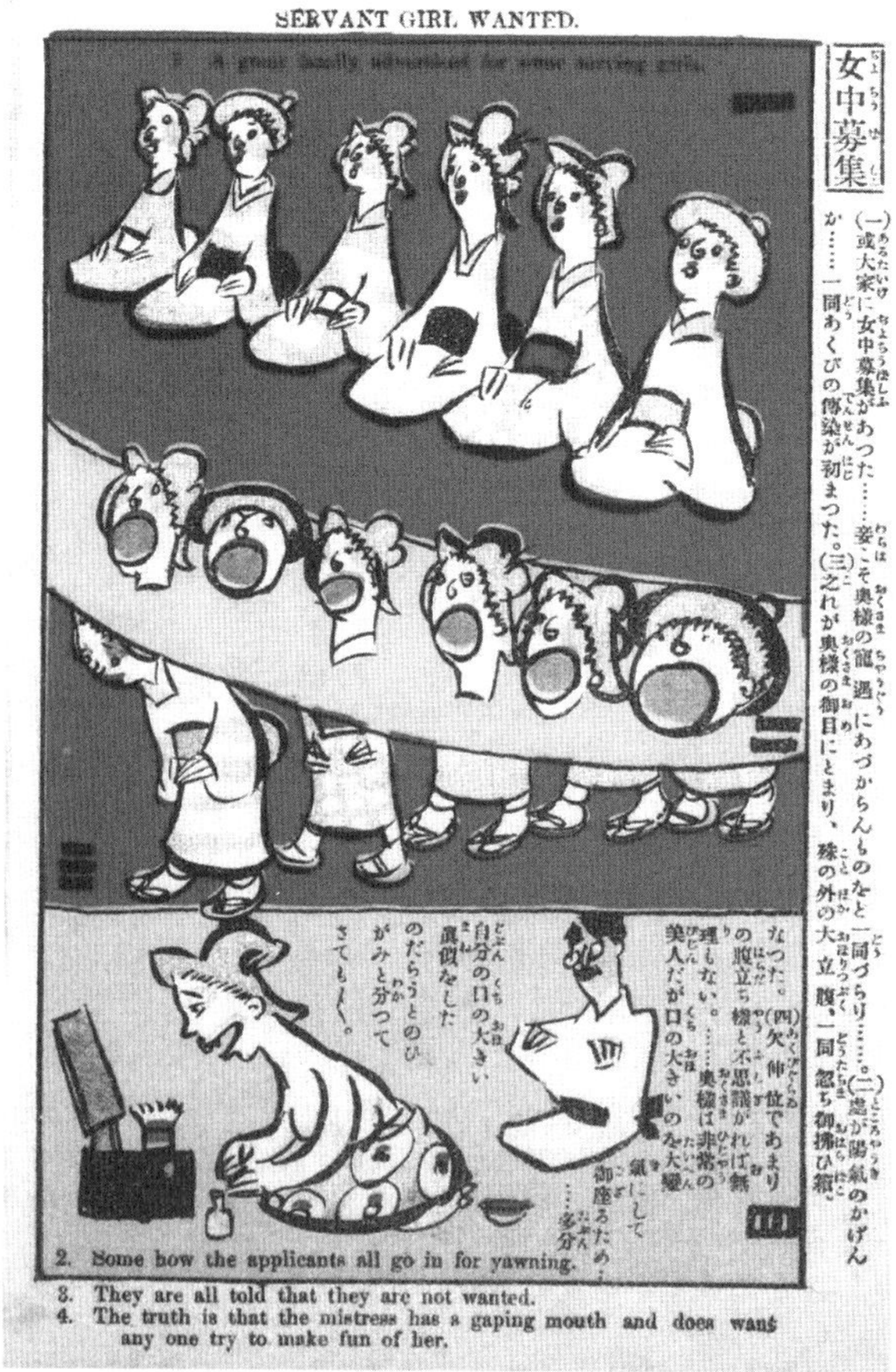

大正時代の雑誌より、あくびが伝染して女主人の怒りを買い、全員クビになった女中たちのイラスト。女中たちのあくびの原因は女主人の大きな口だったというコミカルなオチがついている。(『東京パック』9〈19〉、東京パック社)

女中奉公

女中の仕事

一般家庭に女中がいることは今の時代では考えられないが、戦前ではよくある風景である。彼らは大抵地方から出てきて人の紹介や口入屋などから家を見つけ、住み込みで働く。清水美知子『〈女中〉イメージの家庭文化史』（世界思想社、二〇〇四年）によれば、少なくとも明治半ばごろまでは経済的な理由だけではなく礼儀作法や家事を習う目的で女中を希望したという。化け込み記事にも若い女性二人が「初めはお飯炊きでもだん〳〵に行儀でも覚えたいと思うで《ママ》すよ」と話す場面がある。つまり工場で働いても生活費を稼ぐだけで何も残らないが、女中なら花嫁修行にもなるというわけだ。

彼女が希望する「お飯炊」は台所仕事をする女中のことで、ほかに食事の準備や買い物などを行う「仲働き」、主人の身の回りの世話をする「小間使い」、「小間使い」より少し年上で花嫁修行の一環として「小間使い」と同じような仕事をする「奥仲」、縫い物をする「お針」などがあった。記事の女性は「お飯炊」希望、記者は「奥仲」希望である。

大正から昭和にかけて女中払底ということが頻繁に叫ばれた。その理由は、かつて女中を志願したような女性たちが工場勤めに出る、進学率が上がってそもそも奉公に出る人が減った、などの理由がある。女中の仕事は楽ではない。大抵は玄関か台所に近い三畳ほどの部屋を与えられプライバシーがない。朝から晩まで用事を言いつけられ、常に家族の機嫌に左右される。それなら決まった時間内に決まった仕事をする工場勤めの方がましと言うわけである。

さらに言えば女中の場合、家の主人が手を出してくるという問題がある。それを奥様に訴えたとて味方をしてくれるはずもなく、かえって辛く当たられるだけだ。むら子『男曰・女曰』(磯部甲陽堂、一九一四年)には「頻々と女中を変える女」という一項がある。〈妻曰《いわく》——だって良い女中が来なければ仕方が無いじゃァありませんか。(中略)三度目のは貴方は惜しかっただろうけれども、厭《いや》に旦那様々々トお諛《べか》ってばかり居て剣呑だったし〉というくだりがあり、主人と女中の関係が危険視されていたことがわかる。なお、堂々「妾奉公」という求人もあった。女中の給金に少し手当てを上乗せして主人の夜の相手も務めさせるのである。女性の人生は落とし穴だらけと言える。

DATA

数字で見る東京市内の女中（一九二一年）

女中の求人数：五三六五
女中希望者数：八六〇人
有効求人倍率：一六％

*1 **今度のは整理**　ただの女中ではなく妾奉公であることを桂庵に伝えて金額も上乗せしているという意味だろう。当然ながら記者にはその話は通っていない。なお、その後の会話でケチだとあるので前任女中は女中の給料のみで相手をさせられそうになって逃走したと思われる。

*2 **お梅さん**　ここでの記者の名前。

*3 **乱行為**　主人が女中に手を出すことが常習化しているのだろう。それらの話を小間使いらから聞いた記者が正体を明かして本人に問いただしたと思われる。

女中奉公

絵画モデル

「実地探検　モデルになる記」
楽文社『うきよ』一六号、
一九一四年

絵画モデルへの化け込み

秋に開かれる文展[*1]のために絵画モデルが引っ張りだこと聞いた婦人記者、下谷区谷中《やなか》の路地に「宮崎」という表札の出ている家の格子戸を開けた。「モ、デルのお世話になりたいのですがお婆さんは被在《いらっ》しゃいましょうか」と声をかけると一七、八歳の娘が「ああ被在《いらっ》しゃいますよ、お上《あが》んなさい」と言うので空気草履[*2]や駒下駄がだらしなく脱ぎ散らかされた土間の片隅に下駄を脱いで二間しかない家の奥に入った。中には火鉢の傍で新聞や雑誌などを見ている四、五人の女性と六三、四歳のモデルのお婆さんこと宮崎きくがいた。「モデルになりたいって仰在《おっ》しゃるのは貴女《あなた》ですか、お年はお幾つ」「十九で御座いますの」「何《ど》う云うのがお望みなんです」「何う云うのと仰在しゃいますと……」意味がわからず反問すると、「否《いい》えね、裸体の方ですか著物《きもの》の方が宜《よろし》いんですかお尋ねするんです」。曖昧に「何方《どちら》でも」と言うと「モデルになる人も近頃は随分殖《ふ》えましてね、著物の方は何日《いつ》頼んでも間に合いますからね裸体《ぬぐ》の方なら二三軒は心当りもありますが……」「私裸体《らたい》になっても役に立ちましょうかしら」「然《そ》うですね、最《も》う少し肉付が宜しいと尚可《なおい》いんですが……」とおかしいほど言いにくそうな様子である。「兎《と》に角《かく》先生が御覧になって見なけりゃお返答致し兼《かね》ますから、御都合のいい日に一緒に被在《いら》しって下さい」「今日は不可《いけ》ませんでしょうか」「否《いい》え私の方は何日でも宜しいんですよ」「それでは恐入《おそれい》りますがお連れになって……」「承知致しました、じゃ済みませんが一時間程お待ちになって下さい、一緒に行く方がありますから」とお茶を出してくれた。すると「今日《こんにち》は、お婆さん居て」と二一、二歳のぽっちゃりした女性が無遠慮に上がってきた。「まあ落合さんじゃないか、何うしたのさ串戯《じょうだん》じゃない」「あらお千枝《ちえ》さん」女性たちが一斉に振り向く。「皆さん御無沙汰致しました」「御無沙汰どころじゃないよ、お前さん

15 第一巻 家庭パツク 第一號

モデルの失望《しつばう》

東京《とうきやう》から大阪《おほさか》へ出稼ぎをしたモデルが直《す》ぐに歸《かへ》つて來《き》たわけを聞《き》くと、夏《なつ》は大阪《おほさか》の人《ひと》は娘《むすめ》も御寮人《ごれうにん》も皆《みな》裸體《はだか》になつて涼《すゞ》んでゐるから、モデルは到底商賣《しやうばい》にはならない

東京から大阪に行ったモデルが、大阪では夏は女性が上半身裸でいるため商売にならないと帰ってきたという漫画。モデル＝裸という固定概念を利用したユーモアである。（「モデルの失望」『家庭パック』1〈1〉、楽天社）

絵画モデル

一体何《ど》うしたのさ」「暫《しばら》く田舎へ行ってたけれど詰《つま》らないから又帰ってきたの、当分また御厄介になるわ」女はケロリとしている。「まあ呆れた人だね此人《このひと》は？　岡田先生《さん》[*3]の方じゃ大した御立腹だよ、私にしたって然《そ》うだね今まででのんべんだらりとしてさ、手紙一本よこしゃせずさ自分の勝手な時許《ばか》り来るなんて余り《あんま》虫がよすぎるじゃないか」「解ってるわよだから御免なさいよ」「未《ま》だ弁士と手を切りゃしないんだろう彼麼《あんな》男に引掛って居る間は私の方でお世話する事はお断りだよ」「所が最《も》う疾《と》っくの昔《むか》し彼麼《あんな》奴と喧嘩して別れちゃったの、今じゃ一人ぼっちなのよ」大勢の前でも平気で話す姿にモデルなんてこんなものかと記者は浅ましいものを感じる。おきく婆さんは「だけどお前さんの云う事は本統《ほんとう》に出来ないよ、男無しで居られる人なら頼母《たのも》しいけれどね」とハラハラするほどずけずけ言う。が、女は平気である。「まあ非道《ひど》い幾ら何でもねえ皆さん」などと周囲に同意を求めるが「だけど落合さんはネ」「内々《ないない》何とも知れないわ」とおきく婆さんの味方である。「おや〱取りつく島もない」と女は笑いながらみんなのなかに割り込んで座った。

　おきく婆さんは「何ですよ多勢のモデルの中《うち》には落合さんのような人もあ

画学生たちと絵画モデル。(「モデル物語—姉と妹と—」『世の中』3〈5〉、実業之世界社)

絵画モデル

りますけれど、又莫迦に柔和《やさ》しい方もありますのよ、此《こ》の人なんぞ親がないので渋谷の岡田先生《さん》（三郎助）の夫人《おく》さんが大層お情け深い方でお小間使いに置いて下さったのに黙って飛びだして……」「嘘ですよ貴女《あなた》」と女は大声で嘴《くちばし》をいれる。「癖になりますから云って遣ります、訊《き》いてお遣《や》んなさい」「久し振りで来たのに其麼《そんな》に攻撃しなくっても可《い》いでしょう」「だって口惜《くや》しいからさ」「ですから御免なさい」。おきく婆さんは「ねえ貴女《あなた》何て人でしょうねえ……」と記者の方を見る。話題を変えようと「モデルを止めて画師《えし》の夫人《おく》さんになったお方もお有りでしょうね」と聞いてみるとおきく婆さんは「えゝそりゃ何人と数えきれない程ありますよ私が此《こ》の稼業を始めて今年で最《も》う二十何年になりますが、お媒妁《なこうど》の役許りでも随分勤めましたよ。召使の四五人も使って居る御身分におなりでも昔を忘れず此麼《こんな》汚ない所へお尋ね下さってお婆さん〱って慕って下さいましてそりゃ可愛《かあ》いんですよ」。話していると〈モデルらしい体格の〉一八、九歳の女性がやってきた。そこでお婆さんと三人で中村不折[*4]の家を訪れた。アトリエでは中村が秋の文展に出すという〈「法の響」〉とか云う丈《たけ》五尺許《ばか》りの者、何かに怖れて居るような表情をした画〉を描いていた。記事はここで終わっている。

モデルの仕事

日本初の絵画モデルであり日本初のモデル事務所を作った宮崎菊は一八八四（弘化元）年、谷中（現台東区谷中）の餅屋に生まれた。一七、八歳の頃に結婚して横浜本牧に移住。当時外国人居留地があった横浜には芸術家たちが多く住んでいたが、そのうちのひとりのフランス人美術家に熱心に依頼されて絵画モデルをつとめた。明治三、四年ごろのことで公式の記録はないが日本人としてはもっとも早いと考えられる。しかし早々に夫が亡くなったためモデルはやめ、上野公園で桜餅を売る掛茶屋[*5]を営んだ。

折りしも一八九六（明治二九）年五月、東京美術学校（現東京藝術大学）に西洋画科が設立され、裸体モデルの必要性が高じてきた。しかしなかなかなり手がおらず、自由労働者や元芸者に頼み込んで来てもらっていたがとても足りない。教師の黒田清輝[*6]、岡倉覚三（天心）[*7]らが困っていたところ、茶店でたまたまそのことを知った菊がモデルの女性を斡旋したと伝えられる。ちなみに岡倉天心の熱心さは大変なもので、菊の息子の父親ではないかと勘繰られるほどだった。

学校から正式に依頼されるようになると菊は茶屋を閉めて斡旋専門となったがモデル探しは苦難の連続だった。銭湯や街頭でスカウトするなどしてようやく数を揃える始末だったという。初期のモデル料は半日で三円、いい稼ぎになるもののプロ意識がないため、休憩中に酒を飲む、泣く、帰ってしまうなどは日常茶飯事だった。お菊も教師も生徒も芸術のためと信じていたが、世間では娼妓や人体実験と同一視することもあった。

菊は下谷区谷中坂町九五番地（現台東区谷中四丁目四一五二番地）に「宮崎モデル紹介所」を設立。割のいい仕事だという認識が広がると東京中から一六〇、七〇人もの女性が来るようになり、部屋に入れず道や庭に溢れた。順番が来て中に入ると奥の一五、六畳の部屋で、お菊と息子の幾太郎が「お前は彫塑、お前は洋画……」と仕分けをし、画家はその中から個別に交渉したという。同業者が出てくるとモデル協会を設立してモデルの教育や規律を作った。
菊は記事の一年後、一九一五（大正四）年七月に亡くなった。

DATA

数字で見る絵画モデル（一九一四年）

美術家がモデルに支払うポーズ料：裸体半日で四五銭、着衣二五銭（別途、完成報酬と入賞・受賞報酬）
モデルが菊に支払う紹介手数料：一人一週間一〇銭
菊が抱えていたモデルの数：百数十人

絵画モデル

*1 **文展** 「文部省美術展覧会」のこと。一九〇七（明治四〇）年黒田清輝らの建議により創立された官製展覧会。その後、「帝展」から「新文展」となり戦後は「日展」となる。

*2 **空気草履** 明治末期に流行った、草履のかかと部分にばねを入れクッション性を持たせた草履のこと。別名「千代田草履」。

*3 **岡田三郎助** 一八六九年（明治二）年生まれ。洋画家、版画家。東京美術学校（現東京藝術大学）教授でもあった。第一回文化勲章受章。一九三九（昭和一四）年没。

*4 **中村不折** 一八六六（慶応二）年生まれ。洋画家、書家、太平洋美術学校校長。「日本新聞社」に入社し挿絵を担当。一九〇一（明治三四）年には渡仏し、ジャン=ポール・ローランスらから指導を受けオーギュスト・ロダンとも交流する。四年後に帰国し、小説の挿絵や題字を描く傍ら油絵を発表。「朝日新聞」に入社しここでも絵を担当する。自身が集めた書道に関する資料を展示する「書道博物館」を一九三六（昭和一一）年開館。後に台東区に寄贈された。一九四三（昭和一八）年没。

*5 **掛茶屋** 道端や公園などの野外に葦簀を立てかけ、椅子を置いた粗末な茶屋。

*6 **黒田清輝** 一八六六（慶応二）年生まれ。洋画家、東京美術学校教授、帝国美術院院長、政治家。子爵。裸体を描いた作品で物議を醸すことが数回あったが、一九〇一（明治三四）年に『裸体婦人像』の一部が警察の指導で布で覆われた「腰巻事件」はとくに有名。一九二四（大正一三）年没。

*7 **岡倉天心** 一八六三（文久二）年生まれ。本名は岡倉覚三。思想家、美術史家。九歳の時に寺で漢籍を習い英語塾に通う。一二歳で東京開成所（現東京大学）に入所。講師のアーネスト・フェノロサと出会い、卒業後に文部省に入省後もフェノロサと古美術調査蒐集を行った。一八八二（明治一五）年、専修学校（現専修大学）教官となる。一八八六（明治二〇）年、東京美術学校（現東京芸術大学）創設に努め校長に就任した。一九一三（大正二）年没。

百貨店裁縫部

松田はな子「婦人記者変装して松屋呉服店を探る」楽文社『うきよ』二七号、一九一五年

百貨店裁縫部への化け込み

「女事務員募集　普通裁縫心得有る者、年二十五歳より三十歳迄希望者午前中来店あれ委細面談。日本橋区通三丁目[*1]　松屋呉服店」という広告を見つけた記者、「時事新報」に一週間も出しているのはよほど困っているのだろうとあたりをつけて面接に向かった。

規定より二歳下だが地味作りに整えた記者は番頭に「裏の通用口からお廻り下さい」と促され、松屋の勝手口に向かう。そのときの様子は〈三越[*2]や白木[*3]のように純然たる会社風でない此《この》店は万事が家庭的とあって店員も家のものも雑居的に取り扱《あつか》われているのでお勝手の真中を通って烏《からす》のお化けのよう

記事当時の松屋呉服店外観。（『実業の日本』12〈17〉、実業之日本社）

に上から下まで真黒い裾広を著《き》た至極《しごく》殺風景の電話係らしい十八九のハイカラに導かれて応接室に腰をおろす。今川橋の松屋と相対して人に知られた呉服店の応接室としては驚くばかりの無趣味の骨頂、卓《テーブル》クロース一つあるではない勿論《もちろん》額などは一つもない〉。

待っていると〈定九郎張り[*4]の眼のギョロリとした頗《すこぶ》る御人相のお悪い無愛想極まる四十前後の〉松田と名乗る男性が面接官だった。「如何《どう》も毎日応募者が来ますが、ハイカラは嫌ですし、余り年を取り過ぎていては横著《おうちゃく》になっていけませんから、実は困っていたのです」とのことで、配属先は裁縫部。仕立て屋に出して戻ってきた品をチェックをするのが仕事で、暇なときは職場で使う雑巾でも縫っていればいいと言う。勤務時間は朝六時から午後五時半まで、日給一日三五銭。一ヶ月一日の休暇（それ以上休むのは自由だが日給なしになる）が条件である。採用が決まり、翌日出勤となった。

二階の裁縫室に行くと「栄《えい》どん」という一四、五歳の小僧と「常《つね》どん」という二一、二歳の裁縫検閲主任が打ち解けてくれる。が、襖を隔てた隣りの部屋に先代店主の未亡人である「おかみさん」が控えているため手振りで会

百貨店裁縫部

話を仕掛けてきてよくわからない。

仕立て屋が持ってきた品を大台に広げて帳簿と見比べるが、彼らは裁縫部にお目溢《こぼ》しをしてもらおうと主任に賄賂を使うらしい。そのため、番頭たちは主任になることを心待ちにしているという。

昼になるとおかみさんが隣りの部屋からやってくる。常どん、栄どんは姿が見えなくなるまで平身低頭、記者は〈女の権威も此処《ここ》まで来ればと感服〉した。食堂は台所の隣りの部屋で、記者は持参の弁当を突《つつ》く。番頭たちはイワシ二匹が昼食である。

二時ごろ、ギョロリとした大目玉の松田がすっきりとした男性を連れてきて「お店の旦那でいらっしゃいます」と記者に小声で紹介した。「どうぞ願います」と愛想の良いお坊ちゃんらしい旦那である。そのうち、おかみさんと目黒の別邸に出かけてしまった。それを待っていたか、下の売り場から番頭たちが入れ替わり立ち替わり裁縫部に油を売りにやってきた。曰《いわ》く、ここ日本橋区の松屋と今川橋の松屋とは先代同士が従兄弟《いとこ》の関係で、店主夫人はともに浅草蔵前の名代の吝嗇家《しまりや》の富豪《ものもち》から娶《めと》った由。この店が破産しかけた際に窮地を救ったのは他でもないおかみさんで、偉大さは百貨店仲間の〈松坂屋の後家さん〉と好一対だがご機嫌が難しく口うるさいという。

　おやつの時間になるとまたもや大目玉の松田が入ってきて「いかゞです勤まりますか?」と聞いてきた。その後ろで栄どんが拳骨で殴る真似をしている。〈店員同士のさもしい心持ちがさらけ出されてしまったように感じた〉記者である。

　五時半ごろ、帰り支度をしていると「馬鹿野郎」という叫び声が聞こえた。見ると窓から首を出した栄どんが丸善[*5]の小僧と喧嘩をしている。互いに「丸善の馬鹿野郎」「松屋の馬鹿野郎」とやり合っていて他愛のないものだった。

初代牛山武兵衛。(『実業の日本』12〈17〉、実業之日本社)

百貨店裁縫部

松屋呉服店

記事の松屋呉服店とは現在銀座三丁目にあるデパート「銀座松屋」の関係店である。「銀座松屋」は一八六九（明治二）年、古屋徳兵衛が横浜石川口に「鶴屋呉服店」を開いたことに始まる。古屋の妻、牛山満壽《ます》の弟である牛山武兵衛も店を手伝うなどして繁盛していた。一八八九（明治二二）年、倒産の憂き目に遭った神田今川橋の老舗「松屋呉服店」を引き継ぎ、牛山武兵衛を支配人に今川橋松屋呉服店がスタート。火事や従業員との確執など苦労があったが武兵衛の奮闘で軌道に乗り、横浜の本店にいた古屋が今川橋に異動、武兵衛は一八九六（明治二九）年に一四人の店員を連れて独立した。それが日本橋通四丁目分店、記者が化けこんだ店舗である。とすると記事に出てくるお坊ちゃんらしい「旦那」は牛山武兵衛かと早合点しそうだが、そうであってそうではない。実は創業者武兵衛は一九一一（明治四四）年に急逝しており、次の社長も牛山武兵衛を襲名しているのだ。

記事には「先代（初代武兵衛）同士が従兄弟」とあるが当時の代が何者かは

わからない。息子か親戚だろうか。日本橋通四丁目の松屋に関しては極端に情報が少ないが、新宿に支店を出したことはわかっている。
現在の新宿伊勢丹(当時は百貨店「ほてい屋」があった。後に伊勢丹が買収し増築)の斜め前、地下一階、地上六階、京王電車軌道(株)所有のビルで一階は京王線新宿駅という好立地だった。しかし一九三二(昭和七)年六月一二日に火事を出し、折からの不況もあって約三〇万円の損失を出して倒産。出火騒ぎが半年前から三回あったり、二年前から家賃を溜めていたり、支払いをしないまま倒産したことに怒った問屋が店に籠城し、訴訟問題や恐喝事件に発展するなど残念な最期だった。

DATA

数字で見る松屋呉服店(一九一五年)

裁縫員募集年齢：二五歳より三〇歳まで
日給：一日三五銭
休暇数：一月に一日(それ以上休むのは自由だが日給なし)

百貨店裁縫部

＊1 **日本橋区通三丁目**　実際は四丁目。誤植か。

＊2 **三越**　三越呉服店（元銀座三越）のこと。一六七三（延宝元）年、三井高利が江戸本町一丁目一四（現日本橋室町）に呉服店「越後屋」を創業。三井の越後屋として一八八八（明治二一）年には駿河町（現日本橋室町）に「三越洋服店」を開店。一九〇四（明治三七）年に「株式会社三越呉服店」を設立した。これが日本初の百貨店である。

＊3 **白木**　白木屋のこと。二六〇ページ参照。

＊4 **定九郎**　「仮名手本忠臣蔵」五段目に登場する斧定九郎のことか。斧定九郎は、赤穂の浪士で敵方のスパイである斧九太夫の息子。夜の山道で人を殺して金を奪う強盗だが、鉄砲で撃たれて吐血して死ぬ。出演は一〇分程度、セリフは一言しかないが凄みのあるキャラクターで存在感が強い。

＊5 **丸善**　丸善（現丸善雄松堂）は一八六九（明治二）年、早矢仕《はやし》有的《ゆうてき》により「丸谷商社」として横浜、日本橋に創業。登記簿に代表者「丸屋善八」（架空）と記載したことから丸善の名が生まれた。早い時期から大阪、京都、名古屋などに支店を出すが、記事にある本店が竣工したのは一九一〇（明治四三）年である。ただし後の関東大震災で全焼している。

寄席の係員

「変装婦人記者 寄席の仲売女となる」
楽文社『うきよ』三二号、
一九一五年

寄席の係員への化け込み

〈押しも押されもされぬ立派な山出しの下女〉という変装で口入屋に出かけた記者、寄席の仲売り（係員）の口はないか聞くと〈銀縁眼鏡の二十五六の生意気らしい番頭〉が「ありますよ、マアお掛けなさい」と言うも「貴女位《くら》いの容貌《きりよう》をもって寄席の女中なんかするのは、馬鹿らしいよ、田舎に素敵な口がありますぜ」とすぐ〈魔道〉へ引き込もうとする。あくまで寄席を希望すると、三ヶ所紹介された。そのなかで〈義士伝の旨《うま》い長髪の浪花節、一日何百円とかの収入のある芸人〉と噂の浪花節語りの桃中軒雲右衛門《とうちゆうけんくもえもん》*1に惹かれ、記者は「入道館」に決めた。番頭と一緒に到着すると、応対に出たのは半分白髪の八の字髭を蓄えたでっぷりした五五、六歳の男性。「お前かね、辛抱出来るかね、当館は先生（雲入道のこと）が厳格じゃから品行を慎しんで貰わねばならん、夫《そ》れに男が多くて女が尠《すくな》いのじゃから十分注意する事と、来たお客を大切にして呉れなければいかん」とまるで新米巡査が車夫に説諭するかのよう。それもそのはず石渡というこの男は元警部で、仲売りの監督と場内販売物の管理をしているらしい。普通、仲売りに指図するのは女性なのに元警部の中年男性というのは珍しい。石渡が寒い日に黒の五つ紋の木綿羽織で椅子に厳然と構えて菓子や茶を売っている姿はよほど面白い、と先輩女中が後で教えてくれた。

仲売りの仕事はまず午後四時から始まる場内の掃除である。ただしいい加減でいいとは先輩の言。掃除が終わると座布団が積んである傍に座って客を待つ。客が来ると座布団と火鉢を持って場席に案内するが、この時に漫然と案内したのでは四〇〇人入るところが三〇〇人で止まってしまう。「此方《こちら》が聴き宜《よ》う厶《ござ》います」などと言いながら前に前に座布団を敷くのがコツである。案内されると大抵の客は我慢して座るが、勝手に座らせると火鉢や帽子を並べ、茶を買い込んで広げるため一人で三人分くらい塞ぐ羽目になる。しかも一度座ってしまうと空席があっても他の客を入れないようにするというから厄介である。また、とんでもない客もいた。二階の特別席に案内してから火鉢の代金をもらって持って行くと、お茶を持ってこいと言う。お茶を持って行くと今度は煙草を持ってこいと言う。しかも置いていない銘柄を言うので外まで買いに行って持って行くと、さらにハンカチを渡してきて水でよく絞ってこいと言うのだ。一度で済む用事を何度も言いつけてお礼もチップもない。このことを同僚に愚痴ると「私《わた》しなら一度で断ってやるよ、お前さんは余ッ程馬鹿だね」と逆に叱られた。

石渡に特別に念入りに掃除をしろと言われた日、何事か同僚に聞くと雲右衛門と奥様が来館するとのこと（それでも同僚曰く掃除は〈例《いつも》の通りで好《い》いんだよ〉）。雲右衛門本人は常に旅から旅の生活で入道館に泊まることはない。実は膨大な借金があって芝公園の家も四谷の家も売ってしまい、東京では待合が定宿らしい。一

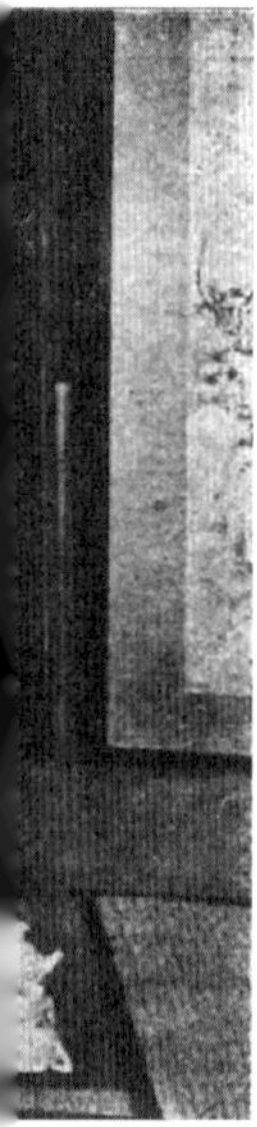

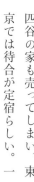

書斎の桃中軒雲右衛門。（桃中軒雲右衛門講演『南部坂雪の別れ　他6篇』、出版社、出版年不明）

公演で三〇〇円と言われる芸人がなぜそんなにお金がないのかといえば〈文士新聞記者遊人《あそびにん》天下の志士、壮士、これ等《ら》の人々が寄って集《たか》って、武士道鼓吹《こすい》者[*3]を喰うのです。此《こ》の人達の姓名《おなまえ》も皆分って居りますが、余り御名誉でもありますまいから、沈黙致しましょう〉と記者は書く。なお、奥様は元新橋芸者の千鳥という人物、先妻の存命中の妾で先妻死去後に本妻になったが非常に威張っている。女中や奉公人は雲右衛門にも奥様にも〈一時が万事恰度《ちょうど》封建時代の殿様に対する家来〉のようにしなければならず〈浪花節と云うものは大層な権識だと想いました〉と皮肉って記者は記事を締めた。

入道館の外観。(「変装婦人記者　寄席の仲売女となる」『うきよ』32号、楽文社)

寄席の係員の仕事

「入道館」のオーナー、浪曲(浪花節)師の桃中軒雲右衛門は長髪がトレードマークで一声千両と言われ一時代を築いた人物である。浪花節はさまざまな大道芸を始祖としているが、全国的に「浪花節」という名称になったのは一九一二(大正一二)年と言われている。雲右衛門はとくに浪花節の地位向上を目指しており、入場料も出演料も相場より高く取っ

寄席の係員

ていた。

「入道館」は一九一二（明治四五）年に「市場亭」を買い取って開館、後に髪を剃り（他の浪曲師が長髪を真似したから、など諸説あり）桃中軒雲右衛門入道と名乗ったのを機に、劇場名も「入道館」に変えた。

劇場内には仲売りのほか、外の掃除や呼び込み、履き物の管理をする下足番がいた。下足番は流れ者が多く一つのところに二、三年もいない。〈呑む賭《う》博《つ》女郎買《かう》〉の三道楽は当たり前、〈口も寝るのも主人任せ、著るのは芸人から半纏《はんてん》を貰いますし、手拭まで不自由はありません、少し気に入らぬ事があると湯に行くような振《ふり》をして消えてしまう〉（「変装婦人記者　寄席の仲売女となる」）という人種である。なかには月初めの一日や日曜など客の多い日に消えたり、仲売りと消えて世帯を持って堅気になる者もいる。が、根が怠け者なので結局下足に戻ってくるという。下足番、仲売りともに給料はわからないが料理屋の仲居くらいだろうか。給料のほかにチップももらえることも仲居と同じである。

なお、雑誌『東京パック』八（二五）（一九一二年一〇月）には「（入道館は）中売りを廃し売店を設け」る予定とあるが、化け込み記事の一九一五（大正四）年時点では仲売りは存在していたようだ。記事のわずか一年後に雲右衛門は結核で亡くなっている。

DATA

数字で見る「入道館」

入道館の間口：五間（約九メートル）
入場料：四九銭（約二〇〇〇円）
雲右衛門の一晩の身入り（噂）：三五〇円（約一四〇万円）

寄席の係員

＊1　**桃中軒雲右衛門**　浪曲（浪花節）師。本名山本幸蔵、一八七三（明治六）年群馬県高崎に祭文語り（世俗の事件などを歌と語りに仕立てた遊芸人）の父と三味線弾きの母の次男として生まれる。「浪花節」とは三味線をバックに節と啖呵で演じる芸。大衆に人気があったが一段低く見られていた。しかし雲右衛門は長髪、紋付袴姿で歌い出しもなくいきなり勇壮な義士伝を語り出すスタイルでたちまち人気を得、中上流階級にも浸透。当時権威のあった歌舞伎座での公演や御前公演を実現し浪花節のイメージ向上に貢献した。

＊2　**車夫**　人力車を曳く職業の男性。多くは下層民。

＊3　**武士道鼓吹者**　「武士道」を唱え鼓舞する者の意味。赤穂浪士の討入に参加した四十七士の挿話『義士銘々伝』などを持ちネタとしているところから出た雲右衛門のキャッチフレーズ。

女優養成所

「はつめみえ　申込と同時に入門料金二円　女優養成所へ志願する記」楽文社『うきよ』七七号、一九一九年

女優養成所への化け込み

「男女優志願者募集」の新聞広告を見て向島の三囲《みめぐり》神社を通り抜けた先の小粋な家に出かけた記者。門にかかった「新興劇壇事務所」の看板を横目に「御免下さい」と声をかけると三七、八歳のおかみさんが出てきた。「あの女優の志願者で御座いますが」と言うと「おや其《そ》うで御座いますか、一寸お待ちなすって」と奥に消える。玄関は三畳ほどで右手の窓の下の小机の本立てには綺堂全集や新訳シェークスピアなどが並んでいる。隅に埃の溜まった上《あが》り框《がまち》や履き潰れた草履などを見るうちに生活が偲ばれ、悲しい気持ちになって帰ろうかと思っているとおかみさんが出てきて「お待たせ致しました、さ

ア何《ど》うぞ此方《こちら》へ」と案内した。

襖を開くと六畳間、左手に大きな姿見、鏡台が三台、その上に三味線が二挺かかっている。その横には柴田善太郎[1]の大写真。おかみさんが折り畳み座椅子とメリンスの座布団を置き奥に消えると女性の艶かしい笑い声が聞こえた。「やあお待たせしました」と現れたのは四〇歳くらいの痩せ型の男性。金縁眼鏡をかけている。「何《ど》うか其儘《そのまま》、私も失礼しますから」と座椅子にあぐらをかき、煙草盆と長煙管《ながギセル》を引き寄せて吸い始める。

「今迄《いままで》何事をなさいました。学校へですか、ははァ芝居は何《ど》うですお好きなんですね、フム何《な》にかお稽古《けいこ》は、あゝ左様《さよう》ですか清元が地で、清元は善いですね……」と盛んに喋るがその度に一面に入れた金歯がもの凄い。それから男性は問わず語りに〈高田の門下〉[2]にいた後に柴田善太郎の一座に移った後に体調不良で辞めたものの新派[3]の勢いを見て復活を志し、同志を集めて新興劇団を組織したとの来歴を語った。自分の賛成者は多数おり、女優として養成している人間も六人いるという。「何《いず》れにしても俳優、況《いわ》んや女優に於《おい》てをやです、先《ま》ず容貌の美、此《こ》れを主として次に音声で其《そ》れから容姿、記憶力の有無と云う順ですが之《こ》れが完備した人はまア一寸尠《すくな》い」とわざとらしくこちらを見ながら「失礼ながら貴女《あなた》の容貌は実に理想です、其《そ》の人を魅する眼《まなこ》は、確かに貴女に取っての唯一の武器だ」と甘言を弄するので〈良く女《おんな》殺《ころし》とか色魔なぞと云うのは此《こ》んな人を指して言うんじゃないかしら、と思うと一人で饒舌《しゃべ》って居る男が如何《いか》にも滑稽《こっけい》になる〉。

「此《こ》の月中頃に本所の某貸席を借りて公開試演をやり度《た》いと思うんです、其《そう》して其《そ》の中《うち》から俳優的素質を有した人々を選抜しようと思う、其《そ》の位《くらい》多数の申込者がある位です、現に私の手元に有る志願者だけでも六十人余もある」と言い、やにわに手を叩くと隣りの部屋から一八、九歳の白粉《おしろい》を真っ白に塗った女性が顔を出した。男性はその子に「あっ君子さんあの会員名簿と申込書を持って来て下さい、仲子が知って居る筈《はず》です」と言いつけ、二冊の帳簿を持って来させた。

見ると〈成程文士俳優芝居道関係者の知者《ちめい》な人の名前が並んで居るが、一つと印が押してない〉。「お申込みになるには、先ず入門料二円を申受ける」由。試演までは男性が稽古を無料でつけるが、試演当日は衣装や床山（美容師）

女優養成所

大部屋に集められ出番を待つ女優たち。(『婦女界』50〈2〉、婦女界出版社)

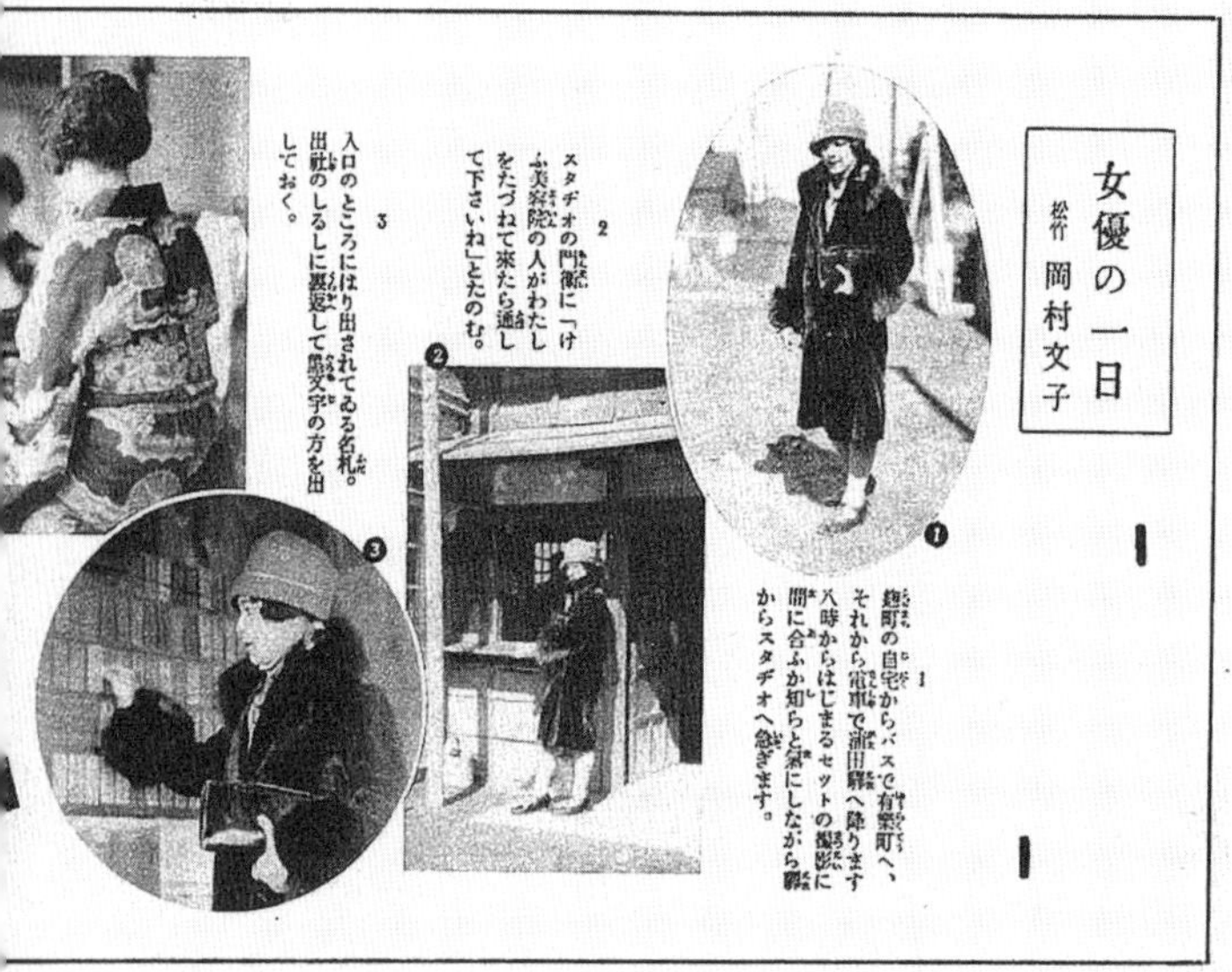
女優の一日
松竹 岡村文子

1 麹町の自宅からバスで有楽町へ、それから電車で蒲田駅へ降ります八時からはじまるセットの撮影に間に合ふか知らと気にしながら駅からスタヂオへ急ぎます。

2 スタヂオの門衛に「けふ美容院の人がわたしをたづねて来たら通して下さいね」とたのむ。

3 入口のところにはり出されてゐる名札《ふだ》。出社のしるしに裏返して黒文字の方を出しておく。

女優の一日を紹介する雑誌記事。(『芝居とキネマ』5〈4〉、大阪毎日新聞社)

の実費として一人二円の費用がかかるため、それだけはもらいたいと言う。隣りの部屋では調子外れの三味線と〈お前とならば〉[*4]の歌が聞こえてくるが、歌が速すぎて三味線が追いついていない。おかみさんが堪《たま》らず横から手を出し、調子を合わせようとしている。そんな会話を聞きながら黙っていたら「乞食と役者許《ばか》りは三日すると廃《や》められないと言うが之《こ》れはまア随分極端な批判だが、実際一度此《こ》

女優養成所

の芸術的真味を解すと、何《ど》うしても廃《や》められなくなる、要するに芸術の尊重すべき愉快な点が有るからでしょう。試演ですから何に何《な》んでも有りやしません、貴女《あなた》なぞは其《そ》の美貌と而《そ》して清元の一芸で満点を加し得られるでしょう、試験委員なぞも多勢《おおぜい》来ますが、然《しか》し大体は僕の一存にあるんですから」「来月早々に地方巡業団を組織して一回近県を歩いて見るつもりですから、御申込はなるべく早い方が善い」としきりに勧誘するのだった。

女優の仕事

日本における女優の歴史は演劇の歴史に比して浅い。それまでは女性の役も男性が演じていた。日本の女優第一号と言われる川上貞奴がアメリカ・シアトルで舞台に立ち「芸者と武士」を演じたのが一八九九（明治三二）年のことである。

貞奴は帰国後の一九〇八（明治四一）年に「帝国女優養成所」を創立。応募者百名余りのなかから「何《いず》れも良家の女」（『帝劇十年史』）が一五人入所したが、[*5]その中には後の大女優、森律子もいた。理髪店の二階で開かれた開所式では帝国劇場重役の渋沢栄一が「従来世間から賤《いや》しめられていたものが三つある。一つは私の様な商人で、これを素町人といったものだ」「次は女子と俳優だ、女子と小人は養い難し、又役者は磧《かわら》者と世間から賤しめられたものだ、私は其《そ》の賤しめられた一の素町人の立場から、大《おお》いに女子と役者に同情を表する」（一九〇八年九月一六日付「東京朝日新聞」）と挨拶。当時の役者の地位は低く、森律子が第一高等学校生だった弟の運動会を見に行った際には退席を求められ、翌日それを苦にした弟が自殺するという事件もあった。

しかし若い女性たちにとっては憧れの職業で女優養成所は次々にできた。一九二六（大正一五）年には「警察も持てあます女優募集の大わな」「花時に地方娘を釣り出すいかもの研究所がまた続々と現わる」（一九二六年四月一六日

女優養成所

東京朝日　大正十五年四月十六日　(二)

警察も持てあます女優募集の大わな
花時に地方娘を釣り出す
いかもの研究所がまた續々と現はる

釣り出された女中の行方
留守を頼んで主人が外出中飛び出す

怪しい募集所を片ツ端から訪問
二日がゝりで足をすりこぎにした記者

彼等の連絡手段
月謝前納ぶつたくり
結局は銘酒屋へ賣る

行く女が悪い
警察の談

朴烈思直して断食を中止す
降涙共に下つての所長自らの教訓に
四日目で初めてとる食事

正午までに喧嘩十三組
けふの飛鳥山

詐欺まがいの女優募集を告発する記事。(『芝居とキネマ』5〈4〉、大阪毎日新聞社)

付「東京朝日新聞」）という文字が踊っている。「スター協会」「ミヤコプロダクション東洋キネマ合名」などという看板を掲げて女優を集めているが、一年で五回名前を変えるところもあるとか。月謝や入会金は前納制で「この手合は皆それぐ連絡を取っており手を握り合って同じ穴のたぬきのようなもの甲から誘ったものは乙にやり乙で処分する、そして甲に尋ねて行くと「いませんよ」と鼻であしらって了《しま》う、入会金や月謝はお互《たがい》に分け合っている」とのこと。やってくるのは意外にも中上流家庭の子女のため、体面を気にして発覚しにくいと記事にはある。

DATA

数字で見る大手劇場の女優養成（一九二〇年）

募集年齢：一五〜二〇歳
修業期間：一〜二年
月謝：無料

女優養成所

＊1 **柴田善太郎**　一八七五（明治八）年生まれ、俳優。一七歳で川上音二郎に入門して人気を呼び、七年後には川上座の幹部となる。震災後は伊村義雄一座の客員として巡業。その後、寿劇場の事務員をしていて病に倒れたという。一九四〇（昭和一五）年没。

＊2 **高田の門下**　新派俳優の高田実のことだろうか。鉄道駅員から川上音二郎一座に加わった変わり種で、新派俳優の代表的人物の一人。

＊3 **新派**　一八八八（明治二一）年に始まった現代劇、翻訳劇のこと。従来からある歌舞伎（旧派）に対し「新派」と呼ばれた。

＊4 **お前とならば**　一九一四（大正三）年にヴァイオリン演歌師の添田唖蝉坊が作った「どこまでも節」（別名「どこいとやせぬ」）。後にお座敷などで演奏される俗曲となった。

＊5 **十五人**　二一人説、一二人説あり。

職業紹介所

婦人記者　長松千代子
「変装探訪　口入業屋を覗くの記」
朝鮮公論社『朝鮮公論』九（九）、
一九二一年

職業紹介所への化け込み

職を求める女性に化けた記者、京城府中区旭町（現大韓民国ソウル特別市中区）の「口入屋《くちいれや》」と書かれた赤い行灯《あんどん》の下がる格子戸をくぐった。「こんばんは」と土間に入ると、長火鉢を囲んでおかみさんらしき人がチラリとこちらを見て中年女性と映画の話を続けている。しばらく待っているとひと段落ついたのかキセルに煙草をつめながら「何が用《（ママ）》ですか」と聞いてきた。「ハイ」と答えるとたっぷり二、三服吸ってから「どこかに行く気ですか」。またも「はい」と答えたがわかりきったことなのでこちらの返事も待たず「やっぱり大きくなって偉物《えらもん》になる人は幼少時《こまかい》から違いまんなあ」な

「カフェー」「日本料理」「女中」などの文字が見える。(『写真記録　日本広告史』、日本図書センター)

口入屋の外観と中の様子。（天野藤男『都に憧れて』、親愛社）

職業紹介所

ど中年女に向かって雑談を続ける。話しながらもこちらを上から下まで値踏みするおかみさんの視線に嫌な気持ちになる記者。

　やっとこちらに向かって一言「まあかけたらいゝでしょう」と言うが記者は〈まあとは何と言う言いぐさだろう先刻《さつき》から身体《からだ》のやり場のない様に立たせて置き乍《なが》ら〉と腹立たしく思う。そこからしばらくまた映画の話が続いた後に、「あゝもう十二時だ」と時計に目をやり、やっと「あんたどんな所へ行く気?」「まあ上《あが》りなさい」と言う。ところが「筍《たけのこ》はまだ高いな」などと再び世間話を始めそうなので帰ろうと立ち上がったところを「まあ上ったらどうですか、どんな所へ行きますか、あんた奉公は初めてですな」と話してきた。これを逃すといつまで待たされるかわからないと考えた記者、どこでも良いから働きたいと言ってみる。すると「口は幾程《いくら》でもあるがさあどんな処があんたには向きますかなあ、月給取り?、窮屈でけち〳〵して居ますよ更科《さらしな》から言うて来て居るがあんな所は給金に手は付かないがなあ、仲居さんたちが足袋《たび》の古いのや何かはくれるし板場さんは居るし皆々可愛から《（ママ）》れゝば貰い物が多くて気楽でいゝがな」と半分は話相手の中年女性に言うと、相手は

「お母さん私をそこへやって下さい」と冗談を言う。

そこで記者が「そんなに仲居さんがいゝなら一つ行って見ましょうか」とその気になったふりをすると呆れたことにおかみ、突然顔いっぱいに愛嬌を作る。「更科に行けば今いうたようないゝ事もありますし、それよりいゝ処もありますよ」と太平町（現大韓民国中区）の料理屋を勧めてきた。「それは一寸《ちょっと》した料理屋ですが仲々繁盛しますですよ仕事はお客さんのお酒のお相手をして居ればそれでいいんですよ、それや面白くお可笑（ママ）しく浮世を三分五厘で過すことが出来るんです、それは〱いい処でなんなら今から直《す》ぐにご案内しましょうか」。記者はこの際太平町の〈魔窟〉を探検する好奇心に駆ら

暖簾のかわりに大看板をかかげた職業紹介所の様子。（『写真記録 日本広告史』、日本図書センター）

れ、「それあ御神《おかみ》さん太平町でも何処《どこ》でもいゝのですよ食われる処があったら、どうぞ世話して下さい今から、御伴しますが、今一寸宿に帰って荷物を持って来ますから、どうぞね待って居て下さい」と答える。おかみはホクホク顔で「ヘエヘエ待ちますともくじゃ此処で待って居ますから直ぐいらっしゃいよ」。外に出た記者はもちろん戻る気などない。〈社会に害毒を流す悪老婆タバカッタのと先刻《さつき》の復讐をしたのを覚えて思わず会心の笑《えみ》を漏らすのであった〉。

職業紹介所

職業紹介所の仕事

職業紹介所は江戸期には桂庵《けいあん》、口入屋、人宿《ひとやど》とよばれ、雇人や奉公人に仕事を紹介する場所としてあったが、一八九一（明治二四）年の「雇人口入営業取締規則」発令以降、手数料をとって仕事を斡旋する者は皆「雇人口入営業者」とされた。

この仕事、資格などは必要なく誰でも始められるとあって違法なことをする悪徳業者も大量に出た。そのため一九〇三（明治三六）年に取締規則ができ、一定額以上の不動産を有すること、警察の認可を得ること、紹介手数料の上限制限を守ることなどが定められ、違反すると勾留、罰金が適用された。日露戦争後に都市に出てくる地方者が増加し、口入屋も増えて競争が熾烈《しれつ》化してくると、ますます悪徳業者が蔓延《はびこ》った。

彼らのやり口は例えばこうだ。〈自分の店から周旋して、或る家に住み込ませた女中を、そのまま其処《そこ》に永く置いては、ただ一度の手数料を取っただけでさっぱり物にならぬ、そこで一月か一月半も経ったころ、引手婆が寄《そっ》と呼出しをかけて何処処処《どこそこ》に您《こ》ういう好い口がある、お給金がずっと多くて、奥さんも旦那さんも親切な好い方ばかりだ、（中略）您《こ》うして一人の女から二度も三度も手数料をせしめて、自分の懐を暖めると云う〉（「桂庵と妾と売笑婦」勿来関人『横目で見た東京』、星成社、一九一二年。引用以下同）。また、年が若く器量が良い客は「玉」と呼ばれ、誉めそやして高い手数料の仕事に誘導する。〈妾奉公の口もある、奥女中（実は妾）の口もある淫売料理屋の口もある何方《どちら》にへ向けても莫大な金になる〉というわけだ。ひどい場合は横浜から船に乗りアメリカや中国、東南アジアに人身売買する。まさに悪徳口入屋は地獄の入口だったのである。

なお、公立の無料職業紹介所は東京市が一九一一（明治四四）年に開設していたものの、気後れするのか行く者は多くなかったという。

ちなみに、記事の舞台は当時日本の植民地だった京城、今の韓国ソウル市である。京城の日本人街は三越呉服店京城出張所をはじめとする百貨店、ホテル、レストラン、カフェ、映画館などが立ち並ぶ大都会で、口入屋の実態も東京や大阪と大きく変わらないと考えられる。左に当時の京城の状況を掲げる。

職業紹介所

DATA

数字で見る京城在住内地（日本）人（一九二〇年）

人数：六万五六一七人

芸娼妓数：八八五人（芸者三一〇、娼妓五七五）

経営の貸座敷数：一四〇軒

ダンサー

「ダンスホールを密偵するの記」
主婦の友社『主婦の友』二〇（一）、
一九三六年

ダンスホールへの化け込み

ダンスホールに潜入しようとしたものの怖じした記者、ひとまずダンスを習おうと教室に行くことにする。ダンス教室といえば〈東京だけでも五十何軒〉〈インチキが多いのもこれが一番〉だが、新聞の案内欄からなるべく大きそうなところを選んで行った。ビルの一室に入ると「お習いになるんですか」「えゝ」「じゃあ、月謝を納めて頂きます」と三円を要求される。中は蓄音機があるだけのがらんとした部屋。生徒の手をとって教えている教師は東京で一番女性客が多いというが〈至って風采の上らない小さい人〉で教え方が上手いようにも見えない。常連の奥さんに聞いてみると「リードす

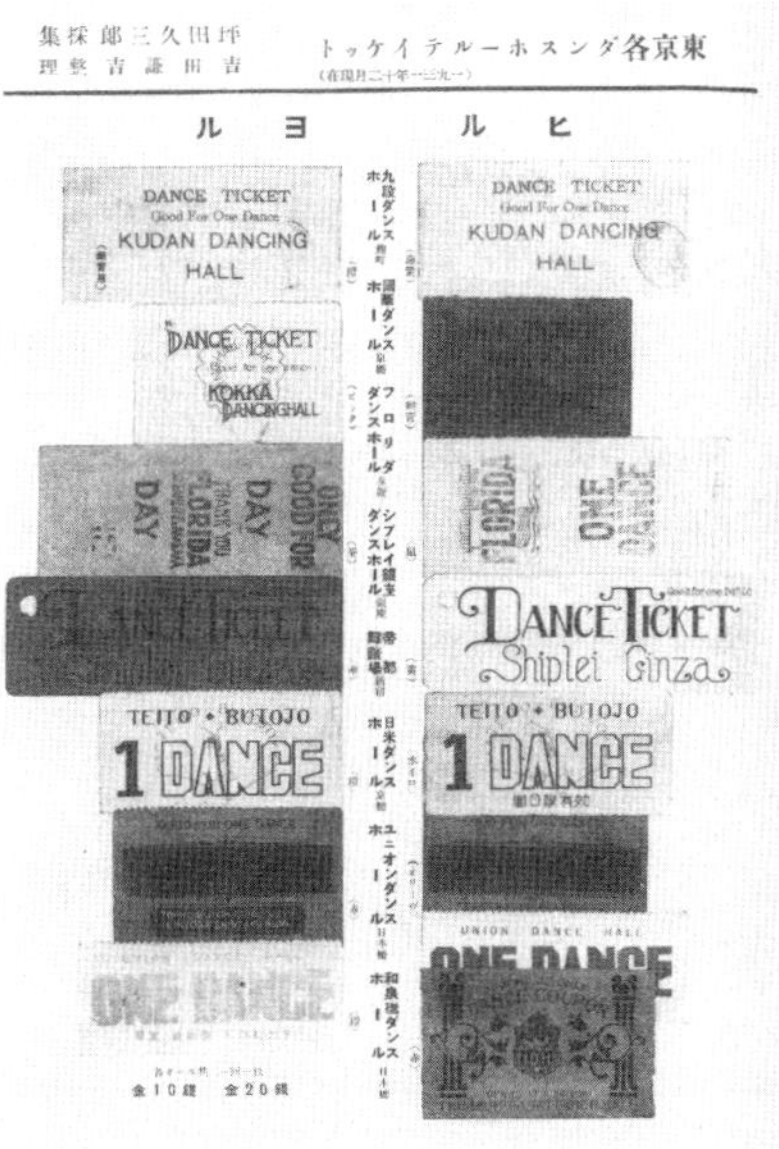

それぞれシプレイ銀座ダンスホール（上）と国華ダンスホール（下）のチケット。（今和次郎、吉田謙吉編『考現学採集　モデルノロヂオ』、建設社）

ることが上手なのね。あの人と踊っていると、つい夢中になって、幾番でも疲れるまで踊ってしまうんですよ。どんなときでも、ぴったり意気を合せてくれる、そこが魅力なんでしょう」。この女性、三度の食事より踊ることが好きというが四十過ぎて飾り立てているので〈どういう境遇の方か〉と訝《いぶか》しむ。

さて、自信をつけて再びKホールに挑んだ記者、チケットを買って女性ダンサーを指名。踊りながらインタビューをしてみた。曰《いわ》く、青森の女学校を出て上京、働きながら洋裁を習おうとしたが一ヶ月しか保《も》たなかったという。「とどのつまりがこゝに流れ込んじまったってわけよ」と自嘲気味に笑ったところで音楽が止み、ダンサーは席に戻ってしまった。再び指名して続きを聞く。実家は裕福だが母が亡くなり継母が来たことで折り合いが悪くなり上京。昼間は女中の仕事をして夜は洋裁を教える学校があると知り入学したが、先生も生徒もいい加減で、奉公先の家は〈変なことばかりすゝめる〉ために飛び出し、友人の家に身を寄せたがいつまでもいられないのでダンスホール

ダンサー

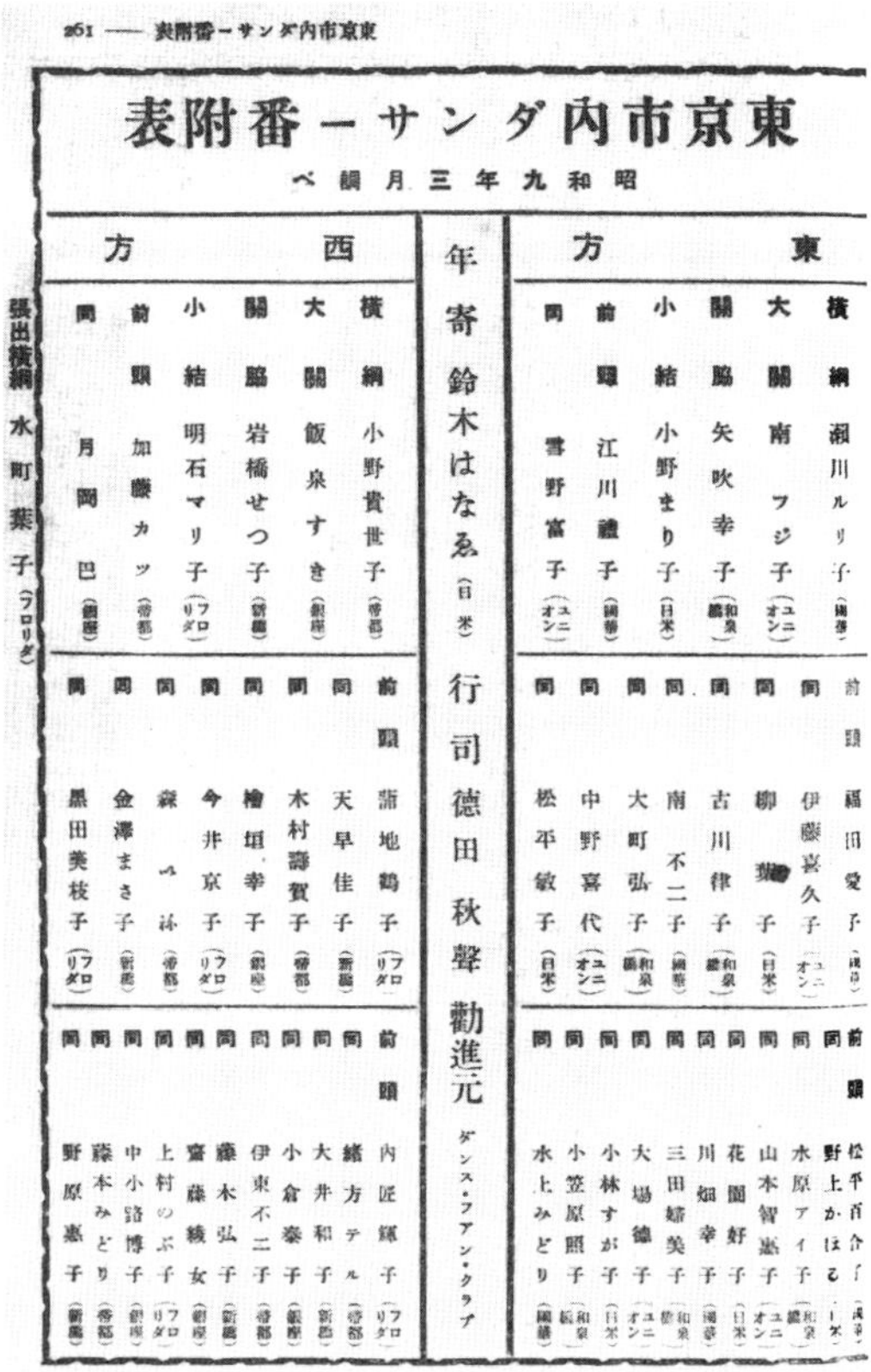

261 —— 東京市内ダンサー番附表

東京市内ダンサー番附表

昭和九年三月調べ

地位	東方	地位	西方
横綱	瀬川ルリ子（國華）	横綱	小野貴世子（帝都）
大関	南フジ子（ユニオン）	大関	飯泉すき（銀座）
関脇	矢吹幸子（和泉橋）	関脇	岩橋せつ子（新橋）
小結	小野まり子（日米）	小結	明石マリ子（フロリダ）
前頭	江川禮子（國華）	前頭	加藤カツ（帝都）
同	雪野富子（ユニオン）	同	月岡巴（銀座）
前頭	福田愛子（國華）	前頭	蒲地鶴子（フロリダ）
同	伊藤喜久子（ユニオン）	同	天早佳子（新橋）
同	柳[illegible]子（日米）	同	木村壽賀子（帝都）
同	古川律子（和泉橋）	同	檜垣幸子（銀座）
同	南不二子（國華）	同	今井京子（フロリダ）
同	大町弘子（和泉橋）	同	森[illegible]（帝都）
同	中野喜代（ユニオン）	同	金澤まさ子（新橋）
同	松平敏子（日米）	同	黒田美枝子（フロリダ）
前頭	松平百合子（國華）	前頭	内匠輝子（フロリダ）
同	野上かほる（日米）	同	緒方テル（帝都）
同	水原アイ子（和泉橋）	同	大井和子（新橋）
同	山本智惠子（ユニオン）	同	小倉泰子（銀座）
同	花園好子（日米）	同	伊東不二子（帝都）
同	川畑幸子（國華）	同	藤木弘子（新橋）
同	三田婦美子（和泉橋）	同	齋藤綾女（銀座）
同	大場德子（ユニオン）	同	上村のぶ子（フロリダ）
同	小林すが子（日米）	同	中小路博子（銀座）
同	小笠原照子（和泉橋）	同	藤本みどり（帝都）
同	水上みどり（國華）	同	野原惠子（新橋）

張出横綱　水町葉子（フロリダ）

年寄　鈴木はなゑ（日米）

行司　徳田秋聲

勸進元　ダンス・フアン・クラブ

雑誌に掲載されたダンサー番付。（「東京市内ダンサー番附表」『話』2〈5〉、文藝春秋社）

に勤めることにしたという。記者は〈女学校まで出ていながら、一度《ひとたび》軌道を蹈み外したら、どこまで転落して行くのか。涙を押しかくして、明日のパンのために踊る可哀そうな彼女よ〉と同情する。

それにしてもダンス教室にいたような中年女性たちが見当たらない。事情通に聞いてみると、週末に同好の士だけでホールを借り切ってパーティーをしているらしい。その日に限ってダンサーは特別サービスで無料なので独身者にはありがたいが、今は開催希望が殺到していて会場が空くまで数ヶ月待ちだという。パーティーは夫婦連れを対象にした「家族デー」だが人妻を誘う既婚者も多い。なお、自宅にホールを持つ裕福な家やホテルで開くパーティーもある。豪華さでいえば関西が一番で床《ホール》開きをした家を訪ねると「門から玄関までの遠いこと。やっと着いたところは一見純日本建築でありながら、床《ホール》は実に落着いた洋式で、その壁には、一枚少くとも数万円を投じた油絵がずらりと並び、そこゝに置かれた蘭も、一鉢二三千円もするっていうんですから、驚きましたよ」。会費を払えばメンバーでなくても行けると聞

ダンサー

いて記者もパーティーに足を運んでみたが〈昼間のホールの興醒めなこと。疲れたようなダンサーの顔、薄汚れたドレス、擦れた靴が物哀れに目について、踊って貰う気もしない〉と感じた。

次に、取り締まりの厳しい東京を避けて埼玉のW駅にできたダンスホールに行ってみる。汽車のような建物の前にずらっと並んだ車が盛況をうかがわせる。中はかなり暗く、リズムに合わせて照明が点いたり消えたりするが、暗転すると満点の星を頂く夜空が浮かび上がるなど、なかなか雰囲気がいい。一人で悦に入って踊っている客を見た記者、〈あんなのにつき合うダンサーはたまらないだろうと、思わず同情〉したが、事情通は「馬鹿にダンサーに同情するんですね。ダンサーだって腕達者な古猛者《もさ》の中には、踊りながら不良老年なんかゞ喜びそうなテクニックを、巧みに使うのがいるんですよ」。踊りながら身体を寄せたりして男性客を誘惑して通わせるらしい。しかし彼女たちに言わせれば、踊りながらのナンパ、侮辱、待ち伏せに〈泣かされる〉ことも多々あるという。それでも彼女たちは働き続ける。なぜなら稼がなければならないからだ。ナンバーワン嬢曰く「こゝにいる人大抵はお家《うち》のため

「W駅にできたダンスホール」(P253)こと埼玉県蕨市の「シャンクレール」の外観。(『実用建築講座　第7巻』、東学社)

に真面目に働いていますのよ」。恋愛はするかと聞くと、相手が金持ちの場合はダンサーと釣り合わないと横槍が必ず入る。「だから、長くやっていると先に望みはなし、結局お金でも沢山とらなくちゃあということにもなるのよ」。記者は〈シャンデリアの光を浴びて踊るダンサー、辛い涙を胸に秘めて笑うダンサー、彼女もまた職業婦人です〉と書く。

ダンサー

ダンサーの仕事

ダンスホールのダンサーという仕事はもう存在しない。もっといえばこの時代のダンスブームは一九一九（大正八）年ごろから一九四〇（昭和一五）年ごろまでのわずか二〇年ほどのことだ。

ここでいうダンスはいわゆる社交ダンス[*1]でフォックストロット、クイックステップ、タンゴ、ルンバ、チャールストンなど。東京、大阪、京都などでは酒類禁止でコーヒーや茶菓子が出るだけだが、それでも薄着の女性と接近するためか不倫騒動や殺人事件の報道が絶えなかった。

国華ホールのダンサーたち。客に呼ばれるまでは一列に座っている。(『大東京写真帖』)

ダンスホールでダンスを踊る男女。(「ダンス・ホール」『文学時代』4〈1〉、新潮社)

ダンサー

店のシステムはチケット制で平日昼の部（一九時まで。音楽はレコード）一枚一一銭、夜の部（一九時以降閉店まで。生バンドが二、三組出演）は一枚二二銭、週末昼間は記事の通り「家族デー」で会費一円前後を払えばダンサーとは無料で踊れる。ダンサーとはもともと踊るパートナーのいない男性客のために登場した仕事である。が、次第に彼女たち目当てに来る客が増え、カフェーの女給に替わる花形職業となる。女給と同じくホールの従業員ではなく個人事業主扱い[*2]でチケット代とチップ（多くはチケットで支払われる）で生活している。チケット一枚につきダンサーの取り分は四割前後。一曲三〜五分なので人気があれば一晩で一〇〇回以上踊り、九円くらい稼ぐ。週一回の公休を抜いて月二〇〇円ほどもらえるがチップが同額あることもある。とはいえ、衣装や化粧品など必要経費はどうしても嵩《かさ》む。女給と同じくいい男性を捕まえて結婚することが足を洗う近道である。そのような例は、赤坂「フロリダ」のナンバーワンダンサー、田邊チェリーと小説家、脚本家の北村小松のようになくはない。しかし一握りの女性の話である。ダンサーたちの頼みの綱はお金しかないのだ。

國華

日本橋區八丁堀
（電話京橋六、九七九）
經營者　植木康晶
ダンサー　百四十名
樂士　二十四名

ここはいま改築中《かいちくちう》、大工《だいく》さんとマネヂャーがゐるきり、十月二十《か》一日開場《にちかいぢやう》、いま最後《さいご》の裝飾中《さうしよくちう》だ。以前《いぜん》は東京《とうきやう》で一番《ばん》きたないホールで客種《きやくだね》もあまり感心《かんしん》しなかつた

威勢《ゐせい》だらう。

鈴村てる子

ダンサーのスター連《れん》は福《ふく》田愛子《あいこ》君《くん》(23)鈴村《すゞむら》てる子《こ》君《くん》(20)石井《いしゐ》惠子《けいこ》君《くん》(18)糸川博子《ひろこ》君《くん》(25)關口《せきぐち》てる君《くん》(24)柏きみよ君《くん》(18)など。惜《を》しい哉《かな》、いま休暇中《きうかちう》で一々御面會《ごめんくわい》能はざること殘念也《ざんねんなり》。

雑誌に掲載された、国華ダンスホールの看板ダンサー。（「東京ダンスホールめぐり」『実業の世界』30〈11〉、実業之世界社）

なお、記者が潜入したKホールとは「国華ホール」と思われる。一九二八（昭和三）年に新宿で開業、その後八丁堀に移転し、面積一一〇坪以上、ダンサー一〇〇人以上という大箱になった。また、埼玉W駅にできたダンスホールとは蕨駅前の「シャンクレール」だろう。小野薫『ダンスホール』（東学社、一九三五年）によれば開業は記事の一年前、建坪二一〇坪、天井は青く塗られ「天空を現す電灯照明を施す」とある。ここでは東京で禁止されている学生の入場もでき、酒も出たという。

ダンサー

DATA

数字で見る東京のダンサー（一九三六年）

一晩で踊る回数：平均一〇〇回程度
チケット代の取り分：三割四分
税金：第二種技芸士税（二等：一九円五二銭、三等：九円七六銭、四等：四円八八銭）

＊1 **社交ダンス**　昭和に入るとシミーダンス（ジャズに合わせて上半身を激しく揺するダンス）など多少扇情的なものもあった。

＊2 **個人事業主扱い**　半年ほどは馴染客もおらず技術も未熟ということを鑑み、月収三〇円未満のダンサーには経営者が三〇円までは補償するところもある。

百貨店店員

「記者の労働体験記　俄か仕込みの店員に化けて百貨店の売場に働く」新公論社『婦女界』五五（五）、一九三七年

百貨店店員への化け込み

この記事の場合、雑誌社は百貨店に潜入取材の話を通している。ただし客は記者を店員と思って接している。また、男女二人の記者がそれぞれ潜入して記事を書いているが本書では婦人記者のみ取り上げる。

舞台は日本橋「白木屋《しろきや》」デパート。お揃いの青い制服を着込み、まずは一階のショール売り場に入る婦人記者。〈見習いの内は、まるで沢蟹か何かのように、柱のかげや売場の隅に、小ぢんまり隠れているものだ〉という主任の言葉通り、大海へ泳ぎ出す勇気もなく大理石の柱の影にいると、「あのう、

このテで、もっと目の細かいのありませんかしら?」とお客に声をかけられた。ドギマギしていると主任が助け舟を出してくれ、名調子であっという間に売り上げた。「今頃くるお客様は、大抵買う心算《つもり》で見ていらっしゃる。たゞアレかコレかと迷っているんですから、御気に召しそうなのを上手に決めてあげれば、大抵お買上げになるものです」と商売の秘訣を授けられる。そうこうするうちに、桃色地に奇抜な舟の模様の羽織を着たお嬢さんが「このクリームとこっちのクリーム色は違うんでしょうか? この方が濃い気がするけど」と柄違いのショールを見せてくる。「同じでございます。此方はクリーム地に白の模様、此方は白地にクリーム色の模様入りですから、感じが違うだけでございます」「そう、どっちがいいかしら」「一寸《ちよつと》おかけになってごらん下さいませ」とショーケースの上の鏡を客の方に傾ける記者。「白地の方は柄としてはそう面白くないのですが、おかけになりますと、クリーム地よりずっとお似合いになります。柄は平凡でもお似合いになる方を、お求めになった方がお得でございます」と分かったようなことを言う。さらに「お値段もお恰好でございますし」と付け足したが「そうね、じゃこれ頂くわ、いか程?」と聞かれて慌てて値札を探す羽目になり慌てた。しかしお嬢さんはとくに気にしていないようだった。その後、数名の客を相手にして一二時までに一〇円前後のショールを八枚も売った。

昼休みに屋上に出てみると遠く品川沖から潮風が吹き、アドバルーンが揺れている。それを眺めながら女性店員たちの気持ちになってみる記者である。午後からは五階の半衿売場へ。こちらは〈格安半衿三十銭、帯揚五十銭より〉という特売場のため目まぐるしく走り回る。しかも商品ごとに値段が違うためにまとめて買われると合計額を出すのに手間取る。そこでたくさん買いそうな客にそれとなく付き、選り出した商品の値段を覚えておくことにした。そうすればいきなり束で差し出されても「は、六十二銭と五十八銭と三十六銭と七十七銭、二円十三銭頂戴いたします」とすぐに言えるのだ。ここでの売り上げは半衿二、三〇本、計一五円だった。

六時になると閉店第一鈴が館内にリーンリーンと鳴る。やがて第二鈴が鳴るとケースの上に立てたものを横に倒し、商品の上に布やハトロン紙を掛ける。最後に大きな電灯が消えて終業した。

百貨店店員

百貨店店員の仕事

白木屋は大村彦太郎が一六六二（寛文二）年に日本橋通り二丁目に雑貨商「白木屋」を開店したことに始まる。一七〇四（宝永元）年には呉服も取り扱うようになり「越後屋」（現「銀座三越」）や「大丸屋」（現「大丸」）と並ぶ江戸三大呉服店に数えられた。一九〇三（明治三六）年、洋風建築の店舗を落成、業界初のショーウインドウを置き、女性店員三名を初めて登用する。一九一一（明治四四）年には日本初の少女歌劇「白木屋少女音楽隊」を結成、宝塚少女歌劇団にも影響を与えた。

店員教育にも熱心で一九一六（大正五）年に丁稚奉公の「子供店員」向けに寄宿舎を建設、一九二八（昭和三）年には白木商業学校を創設するなど力を入れていた。

しかし一九三二（昭和七）年、前年に新築したばかりの日本橋本店が大きな火災に見舞われる事件が発生する。一二月一六日午前九時一五分、四階玩具売場でクリスマスツリーの装飾の豆電球を店員が修理しようとしたとこ

「白木屋」デパート外観。(白木屋『白木屋三百年史』)

百貨店店員

ろ、火花が飛んで雪を模した綿に引火。一分ほどでフロアは火の海になり、たちまち八階まで燃え広がった。当時店内にいたのは大勢の客と一三〇〇人あまりの店員。消防関係者六五九名、ポンプ車二九台、はしご車三台、水管自動車二台、放水銃一台が駆けつけ、空からは陸軍の飛行機が出動した。この火災による死者は一四名、重傷者二一名という大惨事となった。この時から引火しやすいセルロイドの玩具がデパートから消え、それまで和服を着ていた女性店員たちに洋服着用が奨励された[*1]（制服のブラウスが支給されたのは翌年）。

なお、被災者のほとんどが店員だったことに同情が集まり、一時的に売り上げが上がった。しかし概ね経営は苦しく、太平洋戦争前夜には価格統制などの影響もあり麻痺状態に。戦時中は空襲被害に遭い、戦後は一九五二（昭和二七）年にようやく再開。しかし思うに任せず一九五六（昭和三一年）に東急傘下となった。そして一九六七（昭和四二）年に日本橋店が「東急百貨店日本橋店」に改称され、白木屋は名実ともに消滅した。

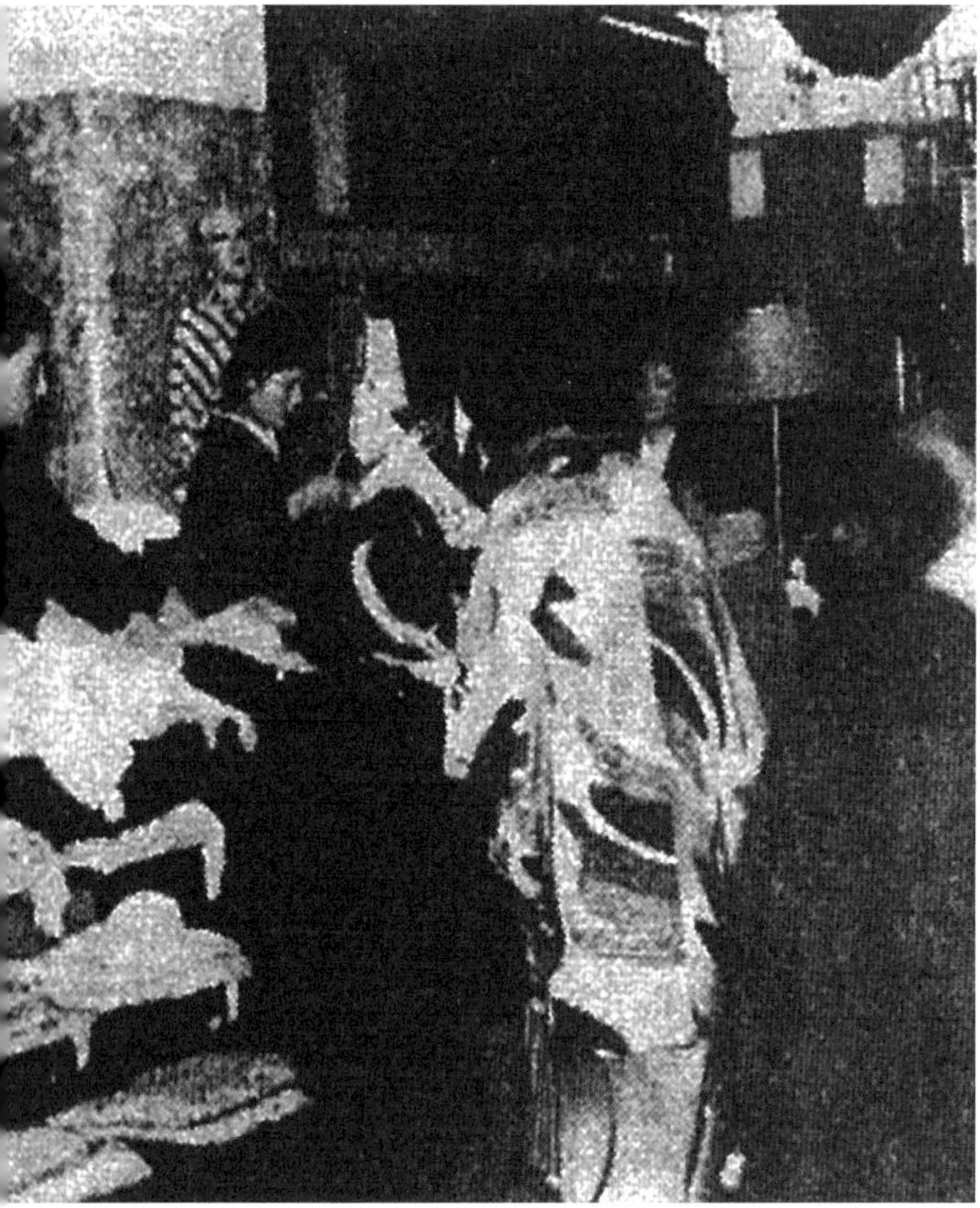

中央の黒っぽい着物の女性が店員となった化け込み記者。（「記者の労働体験記　俄か仕込みの店員に化けて百貨店の売場に働く」、『婦女界』55〈5〉、新公論社）

百貨店店員

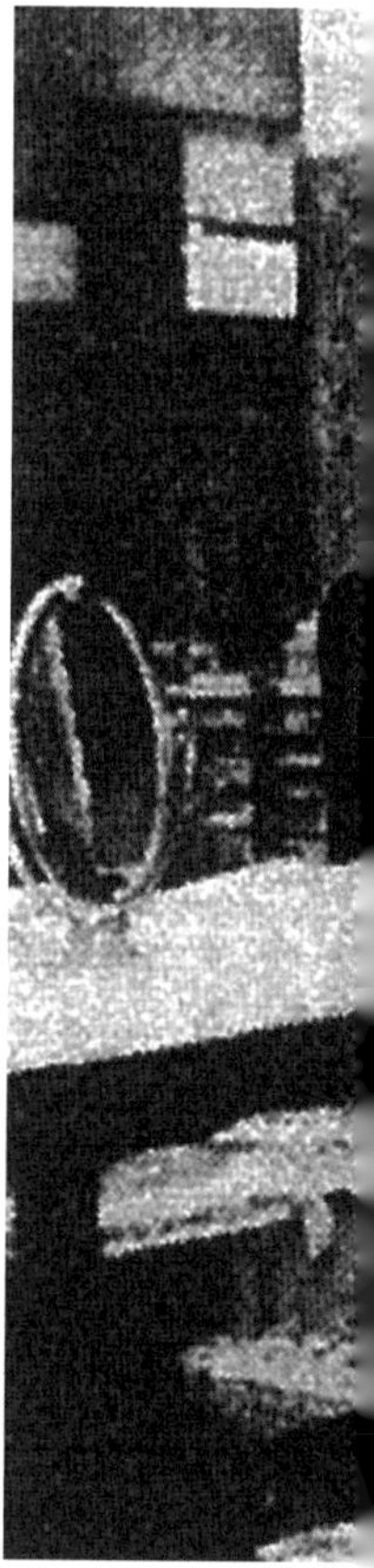

DATA

数字で見る白木屋（一九三七年）

店員数：約二五〇〇名

東京市内分店舗数：八店舗（大塚、大森、五反田、錦糸堀、大井町、大久保、麻布、神楽坂）

八分店舗面積数：八四〇〇坪

＊1 **洋服着用**　食堂の女子店員は早くも一九二四（大正一三）年に洋服の制服となっている。なお、この火災でズロース（下着）をつけていない和服の店員たちが見物人を気にして下に降りられず亡くなったという通説があるが、井上章一『パンツが見える』（朝日選書、二〇〇二年）では論証を重ねて事実ではない可能性を指摘している。

おわりに

本書は、一九〇七（明治四〇）年に下山京子が始めた「婦人行商日記　中京の家庭」を皮切りに、一九三七（昭和一二）年の「記者の労働体験記 俄か仕込みの店員に化けて百貨店の売り場に働く」まで、三十年にわたる化け込み記事と婦人記者たちの奮闘ぶりを追ってきた。

残念ながら、婦人記者の化け込みは新聞史のなかでもほとんど無視されている。

そもそも男性記者によるスラムルポですら再評価の機運が高まったのはここ二～三〇年のこと、スラムルポのように社会制度の貧困を訴えるような崇高なテーマ性の感じられない化け込みは、面白半分の泡沫企画と見なされていた。一時のブーム、徒花というわけだ。

しかし、化け込みが社会に与えた影響や意義は決して小さくはない。

まずは何より、商業主義に舵を切った当時の新聞界になくてはならない企画であった。読者が増加し夕刊の創刊も相次いだこの時期、とにかく紙面を埋める記事が求められた。記者自らネタを作り出す化け込みは経費もほとんどかからず評判も良かったため、会社の経営にも読者の需要にも大きく貢献した。

また、化け込みが当たったことで婦人記者の存在を世にアピールできた。物議を醸しはしたがその裏で実は記者を志願する女性たちを誕生させていた。例えば、若い頃から老け役でならした日本一のお婆さん女優と言われた飯田蝶子もそのひとり。中平文子の化け込みを読んで芸能新聞社に記者として入社し、広告取りで行った赤坂の待合で化け込みを行って東京毎夕新聞の社会部長に売り込んだという（『日本映画俳優全集・女優編』、キネマ旬報社、一九八〇年）。通訳や速記など専門分野を持たない女性でも記者を目指そうと思わせた化け込みは、女性の職業選択に影響を与えていたのである。

そして百年経った今日、女性たちの仕事現場のルポルタージュとして化け込みは貴重な資料となっている。電話消毒婦や百貨店裁縫部、女優養成所など、存在や実態があまり知られていない職業を発見したことも本書で得た大きな収穫だった。ものごとの価値は時代や視点によっていかようにも変わることを化け込みによってあらためて教わった気持ちである。

それにしても、男性優位の社会や職場で婦人記者たちが直面した困難や辛苦は計り知れないものがある。注意したいのは、これが決して過去の話ではない点だ。

全国紙で女性初の政治部長となった佐藤千矢子氏の『オッサンの壁』（講談社現代新書、二〇二二年）には、いまだにメディアが男性中心に動いていることが記されている。佐藤氏は「男女雇用機会均等法」施行後の一九八七（昭和六二）年に毎日新聞に入社し、一九九〇（平成二）年に政治部に配属されて「総理番」になった。この年は異例なほど女性記者が増えたというが、それでも総勢百人の記者のうち女性はたった一一人。この年の日本の総人口における男女比が女性一〇〇に対して男性九六・四八（国勢調査より）と男性の方が少ないことを見れば、アンバランスさはさらに際立つだろう。メディアは社会的影響力が強い。常に男性目線の報道を流すことで社会意識が造出される危険性をもっと重く見るべきである。

さまざまな障害や葛藤のなかで佐藤氏が「オッサンの壁」を壊すために有効だと感じた方法は「クォータ制」（マイノリティの占める割合をあらかじめ一定の比率に定めることで格差を是正する取組み）の導入だという。とにかく女性の採用割合を増やす。女性枠は逆差別ではないかという意見もあるが、男性枠があった長い歴史から見れば批判は当たらない。女性の人数が増えれば自ずとシステムも変わり、より働きやすい環境になるだろうとしている。もちろんこれには両手をあげて賛成したい。

付け加えるならば、女性の枠が増えた暁には願わくば優等生タイプだけではなく本書に登場するようなはみ出しタイプも採用してほしい。よもや二一世紀にもなって社内の風紀が乱れるなどと言う人はいまい（乱れるとすればそれは女性だけの問題ではない）。初期の新聞社のように多様な人種がいてこそ多様な企画が生まれる。多様な企画は多様な社会に繋がる。多様な社会を作ることに貢献することこそメディアの大きな役割ではないだろうか。これは著者の端くれとしてメディアの末席を汚す自らへの戒めも込めて思うことでもある。化け込み記者の掘り起こしは、ある意味でそのささやかな一歩と言えるかもしれない。

本書を書くにあたって、多くの図書館、資料館にお世話になった。また、電話消毒の歴史資料として社史『50年のあゆみ』を見せてくださった電通セントラル株式会社の梶原さん、電話口消毒器の画像を貸してくださったさえきあすかさん、そして雑誌『うきよ』（楽文社）をはじめさまざまな資料をご教示くださったブログ「定斎屋の藪入り」を運営されている定斎屋さんには非常に助けられた。感謝の念にたえない。さらにお忙しいなか校正を引き受けてくださった大西寿男さん、素敵な装丁をしてくださったアルビレオの草苅睦子さん、小川徳子さんにも心よりお礼を申し上げる。なにより、ポンコツな著者に辛抱強く付き合ってくださった左右社の三上真由さん、あらためてありがとうございました。

徒花とされた多くの婦人記者の、そして働く女性たちの涙と汗が報われることを願って筆をおく。

二〇二三年五月　　　　平山亜佐子

こんなにある化け込み記事

掲載日時順

掲載日時	掲載媒体	発行元	記事名	筆者名
1890年8月29日～9月21日(貧)、10月7日～11月8日(餓)、12月8日～1月4日(顛)	日本	日本新聞社	貧天地、餓寒窟、顛狂国	大我居士(桜田文吾)
1892年9月下旬、11月(芝)、12月(裏)、1893年(東)	国民新聞	國民新聞社	芝浦の朝烟、裏店、東京雑俎、探検実記東京の最下層、東京最暗黒の生活	二十三階堂(松原岩五郎)
1895年5月10日～6月1日(社)、1896年12月15日～2月4日(都)、12月31日～1月4日(貧)	毎日新聞	毎日新聞社	社会の観察、都会の半面、貧民の正月	横山源之助
1906年12月6日～12月21日(全13回)	神戸新聞	神戸新聞社	貧民窟探険記	木工冠者
1907年10月18日～11月12日(全26回)	大阪時事新報	大阪時事新報社	婦人行商日記 中京の家庭	下山京子
1908年2月	東京パック定期増刊贅六パック10号4(2)	東京パック社	泥棒変装隊	巨眼
1908年4月8日～(全125回)	大阪時事新報	大阪時事新報社	楽屋の裏表俳優修業日誌	花水
1908年4月21日～23日(全3回)	読売新聞	読売新聞社	仮装隊の探検	無記名
1908年2月21日～2月28日(全17回)	神戸新聞	神戸新聞社	新聞記者化けくらべ	白面子(河野信治) 黒面子(田中謙治)
1908年10月1日～5日(全3回)	読売新聞	読売新聞社	新聞探偵	無記名(男)
1908年10月31日～(全13回、12抜け)	大阪時事新報夕刊	大阪時事新報社	鬼が出るか蛇が出るか 記者探偵第一班の活動 秘密探偵 共栄社	浪之助
1908年11月19日～(全30回。ダブり13抜け)	大阪時事新報夕刊	大阪時事新報社	鬼が出るか蛇が出るか 記者探偵 兵庫常盤花壇	下山京子
1909年～	報知新聞	報知新聞社	変装記者の出陣	無記名
1910年9月1日～15日	神戸新聞	神戸新聞社	懸賞記者変装記者	羽様荷香
1910年9月	新公論25(9)	新公論社	変装の記 浮世百態無料宿泊所へ集る人物の境遇	村上助三郎
1910年10月	新公論25(10)	新公論社	夜の首都	変装記者(村上助三郎)
1910年10月22日～11月18日	九州日日新聞	九州日日新聞社	熊本の暗黒面―変装記者の活動	不明

1910年11月12日	新公論25（11）（12）	新公論社	三日屑屋（上）（下）	変装記者（村上助三郎）
1910年11月	実業之世界7（22）	実業之世界社	田舎出の青年に仮装して実業家を訪問したる記者は如何なる待遇を受けたる乎	本社変装記者
1910～1912年	女学世界	博文館	不良青年団に客分となるの記？	村上助三郎
1911年1月	新公論26（1）	新公論社	太平楽の貧民街	変装記者（村上助三郎）
1911年2～3月	新公論26（2）（3）	新公論社	浅草公園の一夜、（下）	変装記者（村上助三郎）
1911年4月	新公論26（4）	新公論社	乞食となるの記	変装記者（村上助三郎）
1911年4月	冒険世界4（5）	博文館	兄貴に化けてドブロク屋に車夫公と語りし顛末	変装記者村上藍舟（助三郎）
1911年5月	新公論26（5）	新公論社	消防夫となるの記	変装記者（村上助三郎）
1911年6月	新公論26（6）	新公論社	かど附けの二日	変装記者（村上助三郎）
1911年7月	新公論26（7）	新公論社	手相見となりて巡査に捕まるの記	変装記者（村上助三郎）
1911年8月	新公論26（8）	新公論社	雨の貧民窟	変装記者（村上助三郎）
1911年9月	新公論26（9）	新公論社	工女探検記（悲惨なる工場生活の裏面）	変装記者（村上助三郎）
1911年10月	新公論26（10）	新公論社	露店日記	変装記者（村上助三郎）
1911年11月	新公論26（11）	新公論社	小料理店の女中に住み込むの記	変装女記者
1911年11月	廓清1（5）	龍渓書舎	視察 芸娼妓口入所視察記	婦人記者
1911年12月	新公論26（12）	新公論社	不良青年団の客分となるの記	変装記者（村上助三郎）
1912年1月	新公論27（1）	新公論社	下層人情うらの裏	変装記者（村上助三郎）
1912年2月	新公論27（2）	新公論社	おでん屋生活の二日	変装記者（村上助三郎）
1912年2月20～28日（全9回）	中国新聞	中国新聞社	変装社会探検	鯰坊（男）
1912年3月	新公論27（3）	新公論社	吉原の大門に立つの記	変装記者
1912年4月	新公論27（4）	新公論社	湯屋の三助となる記	変装記者
1912年5月	新公論27（5）	新公論社	詐偽の最も巧みなる競売屋となる記	変装記者
1912年6月	新公論27（6）	新公論社	乞食坊主となる記	変装記者
1912年7月	新公論27（7）	新公論社	刑事に尾行して大捕縛場に踏込むの記	変装記者
1911年夏前後？	時事新報	時事新報社	就職難、浮浪日記	無記名
1912年9月	新公論27（9）	新公論社	オワイ屋となるの記 最も同情すべき細農の生活状態研究	変装記者（村上助三郎）
1912年10月	新公論27（10）	新公論社	病娼婦を連れ出すの記	変装記者（村上助三郎）
1912年11月	新公論27（11）	新公論社	魔窟征伐軍の為に間諜となるの記	変装記者（村上助三郎）
1912年11月	新公論27（11）	新公論社	三味線弾きとなつて細民窟と花柳街を歩行くの記	婦人変装記者
1912年12月	新公論27（12）	新公論社	東京電燈会社の人夫となるの記	変装記者（知久峡雨）

1912年12月	実業の日本15(26)	新公論社	変装記者の見たる貧民長屋の今日此頃	変装記者
1913年1月	新公論28(1)	新公論社	新聞縦覧所の女中となる記	変装女記者
1913年1月	新公論28(1)	新公論社	田舎廻りの俳優となる記	変装記者(知久峡雨)
1913年2月	新公論28(2)	新公論社	豪傑めし屋の飯炊男となるの記	変装記者(知久峡雨)
1913年2〜3月	サンデー(215)(216)(219)(220)(221)	サンデー社	裏面探訪淫魔の東京(一)〜(四)(補遺)	
1913年2月3日	北海タイムス	北海タイムス社	下層裡面探検	変装記者
1913年3月	新公論28(3)	新公論社	看護婦会の事務員となるの記	変装記者(知久峡雨)
1913年3月	実業の日本16(6)	実業之日本社	変装記者の見たる貧民窟のお時婆	変装記者
1913年3月	うきよ(1)	楽文社	谷中五重の塔下の涙物語(変装記)	探検記者
1913年3月	うきよ(1)	楽文社	活動写真館内の誘惑手段	変装婦人記者
1913年3月	うきよ(1)	楽文社	落籍される遊女物語の著者▲大萬楼へ登楼し其妹女郎と語る	仮装記者
1913年4月	うきよ(2)	楽文社	恐るべき電車内の色魔(変装記)	変装婦人記者
1913年4月	うきよ(2)	楽文社	新吉原行化日記	俄雲水
1913年5月	うきよ(3)	楽文社	渋谷魔窟富士見屋の一夜	無記名
1913年5月	うきよ(3)	楽文社	記者の手を握りし紳士の名刺	変装婦人記者
1913年5月(全2回)	日本実業新報(184)(185)	日本実業新報社	魔公演両国 変装記者の実地踏査	灰色法師
1913年5月	新公論28(5)	新公論社	はなしかのぜんざとなるの記	変装記者(知久峡雨)
1913年6月	新公論28(6)	新公論社	法界節となるの記	夫婦変装記者
1913年6月	新公論28(6)	新公論社	お花〳〵と売りある記	変装記者(知久峡雨)
1913年6月	うきよ(4)	楽文社	横浜に斯る魔窟あり(探検記)	無記名
1913年7月	新公論28(7)	新公論社	積立貯金の勧誘員となるの記	変装記者(知久峡雨)
1913年7月	新公論28(7)	新公論社	質屋の番頭となるの記	三世変装記者
1913年7月	トヤマ(99)	トヤマ新聞社	泊り遊郭変装夜行記	無記名
1913年	朝鮮及満洲	朝鮮雑誌社	巡査の候補者となって京城の安下宿に泊り込む記	変装記者
1913年8月1日	新公論28(8)	新公論社	水力電気工事の土方となる記	変装記者(知久峡雨)
1913年8月	うきよ(6)	楽文社	婦人記者 変装蛎殻町の女	無記名
1913年8月25日	山陽新聞	山陽新聞社		
1913年9月	新公論28(9)	新公論社	共同長屋の廿四時間	第一世変装記者
1913年9月	朝鮮公論1(6)	朝鮮公論社	奇々怪々変幻出没録	変装記者一生
1913年9月	うきよ(7)	楽文社	結婚媒介所の内幕(一)	無記名

1913年10月	朝鮮公論1（7）	朝鮮公論社	奇々怪々変幻出没録　洋妾の宿	変装記者　胡蝶子
1913年11月	新公論28（11）	新公論社	カフェーライオンの給仕（ボーイ）となる記	変装記者（知久峡雨）
1913年11月	朝鮮公論1（8）	朝鮮公論社	奇々怪々変幻出没録 人力車夫となるの記	変装記者 胡蝶子
1913年12月	朝鮮公論1（9）	朝鮮公論社	奇々怪々変幻出没録 人力車夫に変装の記 同性の愛に溺れたる美少年の告白	胡蝶子
1914年1月	朝鮮公論2（1）	朝鮮公論社	奇々怪々変幻出没録　無宿浪人となるの記	無記名
1914年2月	朝鮮公論2（2）	朝鮮公論社	奇々怪々変幻出没録 鍋焼饂飩屋となるの記	胡蝶子
1914年4月5～8日（全4回）	読売新聞	読売新聞社	変装記	無記名（男）知久峡雨？
1914年5月	うきよ（15）	楽文社	変装記者 銘酒屋女に化る記	婦人記者
1914年6月	うきよ（16）	楽文社	変装記者 赤毛布吉原探検記	無記名
1914年7月	うきよ（17）	楽文社	帝都色魔探検記	甲婦人記者
1914年7月	うきよ（17）	楽文社	魔窟探検記	変装記者
1914年8月	うきよ（18）	楽文社	婦人記者 電話消毒女になる記	無記名
1914年8月	うきよ（18）	楽文社	吾社独特帝都色魔征伐記	婦人記者
1914年8月	うきよ（18）	楽文社	変装記者暗中飛躍記	無記名
1914年8月	うきよ（18）	楽文社	変装紙屑買遊郭歩記	大阪市局記者
1914年9月	うきよ（19）	楽文社	変装記者やとな目見え	無記名
1914年9月	うきよ（19）	楽文社	変装南京蕎麦屋の女	無記名
1914年10月、11月（全2回）	新公論28（10）（11）	新公論社	紳士の家庭に仲働きとなるの記	女変装記者
1914年10月	うきよ（20）	楽文社	変装吉原総まくり	赤毛布記者
1914年10月	うきよ（20）	楽文社	帝都横断深夜自動車調べ	無記名
1914年11月	うきよ（21）	楽文社	変装大阪島の内素見記（おおさかなんちひやかし）	無記名
1914年11月	うきよ（21）	楽文社	活動写真館を根城とせる女色魔征討記	無記名
1914年12月	うきよ（22）	楽文社	婦人記者色魔探検記	無記名
1915年2月22日～4月10日（全42回。但し番外2回含む）	中央新聞	中央新聞社	化込行脚 ヤトナの秘密と正体	婦人記者（中平文子）
1915年6月	日本商業新報1（552）	日本商業新報社	変装記者失敬記	小林秋骨
1915年7月	日本商業新報1（554）	日本商業新報社	吾輩は書生で有る（変装記者買物記）	小林秋骨
1915年8月1日	女の世界　1（4）	実業之世界社	女記者の化け込み振り	中平文子
1915年8月	日本商業新報1（555）	日本商業新報社	顧客の研究 商店化込みとお客の尾行記	如是閑
1915年8月	新公論29（8）	新公論社	鑛山 労働者のドン底気質（変装記者の実験労働記続篇）	知久峡雨（知久泰盛）

1915年4月11〜21日（全8回）	中央新聞	中央新聞社	雇仲居外伝 黒猫物語	中平文子
1915年4月	うきよ（26）	楽文社	本誌記者変装して料理店の下働きに住込む	無記名
1915年5月	うきよ（27）	楽文社	婦人記者変装して松屋呉服店を探る	松田はな子
1915年6月	うきよ（28）	楽文社	変装婦人記者彦多楼の新造に化込む	
1915年7月22日〜9月18日	中央新聞	中央新聞社	化込行脚 お目見得廻り（化込序でに花の吉原へ 9月10日〜9月18日）	婦人記者（中平文子）
1915年9月	うきよ（32）	楽文社	変装婦人記者 寄席の仲売女となる	無記名
1915年10月	朝鮮公論3（10）	朝鮮公論社	神出鬼没変装探検記（その一）	胡蝶子
1915年10月	うきよ（34）	楽文社	浮浪人を籠絡する広告利用者征伐	無記名
1916年2月	うきよ（38）	楽文社	記者変装して集金人と成るの記	平賀源吉
1916年8月	実業の日本19（10）	実業之日本社	立志奮闘 変装の実業家	素秋
1916年11月	うきよ（51）	楽文社	薄汚い土方風に変装して秋風冷き木賃宿を探る	無記名
1916年11月	うきよ（51）	楽文社	職業紹介所へ来る女	婦人記者
1917年1月	うきよ（52）	楽文社	富める都会の人達は哀れな乞食を何と見る	無記名
1917年1月	うきよ（52）	楽文社	新年余興記者競争──記者変装して京浜間に出没す	上野澪子 他7名
1917年4月	うきよ（55）	楽文社	記者変装して旅芸人となり調布東京間を無銭旅行す	（古田）華舟生
1917年6月	うきよ（57）	楽文社	浮世見学 売薬行商	無記名
1917年7月	福島新聞	福島新聞社	変装化込探訪（福島市を騒がす謎の美人巡礼に附きまとう記」など	無記名
1917年8月	うきよ（59）	楽文社	不親切極まる六〇六号の無料注射	探訪記者
1917年10月	活動写真雑誌3（10）	活動写真雑誌社	女弁士化込み日記	花笠蝶子
1917年11月	うきよ（62）	楽文社	変装受験記 自動車運転手電車車掌志願	無記名
1918年4月	うきよ（68）	楽文社	謡道楽乞食行脚	無記名
1918年11月	うきよ（75）	楽文社	芸妓に化けて身売りの掛合 はつめみえ	うきよ婦人記者 久松富美子
1919年4月〜（全3回？）	変態心理	日本精神医学会	変態生活者の変態心理研究──記者の変装探訪記──其の一 怪しき女の後を追うて	影山静夫
1919年5月？	変態心理	日本精神医学会	変態生活者の変態心理研究──記者の変装探訪記──其の二 小説中の女	影山静夫
1919年6月？	変態心理	日本精神医学会	変態生活者の変態心理研究──記者の変装探訪記──其の三 真夜中の口八台	影山静夫

1919年9月	活動画報3(9)	正光社	変装記者の大坂行脚(雑録)	天野忠義
1919年9月	活動画報3(9)	正光社	記者変装して千日前の深夜を彷徨う	天野忠義
1920年5月	活動写真雑誌2(5)	八展社	活動館の色魔釣り	大阪支局記者 天野忠義
1920年11月	活動写真雑誌2(11)	八展社	変装検非違使の行脚(社告)	無記名
1921年9月	朝鮮公論9(9)	朝鮮公論社	変装探訪 口入屋を覗くの記	長松千代
1922年9月	実業之日本25(17)	実業之日本社	変装して死線を越えること幾数回 生きながらの地獄土工の所謂監獄部屋を見て 世の青年に警告し、識者に訴う	曾山義彦
1923年3月	朝鮮公論11(3)	朝鮮公論社	変装探訪世相百態 裏から観た大京城の夜	無記名
1926年5月7~28日(全19回)	福島民報	福島民報社	変装記者の世相さぐり	無記名(男+比佐邦子)
1926年7月16日~8月7日(全30回)	大阪朝日新聞	大阪朝日新聞社	人間市場に潜行して	北村兼子+男性7名
1926年12月1日	雄弁17(12)		大東京どん底生活探訪記	井上星秋
1927年2月5日~	社会時報	広島県社会事業協会	市内木賃宿化け込み探検記	一変装記者
1930年8月18日~9月2日(全12回)	読売新聞	読売新聞社	美貌も美服も金も学問もない プロ女の新商売 変装労働の体験記	英 美子
1930年9月	実業の世界27(9)		悪桂庵のウチ幕を覗く変装記者の口入屋めぐり	甲記者乙記者
1931年11月	改造	改造社	東京暗黒街探訪記	葉山嘉樹、里村欣三
1932年1月24日~2月13日(全19回)	読売新聞	読売新聞社	婦人記者の変装探検記「貞操のS・O・S」	旗マロミ(小川好子)
1935年8月	話3(8)	文藝春秋社	新聞よろづ案内化け込み探訪記	C記者
1935年11月	話3(11)	文藝春秋社	女給に化け込んで一週間の体験記	B婦人記者
1936年1月	主婦の友20(1)	主婦の友社	ダンスホールを密偵するの記	婦人記者
1936年8月	明朗1(5)	信正社	ワンサガールになるの記	婦人記者
1937年4月	話5(4)	文藝春秋社	玉の井「花嫁学校」へ入学する	鈴木翠子
1937年4月	話5(4)	文藝春秋社	女ばかりの木賃宿に一泊する	泉田律子
1937年4月	話5(4)	文藝春秋社	スイート・ガール採用試験官となる	山本幹夫
1937年5月	婦女界55(5)	婦女界社	記者の労働体験記 俄か仕込みの店員に化けて百貨店の売り場に働く	男性記者、婦人記者
1953年9月	内外特報 9月下旬号	内外特報	化け込み探訪記 娼婦の居る新橋	無記名
1954年9月	りべらる	太虚堂書房	三行広告に応募する	本誌記者
1960年1月号	別冊週刊サンケイ(34)	産業経済新聞社	化け込み探訪・女の遊び場男の遊び場 第一話 キャバレー潜航〝二十四時〟	加藤てい子

1960年10月	週刊明星3(40)(114)	集英社	婦人記者の変装ルポ ミス・トルコ 化けこみ探検	無記名
1960年1月号	別冊週刊サンケイ(34)	産業経済新聞社	化け込み探訪・女の遊び場男の遊び場 第二話 男無用の店を往く	長崎抜天
1960年1月号	別冊週刊サンケイ(34)	産業経済新聞社	化け込み探訪・女の遊び場男の遊び場 第三話 密室の情事 氾濫	広池秋子
1960年1月号	別冊週刊サンケイ(34)	産業経済新聞社	化け込み探訪・女の遊び場男の遊び場 第四話 スリルと期待の女護ガ島	柳勉
1960年1月号	別冊週刊サンケイ(34)	産業経済新聞社	化け込み探訪・女の遊び場男の遊び場 第五話 裸天国トルコ風呂	園田てる子
1960年1月号	別冊週刊サンケイ(34)	産業経済新聞社	化け込み探訪・女の遊び場男の遊び場 第六話 女の海の男一匹	服部みちを
1961年7月号	別冊週刊サンケイ(57)	産業経済新聞社	グラビア・女流作家・化け込み探訪・熱海の遊び場	加藤てい子、有馬綾子
1961年7月号	別冊週刊サンケイ(57)	産業経済新聞社	化け込み探訪 私の名は温泉芸者・一日芸者	園田てる子
1961年7月号	別冊週刊サンケイ(57)	産業経済新聞社	化け込み探訪 待ちかまえる危い橋・一日アンマ	有馬綾子
1961年7月号	別冊週刊サンケイ(57)	産業経済新聞社	化け込み探訪 幅きかす亭主持ちの女・一日女給	加藤てい子
単行本				
1910年		奈仁和書房	『変装魔窟探検』	竹内少霞
1912年		興文館	『東京闇黒記』	村上助三郎
1913年		崇文館書店	『東都浮浪日記：附就職難』	北浦夕村(北浦精)
1913年		山形屋	『記者探訪 裏面の東京 戦慄す可き人生暗黒面の暴露』	知久峡雨(知久泰盛)
1914年		互盟社	『人生探訪変装記』	知久峡雨(知久泰盛)
1914年		一誠堂書店	『変装探訪 世態の様々』	知久峡雨(泰盛)
1921年		福盛堂書店	『鵜の目鷹の目 化込み婦人記者の手記』(『秘密叢書』第7編)	花井一雄
1922年		駸々堂書店	『行って来ました浮世の裏へ』「附録 婦人記者化け込み」	大淵善吉
1924年		大陸共同出版会	『大地を見ろ：変装探訪記』	赤間騎風
1925年		カネー社	『恋の丸ビル』「記者変装して浅草のどん底を探るの記」	田村紫峰

おもな参考文献

書籍、雑誌、新聞名は五十音順。同誌、同紙は日付順

第一～三章

婦人記者を取り巻く環境全般について

原克『ＯＬ誕生物語　タイピストたちの憂愁』講談社、二〇一四年
松崎天民「女記者列伝」『運命の影に』磯部甲陽堂、一九一七年
江刺昭子『女のくせに　草分けの女性新聞記者』文化出版局、一九八五年
伊藤秀吉『紅燈下の彼女の生活』実業之日本社、一九三一年
西清子『職業婦人の五十年』日本評論新社、一九五五年
濱貴子『職業婦人の歴史社会学』晃洋書房、二〇二二年
河崎ナツ『職業婦人を志す人のために』現人社、一九三二年
竹中恵美子編『新・女子労働論』有斐閣選書、一九九一年
職業補導会編『新女性自活の道：就職案内』一書堂、一九三二年
正岡猶一『新聞社之裏面』新声社、一九〇一年
落合浪雄『女子職業案内』大学館、一九〇三年
春原昭彦ほか『女性記者　新聞に生きた女たち』世界思想社、一九九四年
村上信彦『大正期の職業婦人』ドメス出版、一九八三年
東京市編『婦人職業戦線の展望』東京市役所、一九三一年
「婦人の新聞記者」『国民新聞』国民新聞社、一八九〇年二月五日
「夫人の職業　速記術」『国民新聞』国民新聞社、一八九〇年三月一〇日
倚水庵「今日の婦人ハ新聞記者に適するか」
『読売新聞』一九〇〇年三月一二日、一九日、二六日
中嶌邦「近代日本における女と職業
「女と職業」シリーズの復刻によせて」
『女と職業 別冊 近代女性文献資料叢書』大空社、一九九四年
前田一『女と職業8 職業婦人物語　近代女性文献資料叢書32』
大空社、一九九三年
「川柳にみる庶民の生活文化」『近代庶民生活誌1 人間・世間』
三一書房、一九八五年
吉野鉄拳禅「俎上の女記者」『現代女の解剖』東華堂、一九一五年
ＳＳＳ「婦人記者の末路」『サンデー』（二三一）サンデー社、一九一三年
安岡夢郷「婦人記者論《所謂理想の婦人記者》」
『少国民』鳴皐書院、第一四年（二七）、第一四年（二八）
細川隆元「十一　女性記者群像」『実録朝日新聞』中央公論社、一九五五年
澤田撫松「女記者の地位」『女子文壇』七（一五）女子文壇社、一九一一年
福馬謙三「婦人記者の先達たち」『女性改造』四（五）改造社、一九四九年
藤田和美編『女性のみた近代16 アンソロジー女と労働』
ゆまに書房、二〇〇一年
佐伯順子「明治・大正期のメディアと働く女性」
『女性歴史文化研究所紀要』
京都橘女子大学女性歴史文化研究所、二〇一六年

無冠宰相布衣人「当代婦人記者列伝」『生活』四（九）博文館、一九一六年
探訪子「婦人記者生活」『成功』二七（六）成功雑誌社、一九一四年
高橋保〈論説〉明治・大正期の女子労働政策（二）」『創価法学』創価大学法学会、一九九三年
紅蓮洞「都下の女記者」『中央公論』二八（九）中央公論社、一九一三年
千本暁子「明治期紡績業における通勤女工から寄宿女工への転換」『阪南論集 社会科学編』阪南大学、一九九八年
千葉亀雄「或る日の対話」『婦女新聞』（一五六一）婦女新聞社、一九三〇年
金衣公子「女記者の生活と其末路」『婦人くらぶ』四（二）紫明社、一九一一年
二宮實「私しや天晴れ婦人記者」『雄弁』一五（一）大日本雄弁会講談社、一九二四年
鈴木皓天「婦人記者」『立志成功就職者の顧問』産業書院、一九一五年
「メディアにおける女性の参画に関する調査報告書」内閣府男女共同参画局

下山京子について

松尾理也『大阪時事新報の研究「関西ジャーナリズム」と福澤精神』創元社、二〇二一年
よぼ六「女記者の末路」『女罵倒録』三星社、一九二〇年
「艶女下山京子」河瀬蘇北『現代之人物観無遠慮に申上候』二松堂書店、一九一七年
「女優下山京子」松崎天民『恋と名と金と』弘学社、一九一五年
下山京子『女性のみた近代7 紅燈の下』ゆまに書房、二〇〇〇年
下山京子『一葉草紙』玄黄社、一九一四年
吉武輝子『舞踏に死す ミュージカルの女王・高木徳子』文藝春秋、一九八五年
「一、散り際の「一葉茶屋」」村田栄子『妾の半生 女優生活』須原啓興社、一九一六年
「東京の女（三十三）当世婦人記者」『東京朝日新聞』一九〇九年一〇月二日
名倉生「伊庭と下山京子」『東京朝日新聞』一九一四年一二月二日
「疑問の女 下？山？京？子？」『うきよ』（四四号）楽文社、一九一六年
「下山京子の初恋」『サンデー』（二三七）、サンデー社、一九一三年
松尾理也「〈化け込み記者〉下山京子考 初期『大阪時事新報』の紙面から」『京都大学大学院教育学研究科紀要』二〇二〇年

中平文子について

中平文子『《青鞜》の女たち第17巻 女のくせに』不二出版、一九八六年
江刺昭子編著『愛と性の自由「家」からの解放』社会評論社、一九八九年
加藤素泉「黒猫物語」『女探訪』精文社、一九一六年
林喜代弘「解説・解題「酌人」・「やとな」「大正芸妓」講義」『近代庶民生活誌第十三巻 色街・遊郭 一』三一書房、一九九二年
『近代日本女性文献史料総覧2 女性による女性論 図書編 1912-1917』大空社、一九九八年
武林文子『この女を見よ』コスモポリタン社、一九五二年
「雇仲居大検挙」『中央新聞』中央新聞社、一九一五年二月一一日
自称「黒猫」事月村そめ子「化込女記者の皮を剝ぐの記」『女の世界』一（九）実業之世界社、一九一五年二月
紅野敏郎「中平（武林）文子の新聞記者時代」『國文学 解釈と教材の研究』三四（一）（四九二）、学燈社、一九八九年
北篠清一「男の胸から男の胸へ 漂泊の妖婦中平文子伝」『主婦の友』一〇（三）主婦の友社、一九二六年

築地道人「問題の女　中平文子と『筑紫の巻』」『新公論』三一（六）
新公論社、一九一六年
中平文子「弱きが故に誤られた私の新聞記者生活」『中央公論』
中央公論社、三一（五）中央公論社、一九一六年
高島米峰「中平文子君に引導を渡す」『中央公論』三一（七）
中央公論社、一九一六年
中平文子「別れたる愛児等よ！偽らざる母の告白を聴け」『中央公論』
中央公論社、三一（一〇）中央公論社、一九一六年
「南仏の避暑地で……武林文子射殺さる」『東京朝日新聞』
東京朝日新聞社、一九二六年一月一一日
杉原啓之介「夫婦生活 昭和裏面史モナコの妖姫
武林文子夫人の情炎秘録」『夫婦生活』一一（三）、家庭社、一九五〇年
宮田修「放浪の妖婦武林文子事件を審く」『婦人倶楽部』七（三）
講談社、一九二六年
照山赤次「武林文子女史の半生記」『名流婦人情史』日月社、一九二九年

北村兼子について

北村兼子『ひげ』改善社、一九二六年
北村兼子『竿頭の蛇』改善社書店、一九二六年
北村兼子『恋の潜航』改善社、一九二六年
北村兼子『怪貞操』改善社、一九二七年
北村兼子『恋の潜航』改善社、一九二六年
北村兼子『婦人記者廃業記』改善社、一九二八年
北村兼子『女浪人行進曲』婦人毎日新聞社、一九二九年
北村兼子『地球一蹴』改善社、一九三〇年
北村兼子『大空に飛ぶ』改善社、一九三一年
大谷渡『おおさか人物評伝2 北村兼子　炎のジャーナリスト』
東方出版、一九九九年
大谷渡「北村兼子の生涯性差別とのたたかい」
『大阪の歴史』（三九）大阪市史料調査会、一九九三年

小川好子について

「女性記者のプロフィール」『内幸町物語　旧東京新聞の記録』
内幸町物語刊行会、二〇〇〇年
「婦人記者論」S・V・C『新聞批判』大畑書店、一九三三年
「男性にモテモテのクッキング・スクール」
『実業の日本』七二（一四）（一六九六）実業之日本社、一九六九年
児島宋吉「連載第十回「都」「東京」新聞覚え帳」東京社編
『総合ジャーナリズム研究』九（四）東京社、一九七二年
小川好子「点と丸　婦人記者の草分け的存在たる筆者が綴る
駆け出し時代の哀歓」『日本及日本人』
（爽秋）（一五〇〇／一五〇一）J&Jコーポレーション、一九七一年

その他の婦人記者

磯村春子『今の女　資料・明治女性誌』雄山閣出版、一九八四年
磯村春子「妾が女記者生活の六年間」『成功』二二（二）
成功雑誌社、一九一二年
マシュー・グッドマン著　金原瑞人・井上里訳
『ヴェルヌの《八十日間世界一周》に挑む　4万5千キロを競った
ふたりの女性記者』柏書房、二〇一三年
松本由利子『お嬢さん、空を飛ぶ　草創期の飛行機を巡る物語』
NTT出版、二〇一三年
「七十五日間世界一周」『読売新聞』一八九〇年一月六日
梅本順子「エリザベス・ビスランドとネリー・ブライの見た日本

ラフカディオ・ハーンとの関係に触れながら」『国際関係研究』（日本大学）第三八巻二号、二〇一八年
古賀純一郎「米国初の本格的女性記者 潜入取材で大活躍 ネリー・ブライ 調査報道史を探る（1）」『人文社会科学部紀要』茨城大学人文社会学部、二〇一八年
羽仁もと子『羽仁もと子著作集 第十四巻　半生を語る』婦人之友社、一九九四年
大澤豊子「記者生活から1　引込み勝ちであった私の心持」『婦女新聞』婦女新聞社、一九二四年三月九日
大澤豊子「記者生活から2　社会部記者として」『婦女新聞』婦女新聞社、一九二四年十三月九日
大澤豊子「記者生活から　新聞記者の信用に就いて」『婦女新聞』婦女新聞社、一九二四年三月三〇日
大澤豊子「秘された女の心　独身生活者の手記」『婦人公論』婦人公論社、一九二六年
石原佳子「朝日新聞資料探訪　第25回　大阪朝日の女性記者　恩田和子が残した仕事――」大阪市政調査会『市政研究』（一七八）、二〇一三年
小橋三四子「婦人附録創刊の思い出」『読売新聞』一九一九年一月五日
岡野幸江「解説」『女性のみた近代12 松本英子 鉱毒地の惨状 第一篇』ゆまに書房、二〇〇〇年
「十一、婦人先覚者松本英子（木更津市）」府馬清『ふるさと上総物語』崙書房、一九七五年
「私が婦人記者になった動機と其後の感想」『婦人倶楽部』五（九）講談社、一九二四年
みどり子「女ならでは（上）」『毎日新聞』一九〇一年一〇月二六日
みどり子「女ならでは（中）」『毎日新聞』一九〇一年一〇月二七日
みどり子「女ならでは（下）」『毎日新聞』一九〇一年一〇月二九日
みどり子「婦人問題の研究（上）」『毎日新聞』一九〇一年一一月一日
みどり子「婦人問題の研究（下）」『毎日新聞』一九〇一年一一月二日
竹見智恵子「時代を描き、時代を越えたルポルタージュ「鉱毒地の惨状」解題にかえて」『田中正造の世界5』21世紀書院、一九八六年
「瞼の子を抱く　聖戦に散った荒鷲と女流詩人」『東京朝日新聞』一九三九年七月九日
「瞼の子に詩捧ぐ母」『朝日新聞』一九四一年四月二五日
英美子「女性の声　温い義捐金」『朝日新聞』一九四〇年一月二三日
英美子「あとは神さま委せ」『読売新聞』一九四三年九月二五日
貞松瑩子「詩人英美子の足跡」『詩界』（一三九）日本詩人クラブ、一九七七年
「女性文化人の面影　英美子女史」『女性教養』一月（一八〇）日本女子社会教育会、一九五四年
佐川英三「英美子について」『日本未来派』（一三六）日本未来派、一九七〇年
「人間登場」『読売新聞』一九八〇年九月五日
『朝日新聞』一九八三年三月一六日

記者、新聞社について

安岡憲彦『近代東京の下層社会　社会事業の展開』明石書店、一九九九年
町田祐一『近代都市の下層社会　東京の職業紹介所をめぐる人々』法政大学出版局、二〇一六年
山本武利『近代日本の新聞読者層』法政大学出版局、一九八一年
松原岩五郎『最暗黒の東京』講談社学術文庫、二〇一五年
土屋礼子『大衆紙の源流 明治期小新聞の研究』世界思想社、二〇〇二年

『唾玉集　明治諸家インタビュー集』平凡社、一九九五年
紀田順一郎『東京の下層社会』ちくま学芸文庫、二〇〇五年
横山源之助『日本の下層社会』岩波文庫、一九九三年
塩見鮮一郎『貧民の帝都』河出文庫、二〇二一年
立花雄一『明治下層記録文学《付》大正・昭和前期・現代の作品管見』ちくま学芸文庫、二〇〇二年
中川清編『明治東京下層生活誌』岩波文庫、二〇〇一年
横山源之助「回想記」『横山源之助全集　第九巻』法政大学出版局、二〇〇六年
青柳有美「詛われたる新聞記者」『新公論』二五（九）新公論社、一九一〇年
中村青史「松原二十三階堂と民友社」『日本文学』三二（一二）（三六六）日本文学研究会、一九八三年
小林正盛「知久峡雨の思い出」古河郷友会事務所『古河郷友会雑誌 第六一号』、一九三二年
西澤梨花「総力体制下における新聞共販制度　日本新聞聯盟業務委員会の役割を中心に」
昭和館編『昭和のくらし研究』昭和館、二〇一七年
河崎吉紀「新聞記者の制度化　戦前期における採用と学歴」『評論・社会科学』同志社大学人文学会、二〇〇一年

職業図鑑

三味線弾き

小島貞二「いろもの戦国時代」南博 ほか編『芸双書 いろどる　色物の世界』白水社、一九八一年
和田信義『香具師奥義書　談奇館随筆 第三編』文藝市場社、一九二九年
小沢昭一『日本の放浪芸 オリジナル版』岩波現代文庫、二〇〇六年
「江戸・東京の門付芸人の実態」Groemer, Gerald
「『やんれ口説節』の研究」博士論文　一九九三年

電話消毒婦

『50年のあゆみ』電通セントラル株式会社
日本電信電話公社東京電気通信局編
『東京の電話　その五十万人加入まで（上）』東京通信協会、一九五八年
「電話の消毒器」『読売新聞』一九〇四年六月一一日
高原伝三郎「寄書　電話送話口の消毒に就て」
『機械雑誌』一（五）、機械雑誌社、一八九九年

女中奉公

清水美知子『「女中」イメージの家庭文化史』世界思想社、二〇〇四年
安田亀一『生活苦と職業問題　失業者に直面して』文省社、一九二四年
小泉和子編『らんぷの本　女中がいた昭和』河出書房新社、二〇一二年

絵画モデル

婦人職業研究会『婦人職業うらおもて』新人社、一九二六年
勅使河原純「モデル婆さんお菊のこと」
『裸体画の黎明 黒田清輝と明治のヌード』日本経済新聞社、一九八六年

百貨店裁縫部

関宗二郎編『社史で見る日本発展史六四　松屋発展史』
ゆまに書房、二〇一三年
末田智樹『日本百貨店業発展史　会社史で見るデパート経営』
ゆまに書房、二〇一二年